KB260401

신라 군·성〔촌〕제의 기원과 소국집단

신라 군·성[촌]제의 기원과 소국집단

이부오 지음

서경문화사

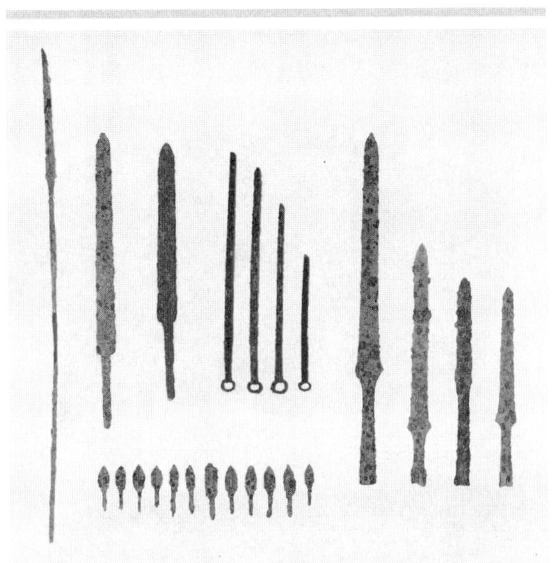

〈사진 1〉 목곽묘 출현기의 창, 철검<하대43호>, 환두대도<하
대71호>, 철모<하대43·44호>, 유경식철촉<하대71
호>

〈사진 2〉 울산 하대23호 목곽묘 동정(銅鼎)

〈사진 3〉 경주 구정동목곽묘 판갑(板甲)

〈사진 4〉 부산 복천동고분군 전경

〈사진 5〉 부산 복천동 38호 철정

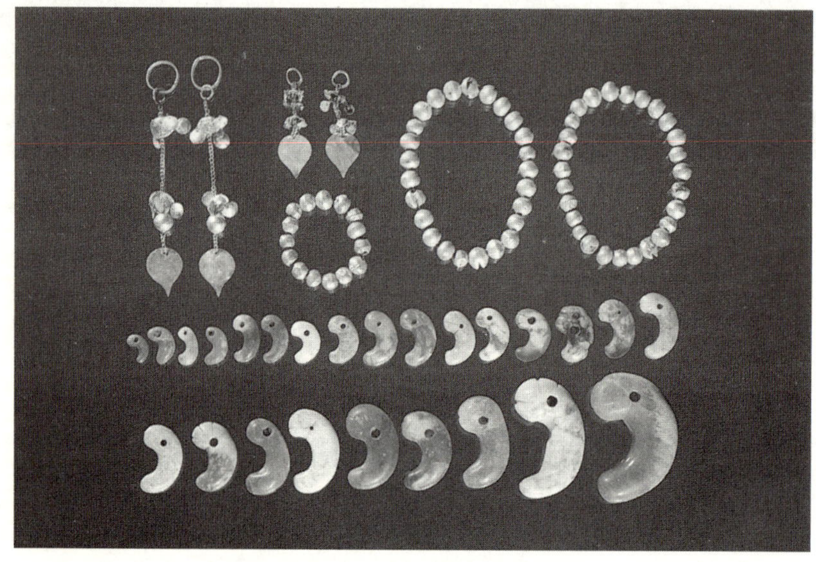

〈사진 6〉 경주 월성로 가—13호 금공품

〈사진 7〉 대구 달성 원경

〈사진 8〉 경주 대릉원 원경

〈사진 9〉 경산 임당7A호 관식 및 금동관

〈사진 10〉 경산 임당저습지 출토 복골

〈사진 11〉 의성 탑리 금동관

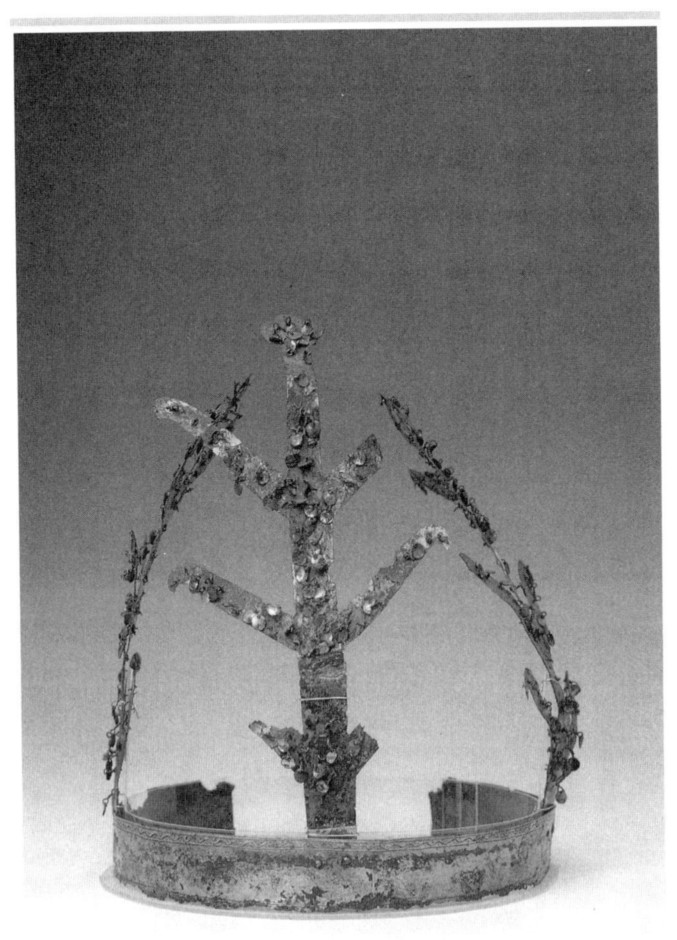

〈사진 12〉 부산 복천동 11호 금동관

〈사진 13〉 보은 삼년산성

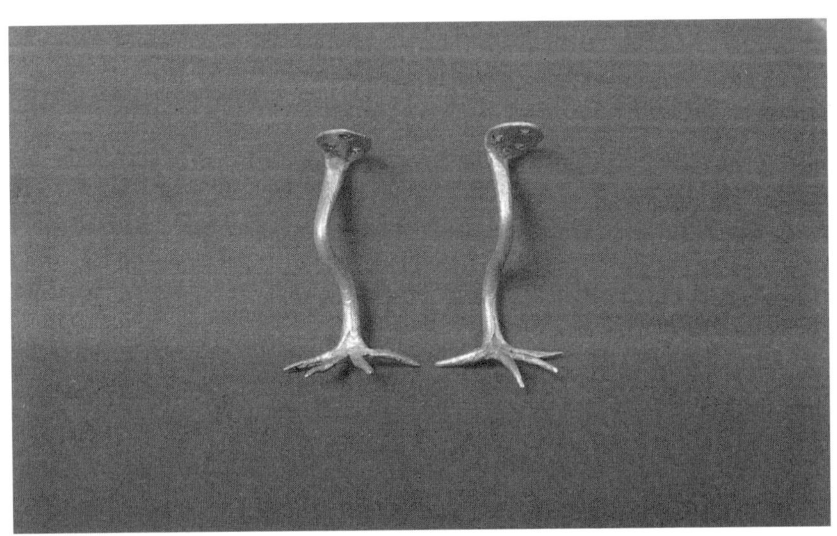

〈사진 14〉 양산 금조총 금동관 및 금제 조족(鳥足)

〈사진 15〉 경산 임당 2호 은제과대

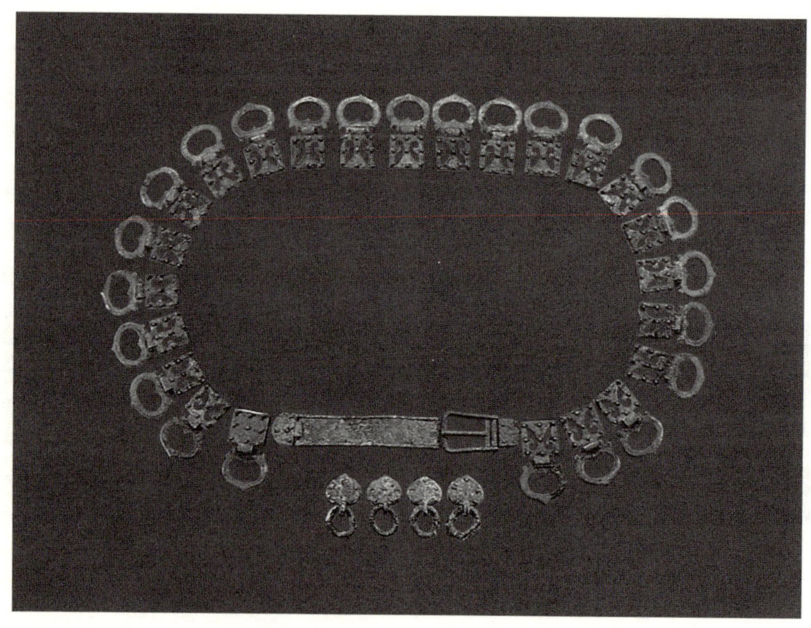

〈사진 16〉 경산 북사리 1호 은제과대

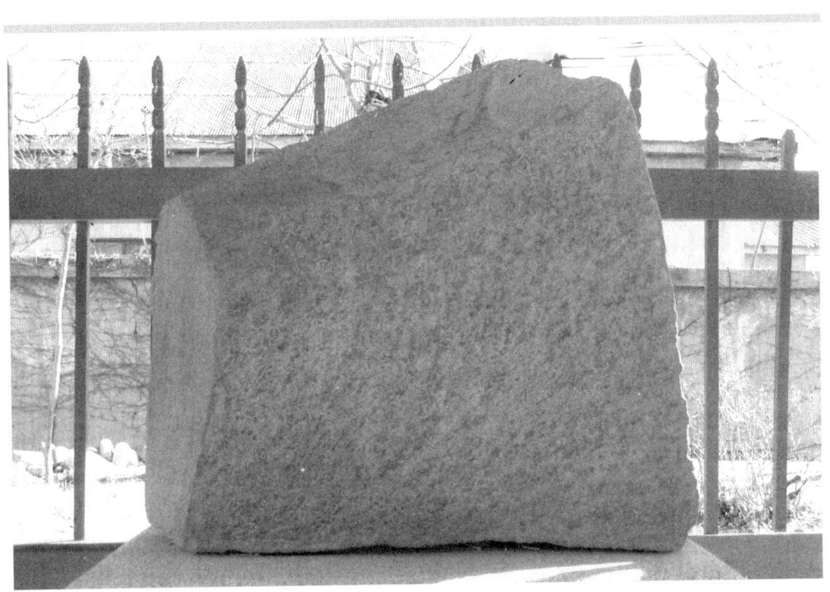

〈사진 17〉 영일 냉수리비

■ 책을 펴내며

한국 고대사에서 지방통치 문제는 연구성과가 비교적 축적된 분야이다. 고대국가를 건설한 주인공들이 업적을 과시하기 위해 정복활동과 지방통치 과정을 구체적으로 정리해 놓았기 때문이다. 특히 신라는 문헌자료와 금석문을 풍부하게 전하여 연구자들에게 커다란 관심의 대상이 되었다. 그 결과 신라 지방통치 과정에 대한 이해는 상당히 깊어진 것이 사실이다. 그러나 핵심적인 내용에서는 몇 갈래의 연구경향이 계속 평행선을 긋고 있는 상황이다.

필자도 대학원에 진학한 뒤 이 문제에 관심을 가지고 접근해 보았다. 그러나 능력의 부족으로 인해 전체적인 줄기를 세우기는 어려웠다. 이에 가야 방면의 변경에 위치한 대구·경산 지역과 신라의 관계 변화를 정리하고 이를 석사학위논문으로 발표했다. 박사과정에 진학한 뒤에는 사로국과 다른 진한 소국의 관계가 불평등한 관계로 전환되는 과정을 계기적으로 파악하려 시도했다. 이를 위해『삼국사기』 신라본기 초기기사를 부분적으로 수정하는 관점에서 사료를 정리하고 분석했으나 좀처럼 구체적인 상을 세울 수 없었다.

그러나 이종욱선생님의 가르침과 주변 선배님들의 도움에 힘입어 조금씩 방향이 잡히기 시작했다. 이 과정에서 수시로 영남지역에 가서 박물관과 발굴현장을 찾고 여러 선생님들의 가르침을 받았다. 또한 고대의 정복활동과 지방통치가 지리적 효율성을 바탕으로 했을 것이라는 전제하에 주요 소국의 유지(遺址)를 찾아다녔다. 그 결과를 바탕으로 관련사료를 분석하여 신라 지방통치 체제가 편성되는 과정을 정리해 나갔다. 이를 통해『3~5세기 신라의 지방통치 체제 연구』라는 제목으로 박사학위논문을 발표했다.

　　당시에는 초기 진한 소국에 대한 이해의 부족으로 소국간의 관계가 본질적으로 변화해 간 과정을 구체적으로 다루지 못했다. 이는 사실상 전체적인 논지를 흐리게 하는 요인이 되었다. 이에 필자는 초기 사로국의 지배구조와 소국간의 관계가 변화하는 과정을 조금씩 정리했다. 나아가 논리적으로 엉성했던 부분에 대해서는 줄기를 다시 세우고 내용을 보강했다. 아울러 초학자들의 이해를 돕기 위해 상징성이 큰 사진들을 찍거나 구해 정리했다. 그 결과를 이 책으로 펴내게 되었다. 여기서도 이전에 노출됐던 문제들은 적지 않게 남아 있다. 이 점 부끄럽기는 하지만 앞으로의 연구를 통해 극복해 보려 한다.

　　이나마 정리를 하기까지 신세를 진 분들은 적지 않다. 어려운 형편에도 불구하고 학문의 길을 가도록 허락해 주시고 묵묵히 도와주신 부모님은 필자의 가장 튼튼한 버팀목이었다. 똑같이 퇴근하고서도 아이들과 씨름하며 필자에게 공부를 할 수 있도록 배려해 준 집사람에게는 어떻게 고맙다고 해야 할 지 모르겠다. 아이 어릴 때부터 여러 가지로 도와주고 계신 장모님께도 진심으로 감사를 드린다. 마지막으로 이 책을 내는 데 협조해 주신 김선경 사장님과 서경문화사 직원 여러분께 고마움을 표시한다.

이 부 오

머리말 —————————————————————————— 23
　　1. 신라초기 지방통치 연구의 성과와 한계 / 25
　　2. 연구방향 / 31
　　3. 연구내용 / 35

제 1장　진한연맹의 변동 ————————————— 37
　　1. 진한연맹 성격의 변화 / 40
　　2. 진한연맹의 위기와 소국집단의 동향 / 48

제 2장　거점지배의 성립 ————————————— 55
　　1. 원거리 정복활동의 개시와 목적 / 58
　　2. 거점성의 확보와 그 유형 / 65
　　3. 거점성주의 파견 / 76
　　4. 초기 거점지배의 특징 / 79
　　　(1) 거점성주의 대외적 기능 / 79
　　　(2) 소국집단에 대한 지배형태 / 84
　　5. 거점지배 성립의 의미 / 95

제 3장　국성체제(國城體制)의 성립 ————————— 97
　　1. 거점지배 변화의 계기 / 100
　　2. 거점성의 기능 변화 / 108
　　3. 국성체제의 편성 / 112
　　4. 국성체제의 운영 / 122
　　5. 국성체제의 성격 / 134

제 4장　성[촌]제의 편성과 운영 ——————— 137

　　1. 간층(干層)의 재편과 호민층의 분화 / 140

　　2. 성[촌]제의 편성 / 149

　　　　(1) 성주와 자치성주 / 149

　　　　(2) 성사조직(城司組織) 편성과 간층(干層)의 역할 / 154

　　　　(3) 촌의 편성 / 162

　　3. 초기 성[촌]제의 운영 / 164

　　4. 초기 성[촌]제의 특징 / 169

제 5장　군·성[촌]제의 정비와 그 의미 ——————— 171

　　1. 계층분화의 진전과 읍락집단의 분화 / 174

　　2. 군·성[촌]제의 정비 / 182

　　　　(1) 5세기 중후반의 축성활동과 도사[당주] / 182

　　　　(2) 군사(郡司)·성사조직(城司組織)의 정비와 외위의
　　　　　　성립 / 195

　　　　(3) 촌제의 확산과 촌사조직 편성 / 206

　　3. 군·성[촌]제의 운영 / 207

　　　　(1) '도사[당주]—성주' 체제의 관리 / 207

　　　　(2) 군·성제의 운영 / 210

　　　　(3) 촌제 운영의 변화 / 216

　　4. 군·성[촌]제 정비의 의미 / 218

맺음말 ———————————————— 221

그림 ————————————————— 229

별표 ————————————————— 239

참고문헌 ——————————————— 255

머리말

머리말

1. 신라초기 지방통치 연구의 성과와 한계

한국사에서 고대국가는 소국간의 경쟁에서 승리한 세력이 지배수단을 체계화하는 과정에서 탄생했다. 이를 위해 안으로는 관직(官職)과 관부(官府)를 설치하는 한편, 밖으로는 확대된 영토를 효과적으로 지배하기 위해 지방통치체제를 정비했다. 그 중에서도 영토의 확보와 지방통치체제의 편성은 고대국가의 인적·물적 토대를 마련하는 데 필수적이었다.

신라(新羅)의 경우도 마찬가지여서 『삼국사기(三國史記)』 신라본기(新羅本紀)에는 이미 1세기부터 주군현(州郡縣) 관련 기록이 풍부하게 전하고 있다. 이는 『삼국사기』 편찬 당시뿐만 아니라 신라의 성장과정에서도 지방통치가 중요하게 인식되었음을 보여준다. 이것들의 상당 부분은 후대의 지방통치 관념으로 윤색되어 있어 당시의 실상과는 거리를 두고 있다. 그런데 『삼국사기』는 주군현제가 일반화된 고려시대에 편찬되었으므로, 신라 초기의 지방통치가 이러한 편제로 포장되는 것은 너무나 당연한 현상이었다. 문제는 여기에 내포된 당시의 실상을 정확히 가려내는 데 있다. 그러면 이 문제에 대한 접근방식을 중심으로 기존 연구성과를 정리해보자.

    이 문제는 이미 일제시대 일본인 학자들에 의해 다루어지기 시작했다. 그러나 이는 『삼국사기』에 보이는 신라 초기의 대외발전 과정을 부정적인 시각에서 정리하고[1] 이를 4세기 중엽 이후[2] 혹은 6세기 이후의 사실로 수정하는[3] 수준에 머물렀다. 해방 이후 부족연맹설이 적극적으로 도입되면서 진한(辰韓) 부족연맹이 소지마립간대(炤知麻立干代)에 고대국가로 변화했다는 견해가 제출되었다[4]. 이는 고대국가의 형성을 계기적으로 파악하려 했다는 점에서 중요한 시도였으나 그 과정을 구체적으로 설명하지는 못했다.

    경주 남산신성비(南山新城碑)가 주목되면서 이 문제에 대해 구체적인 접근이 가능해졌다. 이를 통해 중고기(中古期)에 주(州)·군(郡)·성(城)[촌(村)]이 편성된 점이 확인되었으며[5], 그 연원은 탈해왕대(脫解王代) 이후의 지방관에서 찾아졌다[6]. 이는 신라 지방통치 연구에서 새로운 출발점이 되었다. 나아가 기존에 무시되었던 『삼국사기』 초기기사의 지방통치 관련 자료에 대해 새로운 해석의 가능성을 열어놓았다. 다만 소국 단계로부터 군·성[촌]의 편성에 이르는 과정은 다루어지지 않았다.

    이를 해명하는 수단으로서 5세기부터 크게 증가하는 축성(築城) 기사들이 중시되었다. 당시 고구려의 남하와 삼국간의 항쟁에 대처하기 위해 변경지역을 중심으로 축성활동이 활발해졌으며, 이 과정에서 성이 주변 촌을 아우르면서 성[촌]이 편성되었다는 것이다[7]. 이 견해는 통치거점을 구체적으로 분석함으로써 신라초기 지

---

1) 津田左右吉, 『古事記及日本書紀の硏究』, 岩波書店, 1924, p.506, pp.511~514.
2) 今西龍, 「新羅史通說」(1918), 『新羅史硏究』, 國書刊行會, 1970, pp.53~54.
3) 末松保和, 『新羅史の諸問題』, 東洋文庫, 1954, p.146.
4) 김철준, 「고구려·신라의 관계조직의 성립과정」, 『이병도박사화갑기념논총』, 1956 ; 『한국고대사회연구』, 지식산업사, 1975, pp.138~145.
5) 이종욱, 「남산신성비를 통하여 본 신라의 지방통치체제」, 『역사학보』64, 1974, pp.26~31, p.41, pp.46~48.
   비슷한 시기에 山尾幸久는 군(郡)의 당주(幢主)와 현(縣)의 도사(道使)가 파견되어 왕과 소국지역을 연결했다고 보았다[「朝鮮三國の軍區組織」, 『古代朝鮮と日本』, 朝鮮史硏究會, 1974, pp.176~183]. 지방관 자체는 이종욱의 설명과 유사하지만, 이는 신라의 진한지역 정복과 군·성[촌]의 성립을 6세기 전반으로 한정하여 커다란 차이를 보이고 있다.
6) 이종욱, 앞주 인용과 같음.

방통치 문제에 보다 사실적으로 접근했다고 볼 수 있다. 그런데 신라의 정복활동이나 축성활동은 초기기사에서도 흔하게 보인다. 이 기사들을 액면 그대로 받아들일 것인가는 별도의 검토를 요하지만, 검토 대상에서조차 제외시킨 것은 제고되어야 할 것이다.

한편 초기 주군현은 광역(廣域) 행정구역이 아니라 각자 독자적인 영역을 가진 통치거점이라고 강조되었다8). 이는 중고기를 대상으로 한 설명이었으나, 초기 지방통치가 일종의 거점지배로 이루어진 점을 확인한 셈이다. 중고(中古) 초기의 군(郡)이 다수 촌을 관할하는 군관구(軍管區)였다는 지적도9) 통치거점의 다양성을 시사했다는 점에서 의미를 가진다.

80년대 이후 국가발전 단계설의 적극적인 수용, 고고자료의 증대 등에 힘입어 신라 지방통치에 대한 이해는 좀 더 심화되었다. 여기에 1988년 울진 봉평비(鳳坪碑)의 발견과 1989년 영일 냉수리비(冷水里碑)의 발견은 새로운 활력소로 작용하였다. 그러면 80년대 이후 지금까지 부각된 성과와 문제점을 정리해 보자.

가장 큰 변화는 소국연맹 단계와 영역지배 단계가 구분되었다는 점이다. 『삼국사기』 초기기사를 적극적으로 받아들이는 쪽에서는 사로국이 3세기 말까지 진한 소국을 거의 정복했다고 보았다10). 그 결과 진한 소국연맹이 해소되고 중심 소국의 정치발전이 소국병합(小國倂合) 단계에 진입했다는 것이다11). 이는 지방행정구역12) 내지 군제(郡制)의 편성과 동일시되었다13). 그 하부 단위인

---

7) 浜田耕策, 「新羅の城・村設置と州郡制の施行」, 『朝鮮學報』84, 1977, p.8, p.16.

8) 木村誠, 「新羅郡縣制の確立過程と村主制」, 『朝鮮史研究會論文集』13, 1976, pp.4～6, pp.19～20.

9) 주보돈, 「신라 중고의 지방통치조직에 대하여」, 『한국사연구』23, 1979, pp.20～22.

10) 이종욱, 『신라국가형성사연구』, 일조각, 1982, pp.83～90.
    이형우, 『신라초기국가성장사연구』, 영남대출판부, 2000.

11) 이종욱, 「한국 초기국가의 정치발전 단계와 정치형태」, 『한국사상의 정치형태』, 일조각, 1993, pp.59～63.
    이종욱, 「한국 초기국가 형성과정의 소국병합 왕국」, 『동아연구』35, 1998, p.223.

12) 이종욱, 「한국사상의 소국연맹단계」, 『서강인문논총』8, 1998, p.95.

성[촌]이 설치된14) 이후 행정촌과 자연촌이 분화되면서15) 군현제적 지배가 편성되어 갔다는 것이다16). 이는 신라의 지방통치 과정을 국가형성론의 측면에서 적극적으로 구명했다는 점에서 의미를 가진다. 동시에 주군제 편성 이전 군·성[촌]의 존재 가능성을 확인한 셈이다.

그런데 신라 초기의 지역지배 기사들은 역사적 사실에 바탕을 두었을 가능성이 크지만, 불합리한 내용도 적지 않게 포함하고 있다. 이러한 문제가 충분히 해명되어야 할 것이다. 소국병합 단계로 진입하게 되는 계기도 매우 다양했으리라 짐작된다17). 또한 정복 초기의 군(郡)과 성[촌]을 거느리는 단계의 군이 어떤 점에서 다른지 파악되어야 할 것이다.

이러한 문제점을 해결하려는 연구는 크게 세 가지 방향으로 전개되었다. 첫째는 정복기사들의 시기를 인정하되 그 성격을 수정하는 것이다. 이를 진한 소국연맹의 형성과정으로 파악한 것은18) 대표적인 사례이다. 이는 사로국의 정복활동이 1세기부터 시작되었다는 『삼국사기』 기록과 진한 12국이 3세기 중후반까지도 병립해 있었다는 『삼국지(三國志)』 기록을 상호 절충적으로 해석한 셈이다. 여기서 정복기사의 성격을 수정적으로 해석할 가능성은 인정되지만, 연맹체의 형성과정이 모두 정복기사로 정리되었다는 것은 선뜻 받아들이기 어려운 점도 있다.

이 기사들을 '분산분포' 내지 조족형(鳥足形)의 영역확장으로 해석하기도 했다19). 이는 신라 초기의 영토가 불완전한 형태였고 이를 확보하는 데 교통로가 중요했음을 밝힌 셈이다. 그러나 당시

---

13) 이종욱, 1982 앞책, p.90, pp.247~248.
14) 이종욱, 1982 앞책, p.90.
15) 이종욱, 1982 앞책, p.190.
16) 이종욱, 「새로운 한국고대사 체계를 위한 논고-부체제론 비판을 중심으로」, 『한국 고대사회의 부와 부 체제』, 한국고대사학회, 1999.7.29~30, pp.24~25.
17) 다른 진한 소국이 독자적인 소국병합을 진행했을 가능성은 제시되었다[이종욱, 1998 『동아연구』35 앞글, p.225].
18) 이현혜, 『삼한사회형성과정연구』, 일조각, 1984, pp.184~188.
19) 서의식, 「신라 '상고'초기의 진한제국과 영토확장」, 『이원순교수정년기념역사학논총』, 1991, pp.17~40.

소국집단의 광범위한 존재를 고려할 때, '분산분포' 식의 영토가 장기간 유지되기는 어려웠을 것이다[20].

둘째는 정복기사의 성격을 대체로 인정하되 그 시기는 달리 보는 것이다. 그 결과 1~3세기 정복기사의 기년이 3세기 말 내지 4세기 중엽으로 수정되었다[21]. 그런데 신라의 지역지배 관련 기사들은 기년을 일괄적으로 인하한다고 해서 합리적으로 해석될 수는 없다[22]. 특정한 왕대에서도 상호 모순되는 기사들이 많고, 기년의 인상(引上)이 단일한 원칙에 의해 이루어졌다고 보기는 어렵기 때문이다.

셋째는 관련 기사의 시기와 성격을 모두 수정하는 경향이다. 여기서는 영역지배의 편성을 대부분 4세기 후반 이후의 사실로 설명하고 있다. 특히 진한 각지의 출자형(出字形) 금동관(金銅冠)이 신라에 대한 복속의 상징물로 해석되면서 영역지배는 해당 시기 이후에 실현되었다는 견해가 크게 부각되었다[23].

그 배경으로서 4세기 이후의 농업생산력 증대와 이에 따른 거수층(渠帥層)과 장척층(匠尺層)의 대립이 중시되었다[24]. 신라는

---

20) 초기 정복기사에 보이는 지명을 상당 부분 경주에 가까운 곳으로 수정하는 견해도 있다[최병운, 『신라 상고의 영토 변천 연구』, 전남대학교 박사학위 논문, 1992]. 이는 경주로부터 먼 지역에 대한 정복기사가 이미 1세기부터 보이는 문제점을 해결하기 위한 것이었다. 그러나 지명 비정이나 그 전제가 되고 있는 석씨왕계(昔氏王系)의 이동설에 무리가 많아 이를 그대로 인정하기는 곤란할 것이다.
21) 선석열, 「사로국의 소국정복과 그 기년」, 『신라문화』12, 1995, pp.15~21. 선석열, 『신라국가성립과정연구』, 혜안, 2001, pp.128~136.
22) 이희진, 「"삼국사기" 초기기사에 대한 최근 기년조정안의 문제점」, 『역사학보』160, 1998, p.233.
23) 그 구체적인 시기에 대해서는 5세기 초설[최종규, 「중기고분의 성격에 대한 약간의 고찰」, 『부대사학』7, 1983, pp.35~36], 4세기 말설[이희준, 「낙동강 이동 지방 4·5세기 고분 자료의 정형성과 그 해석」, 『4·5세기 한일고고학』, 영남고고학회·구주고고학회, 1996.7, pp.19~20], 4세기설이[최병현, 『신라고분연구』, 일지사, 1992, pp.414~415] 제시되었다. 고고학계에서는 지방관 파견이 6세기 전반 고총고분의 소멸과 함께 이루어지는 것으로 이해되고 있다[김용성, 『신라의 고총과 지역집단』, 춘추각, 1998, p.319].
24) 3세기의 거수(渠帥), 하호(下戶)가 4~5세기를 통해 거수, 호민(豪民), 일반 읍락민으로 분화했다고 설명하기도 한다[김재홍, 「신라 중고기 촌제와 지방 사회 구조」, 『한국사연구』72, 1991, pp.15~23].

이를 이용해 소국집단을 해체하여[25] 거수층과의 유대를 긴밀히 하고 장척층에게 외위(外位)를 수여했다고 한다[26]. 그 과정에서 소국 단위의 군과 읍락 단위의 성[촌]이 편성되었다는 것이다[27]. 이를 통해 지방통체체제의 편성에서 사회·경제적 변화의 중요성이 충분히 부각되었다. 다만 소국 내의 세력구조는 시기별·지역별로 훨씬 다양하게 변화했을 가능성이 크다. 이와 함께 초기 군·성[촌]의 구조에 대해서도 구체적인 설명이 필요할 것이다.

이와 관련하여 군에 앞서 성[촌]이 편성되었다는 견해가 다시 부각되었다. 즉 5세기 말의 사방우역(四方郵驛) 설치, 관도수리(官道修理)를 계기로 도사(道使)가 파견되면서 성[촌]제가 편성되었다는 것이다[28]. 이와 달리 이미 5세기 초부터 고구려의 영향으로 성[촌]이 편성되었다는 견해도 제출되었다[29]. 그 뒤 냉수리비가 건립된 503년 직전[30] 혹은 6세기 초부터 국읍에 도사가 파견되면서

---

25) 전덕재, 「신라주군제의 성립배경 연구」, 『한국사론』22, 서울대학교 국사학과, 1990, pp.22~35.

　강봉룡도 4~5세기의 생산력 발전과 지방공동체 해체를 전제로 5세기 말에 소백산맥 이남 세력이 '귀족연합적 통치체제' 하에 통합된다고 했는데[강봉룡, 「신라 '중고'기 '주'제의 형성과 운영」, 『한국사론』16, 서울대학교 국사학과, 1987, pp.79~84], 그 의미가 명확하지 않은 것 같다.

26) 전덕재, 1990 앞글, pp.43~44.

　김재홍은 읍락 거수가 촌주로, 호민이 외위로 편성되었다고 보았다[김재홍, 1991 앞글, p.22]. 기존 주수(主帥)는 중앙귀족으로 편성되었다고 하는데, 이는 조분 2년에 항복해 온 골벌국왕(骨伐國王) 아음부(阿音夫)를 근거로 하고 있다. 그러나 3세기 전반의 기사를 5세기의 성촌 편성과 연관짓는 근거는 제시되지 않았다.

27) 전덕재, 1990 앞글, pp.45~55.

　비슷한 시기를 주목한 강봉룡은 5세기에 지방 소국이 정치적 관계가 강한 자치집단으로 재편되었으며, 이 과정에서 촌이 편성되었다고 보았다[강봉룡, 「6~7세기 신라의 병제와 지방통치조직의 재편」, 『역사와 현실』4, 1990, pp.53~57 ; 『신라 지방통치체제 연구』, 서울대학교 박사학위논문, 1994, pp.38~92]. 촌의 편성이 점진적으로 진행되었을 가능성은 크지만, 촌까지 편성된 지방 소국을 자치집단으로 보는 데에는 무리가 있을 것이다.

28) 주보돈, 『신라 중고기의 지방통치와 촌락』, 계명대학교 박사학위논문, 1995, pp.79~91.

　주보돈, 「신라국가형성기 대구사회의 동향」, 『한국고대사논총』8, 1996, p.106.

29) 김재홍, 1991 앞글, pp.3~10.

30) 강종훈, 『신라상고사연구』, 서울대출판부, 2000, p.200.

군이 편성되었다는 것이다31). 이를 통해 주군제 편성 이전에 성
[촌]이 편성되고 도사가 파견된 점은 확인되었다. 그러나 당시 성
간의 관계나 초기기사에 등장하는 성들에 대한 해명은 미흡했다
고 볼 수 있다.

　　이상과 같이 신라 지방통치체제의 편성과정에 대해서는 다소
견해차가 있으나, 적어도 몇 가지 사실은 분명해졌다. 사로국의
지배력이 연맹체의 주도권으로부터 영역지배로 변화했으며, 이것
이 제도화하면서 군·성[촌]과 주군제로 변화했다는 것이다. 다만
그 변화의 계기와 구체적인 과정에 대해서는 아직도 이해가 불충
분한 것이다.

　　이를 해결하기 위해서는 시원적인 형태의 영역지배가 보다
적극적인 형태로 변화하는 과정이 밝혀져야 한다. 특히 초기가사
로부터 주군제 편성 직전까지의 기사들이 반영하는 지방통치의
실상을 파악해야 할 것이다. 그 계기와 변화과정, 그리고 각 단계
가 가지는 의미를 밝힌다면, 이는 신라초기 지방통치를 이해하는
데 조금이나마 기여가 될 것이다.

2. 연구방향

　　기존 연구에서 신라초기의 지방통치가 충분히 해명되지 않은
것은 기본적으로 자료의 부족과 혼란에 기인한다. 이러한 한계는
적어도 당분간은 쉽게 극복되기 어려울 것으로 보인다. 그러나 사
료상의 문제점을 있는 그대로 인정하고 그 원인을 파악한다면, 그
한계는 훨씬 줄어들 수 있을 것이다. 또한 지방통치의 이해 기준
을 명확히 하고 그 변화과정을 체계적으로 검토한다면, 그 이해가
보다 깊어질 것이다.

　　이 책에서 다루려는 신라 군·성[촌]제의 기원 문제는 기본적

---

31) 김재홍, 1991 앞글, pp.25～27.
　　강봉룡은 소국 내의 중심촌에 파견된 도사가 일부 유력 촌주를 매개로
　지배하는 상태를 군으로 이해하고, 6세기 초에 군이 주(州)와 함께 편제되
　는 점을 강조하였다[1994 앞글, pp.38～39].

으로 『삼국사기』 초기기사에 대한 해석를 전제로 할 수 밖에 없다. 그 신빙성에 문제가 있다는 것은 기존 연구에서도 충분히 부각되었다. 필자도 이 점에 어느 정도 공감하고 있다. 그러나 해당 기사들이 완전히 허구로 조작되었다는 객관적 근거도 없는 형편이다. 만일 이것이 사실(史實)에 바탕을 두었다면, 그 실상을 어떤 방식으로 파악할 것인가가 문제로 대두된다.

이와 관련하여 적지 않은 연구자들이 신라초기 기사의 기년을 수정 해석해 왔다[32]. 필자 역시 명백히 불합리한 기사에 대해서는 실제 시기를 수정할 수 있다고 보고 있다[33]. 다만 신라 초기 기사의 기년이 단일한 원칙으로 정리되지 않은 이상, 이 방법만으로는 지방통치체제의 편성과정이 쉽게 해명될 수 없다. 여기에는 보다 체계적인 접근방법이 요구될 것이다.

지방통치체제의 외형적인 목적은 중앙세력의 정치·군사적 권력을 효율적으로 행사하는 데 있었다. 그런데 이는 근본적으로는 경제적 수탈을 극대화하는 수단이었다고 생각된다. 사로국과 진한 소국이 수평적 관계로부터 불평등한 관계로 들어가는 데에도 경제적 토대의 변화가 중요한 계기로 작용했을 것이다. 이를 기반으로 한 수탈방식의 변화가 지역세력에 대한 통치형태를 결정했으리라 짐작된다.

기존 연구에서도 경제적 통제권을 이용한 지배가 중시되어 왔다. 특히 교역 통제권은 기원전후[34] 혹은 3세기경의[35] 진한 소국연맹을 설명하는 데 이용되었다. 4세기 이후의 금은(金銀)에 대

---

32) 김철준, 「신라상고세계와 그 기년」, 『역사학보』 17·18합집, 1962.
　　김광수, 「신라상고세계의 재구성 시도」, 『동양학』3, 1973.
　　이인철, 「신라 상고세계의 신해석」, 『청계사학』 4, 1987.
　　강종훈, 「신라 상고기년의 재검토」, 『한국사론』 26, 서울대 국사학과, 1991.
　　선석열, 2001 앞책, pp.27~58.
33) 이부오, 「신라초기 기년문제에 대한 재고찰」, 『선사와 고대』13, 1999.
34) 이종욱, 1982 앞책, pp.81~83.
35) 이현혜, 1984 앞책, p.190.
　　이현혜, 「삼한의 대외교역체계」, 『이기백선생고희기념한국사학논총』상, 일조각, 1994, pp.44~45.

한 교역 통제나36) 4세기 후반 이후의 위세품37), 복식38), 철소재39) 등에 대한 분배권 역시 복속 소국을 통제하는 매개체로 이해되었다. 이러한 매개체의 중요성은 충분히 인정된다. 그러나 이것이 기원전후부터 5세기까지 오로지 연맹체 내지 복속 소국을 유지하기 위한 기반으로만 작용했는지는 의문이다. 소국간의 관계 변화는 경제적 통제형태에서도 일정한 변화를 동반했을 것이기 때문이다.

예를 들면 재화의 유통은 대외교역 외에도 진한 소국간40) 혹은 소국내 집단간에도 다양하게 이루어졌다41). 각각의 비중이나 대상 품목도 시기에 따라 일정하지 않았을 것이다. 이러한 변화가 소국들에 대한 통제와 어떻게 연관되었는지 파악될 필요가 있다.

그런데 생산력의 발전이 뒷받침되지 않았다면, 재화의 유통도 질적으로 발전하기 어려웠을 것이다. 이는 지방통치와도 밀접히 연관된 문제이다. 농업생산력이 일정한 수준으로 발전하면, 생산물의 재분배를 둘러싸고서 새로운 지배질서가 탄생할 가능성이 크기 때문이다. 기존 연구에서 4·5세기의 농업생산력 발전이 주목된 것도 이 때문이다. 이를 통해 생산력 발전이 영역지배를 촉진한 점은 충분히 부각되었다. 그러나 구체적인 변화과정을 해명하는 작업은 아직 미흡했다고 판단된다.

고고자료가 제한된 관계로 농업생산력의 시기별 변화를 일일이 파악하는 것은 불가능하다. 다만 농기구의 계층별 보급과정은 이를 파악하는 데 중요한 시사점을 제공할 것이다. 시기별로 변화하는 위세품도 생산력의 증대를 기반으로 했을 가능성이 크다. 이

---

36) 주보돈, 「마립간시대 신라의 지방통치」, 『영남고고학』19, 1996, pp.21~22.
37) 이희준, 「신라의 성립과 성장 과정에 대한 고찰」, 『신라고고학의 제문제』, 제20회 한국고고학전국대회, 1996.11, pp.25~27.
    이희준, 「신라 고총의 특성과 의의」, 『영남고고학』20, 1997, pp.17~18.
38) 이한상, 『5-6세기 신라의 변경지배방식-장신구 분석을 중심으로-』, 서울대학교 석사학위논문, 1994.
39) 김용성, 1998 앞책, pp.329~330.
40) 이종욱, 「한국 초기국가 형성과정의 소국」, 『한국상고사학보』27, 1998, p.133.
41) 이현혜, 1984 앞책, p.126, p.147.
    권오영, 「삼한 국읍의 기능과 내부구조」, 『부산사학』28, 1995, pp.33~35.

를 계층별 동향과 관련지어 파악한다면, 재화의 유통을 둘러싼 집단간의 관계도 해명될 수 있을 것이다. 이 과정에서 진한 소국의 각 집단은 자신의 경제적 기반을 극대화하기 위해 상호 협력하거나 마찰했을 것이다. 소국집단과 경주세력의 관계도 이상의 요소들이 어떻게 작용하는가에 따라 변화했다고 볼 수 있다.

이를 파악하기 위해 필자는 영역의 개념을 중시했다. '영역'의 사전적 의미는 국가의 주권에 딸린 범위이지만42) 연구자의 판단에 따라 다양하게 적용될 수 있다. 이 때문에 기존 연구에서 영역은 막연한 세력권이나 지방관이 파견된 지역, 성〔촌〕 이상의 편제가 이루어진 지역 등 다양한 의미로 사용되었다. 이 중에서 어느 특정 시기를 영역지배 단계라고 잘라 말할 수는 없다. 다만 영역은 일정한 수준 이상의 지배력이 행사되는 상황을 전제로 할 것이다. 이에 대해 절대적인 기준을 제시하기는 어렵지만 일정한 방향성을 제시할 수는 있다.

첫째 영역지배의 편성은 중심세력의 지배력이 지속성(持續性)을 갖추는 과정으로 볼 수 있다. 주변 소국에 대한 형식적인 통제는 이미 소국연맹 단계부터 이루어졌다. 그러나 개별 소국의 독립성이 보장된 상황에서는 그 통제가 형식적이거나 일시적일 수 밖에 없었다. 소국들이 정복되더라도 주수(主帥)의 권력이 승인되는 상황에서는 사정이 비슷했을 것이다. 이를 극복하기 위해서는 소국에 대한 통제를 지속시키는 장치가 필요했다. 그 종착점은 지방관의 파견과 그 통치조직의 편성이었다.

둘째 영역지배는 지배 대상이 소국의 일부 집단으로부터 대다수 계층으로 확산되는 방향으로 전개되었을 것이다. 예를 들면 경주세력의 지배력이 일부 집단에 대해서만 적용되는 시기와 대다수 계층에 적용되는 시기는 서로 다른 지배형태를 보여주는 것이다. 이에 영역지배의 편성과정은 지배 대상의 일반성(一般性)을 확보해 가는 과정으로 볼 수 있다.

셋째 영역지배는 각 지역마다 지배체제를 단순화하는 방향으

---

42) 신기철·신용철, 『새우리말큰사전』, 삼성출판사, 1989.

로 전개되었을 것이다. 이것이 일종의 규칙성(規則性)을 확보하면, 지방통치체제는 점차 제도적 기틀을 마련한다고 볼 수 있다.

이상의 요소들은 한꺼번에 실현되기보다 지역에 따라 점진적으로 확산되었을 것이다. 이들 중에서 어느 것이 얼마만큼 실현되는가에 따라 영역지배는 다양한 단계로 변화했으리라 생각된다.

그런데 이를 실현하는 실질적 근거지는 성(城)이었다. 이 점은 기존 연구에서도 확인되었으나, 축성활동 자체가 지나치게 강조되었다고 생각된다. 필자는 성들의 기능과 정치·군사적 성격, 시기별 변화를 중시하면서 이것이 지방통치 과정에서 가진 의미를 파악하려 한다. 이를 바탕으로 소국집단에 대한 통제형태와 이에 대한 소국집단의 움직임을 다룰 것이다. 나아가 지방통치체제가 편성되고 제도화하는 과정을 해명하려는 것이다.

3. 연구내용

이 책에서는 앞의 연구방향을 토대로 신라 군·성[촌]제의 기원과 이에 대한 소국집단의 동향을 검토하려 한다. 각 장에서 다루어질 내용은 다음과 같다.

제 1장에서는 연맹체의 형태를 띠었던 진한 소국간의 관계가 질적으로 변화하게 된 계기에 주목했다. 이를 위해 수평적 관계에 기초한 진한연맹체가 불평등한 관계로 변화하는 과정을 다룰 것이다. 그 결과 연맹체의 존재 자체에 초래된 위기를 살필 것이다.

제 2장에서는 사로국의 정복활동이 본격화된 배경과 지방통치 거점이 확보되는 과정을 다루었다. 당시 소국에 대한 통제를 거점지배로 설정하고 거점성주의 역할을 검토했다. 이는 사로국의 지배력이 연맹체의 주도권 단계로부터 영역지배 단계로 이행하는 기원적 형태를 보여줄 것이다.

제 3장에서는 4세기 전반경 기존의 거점지배가 변화하는 현상을 다루었다. 이를 위해 거점성의 확산과 그 기능의 변화를 살피고 국성체제(國城體制)가 성립하는 과정을 검토했다. 이는 신라

의 지배력이 진한 소국 내부로 침투함과 아울러 영역지배의 수준이 한 단계 격상됨을 보여줄 것이다.

제 4장에서는 신라의 지배력이 소국집단 내부로 침투한 상태에서도 구체적 지배형태가 어떻게 변화했는지 다루었다. 이를 위해 4세기 후반~5세기 초에 성의 기능이 더욱 분화하고 지방관 파견이 확대되는 현상을 검토했다. 그 결과 성주의 통치조직이 편성되고 읍락 집단에 대한 통제가 강화되는 과정을 다루었다. 이를 통해 성[촌]제의 편성이 확인될 것이다.

제 5장에서는 군·성[촌]제가 정비되는 과정을 다루었다. 이를 위해 군치(郡治) 성주와 그 하위 성주 사이에 위계화가 진행되는 과정을 검토했다. 아울러 이들에 대한 관리체계와 이들의 통치조직이 정비되는 상황을 확인했다. 이를 통해 군·성[촌]제가 정비되는 과정과 이것이 지방통치 과정에서 차지하는 의미를 파악할 것이다.

1 진한연맹의 변동

제1장

진한연맹의 변동

진한 소국이 공식적 관계를 형성하는 과정은 자료에 따라 크게 다른 상황을 보여주고 있다. 혁거세(赫居世) 거서간(居西干)과 마한왕(馬韓王)의 교류 기사를 중시하면, 이미 기원전후부터 사로국(斯盧國)이 진한 소국연맹을 주도했다고 해석할 수 있다[1]. 반면 3세기 중후반경 소국들이 분립되어 있었다는 기록을 중시하면, 진한 소국은 당시까지도 수평적 관계에 있었다고 보아야 할 것이다. 연구자들의 대부분은 후자에 많은 비중을 두는 편이지만, 양자를 절충해 3세기경 진한연맹체가 등장했다는 견해도 커다란 흐름을 형성해 왔다[2]. 3세기 말에 집중적으로 확인되는 진한왕(辰韓王)은 그 근거로 이용되었다[3].

그런데 '진한'은 최소한 1세기 초부터 다수 소국을 대표해 한 군현과 교섭한 사실이 있다[4].『삼국지』에서는 이를 주도한 세력이 명시되지 않았다. 다만 관련 기록과『삼국사기』 초기기사를 비교할 때, 그 주체는 사로국으로 추정된다. 여기에 속한 소국들은 기본적으로 독립성을 유지하면서 공동사안에 협조했다. 사로국은 이를 주도하는 정도의 역할을 수행했다[5]. 이후 3세기까지 소국간의

---

1) 이종욱, 1982 앞책, pp.98~103.
2) 이현혜, 1984 앞책, pp.184~188.
3) 선석열, 2001 앞책, pp.104~106.
4)『삼국지』위서 동이전 한.

결속은 적지 않은 부침을 겪었을 것이며 질적으로도 일정하게 변화했을 가능성이 있다.

만일 이러한 변화가 유의미한 것이었다면, 그 계기와 과정 그리고 이것이 국가형성 과정에서 차지하는 의미가 밝혀져야 한다. 이는 소국연맹의 변천을 이해하는 데 중요한 자료가 될 것이다. 본장에서는 이를 확인하기 위해 1~3세기동안 소국간의 관계를 질적으로 변화시킬만한 요인이 발생했는지 파악하려 한다.

1. 진한연맹 성격의 변화

일반적으로 소국연맹은 구성원의 독립성을 전제로 했다. 이에 소국들의 입장에 따라 그 공간적 범위나 성격은 다분히 유동적일 수 밖에 없었다. 여기서는 1세기 이후 소국간의 관계에 영향을 준 요인을 파악하여 기존 진한연맹의 변화 가능성을 확인하려 한다.

『삼국사기』에 의하면 진한 소국간의 관계는 적어도 1세기 후반부터 지배와 종속의 관계로 급격히 변했다고 한다. 파사대(婆娑代)[A.D.80~112]에6) 음즙벌국(晉汁伐國)[안강], 압독국(押督國)[경산]7), 실직국(悉直國)[삼척]8), 다벌국(多伐國)[대구]9), 비지국(比只

---

5) 이부오, 「1세기초 염사국의 대외교섭」, 『한국고대사연구』22, 2001, p.115.

6) 본문의 파사대 기년은 『삼국사기』를 따른 것이다. 본고에서 필자는 초기기사의 기년을 다소 수정 해석했다. 그러나 독자의 편의를 위해 필요할 경우 『삼국사기』에 정리된 왕의 재위기간을 부기했다.

7) 『삼국사기』 권제34 지리1 양주 장산군.

8) 『삼국사기』 지리4 하슬라주 및 신라본기 내물 40년, 눌지 34년, 자비 11년, 지증 6년.

9) 다벌국은 『삼국사기』에서 구체적인 지역으로 명시되지 않았기 때문에, 지금까지 음의 유사점을 통한 지명비정이 다양하게 이루어졌다. 즉 이는 달구벌(達丘伐)이었던 대구로 비정된[이병도, 『역주 삼국사기』상, 을유문화사, 1983, p.34 주80] 이래, '퇴화(退火)' '퇴벌(退伐)'로 표기된 영일군 의창[흥해][천관우, 「삼한의 국가형성」(상), 『한국학보』2, 1976, p.37] 혹은 월성군 강동면 도음산(禱陰山) 남쪽의 달전리, 달성, 다산 일대와 영일군 영일읍, 의창읍, 신광면 지역으로 비정되었다[최병운, 1992 앞글, p.75]. 다벌(多伐)을 다라(多羅)로 보아 합천지역으로 비정하는 견해도 있다[백승옥, 「신라·백제 각축기의 비사벌가야」, 『부대사학』15·16, 1992, p.303]. 그런데 파사이사

國)[창녕]10), 초팔국(草八國)[초계]11), 내이(奈已) 지역[영주], 굴아화촌(屈阿火村)[울주], 고타(古陀) 지역[안동]이12) 병합되었다는 것이다13). 이에 의하면14) 사로국은 파사 8년까지 백제·가야와 국경을 접한 상태에서15) 파사 23년 이후 다시 경주 인근지역부터 정복활동을 시작한 셈이다. 이는 자체 내에서도 불합리할 뿐만 아니라 벌휴대(伐休代)[184~196] 이후 다시 출현하는 정복기사들과도 부합되지 못하고 있다. 그러면 파사대의 정복기사들은 모두 허구일까. 아니면 일정 부분 사실을 바탕으로 했을까.

파사대는 실제로는 2세기 후반경으로 추정되는데16), 비슷한

금대에 병합되었다고 기록된 곳은 주로 상당한 세력을 지닌 소국들이다. 다벌도 작은 단위의 지명보다는 소국 단위의 지명일 가능성이 크다. 또 대구현(大丘縣)의 본래 이름이었던 달구화(達句火)[『삼국사기』 지리지 수창군]나 이곳에 축조된 달벌성(達伐城)의 음이 다벌과 유사한 것도 사실이다. 경주로부터의 진출루트로 보더라도, 파사 27년에 대구지역이 병합된다는 것은 파사 23년의 경산지역 병합기사와도 부합되고 있다. 그렇다면 다벌국은 대구로 보는 편이 합리적일 것이다.

10) 이를 『삼국사기』 지리1에 비화(比火)로 나오는 경주시 안강으로 보기도 한다[천관우, 1976년 앞글, p.37]. 이는 거리문제를 해결하기 위해 경주로부터 가까운 지역에서 유사한 지명을 찾은 셈이다. 그러나 파사대의 정복기사 중에는 이렇게 해결하기에는 거리상 불합리한 경우가 너무나 많다. 발음상으로도 '비지(比只)'는 '비화'보다 창녕의 '비자벌(比子伐)' '비사벌(比斯伐)' '비자화(比自火)'에 더 가깝다.

11) 합천 초계는 신라때 초팔혜현(草八兮縣)이라고 했다[『삼국사기』 지리1 강양군]. 『삼국사기』 지리지에서 영일군 기계면을 표기한 모혜(芼兮)가 초팔(草八)의 오기라고 보고 이곳으로 비정하는 견해도 있다[천관우, 1976 앞글, pp.37~38].

12) 『삼국사기』 지리지에 의하면, 안동지역이 고타야(古陀耶)로 나오고, 거창군을 거타(居陀)라고도 했으며, 진주지역이 신문왕대에 거타주(居陀州)였다. 이 중에서 거창이나 진주는 진한지역으로부터 멀리 떨어진 곳이므로 파사 5년 기사의 고타로는 적당하지 않다. 고타지역은 소지 22년에 왕이 날이(捺已) 지역[영주]에 갔다가 돌아오는 길에 들렀던 곳이다. 그러므로 본문의 고타는 안동지역으로 보는 것이 합리적이다.

13) 이상 『삼국사기』 신라본기 파사이사금 5년, 23년, 29년 및 지리1 임관군, 지리2 내령군 참조.

14) 이를 신라, 백제의 성장과 관련시키는 견해는 이미 제출되었다[이종욱, 「한·왜의 정치세력과 낙랑군·대방군의 관계」, 『한일고대문화의 연계』, 서울프레스, 1994, pp.226~227].

15) 『삼국사기』 권제1 신라본기 파사이사금 8년.

16) 『삼국사기』 신라본기 초기기사의 왕위계승에서는 기년상 불합리한 곳이 적

시기인 환영지말(桓靈之末)[146~189]에는 한(韓)·예(濊)가 강성(強盛)하여 한군현(漢郡縣)이 이를 제대로 통제하지 못하는 상황에 처했다[17]. 여기서 한(韓)의 '강성'은 소국들이 일정하게 성장했음을 보여준다. 적어도 이들은 한군현의 의사에 거스르면서 그 지역 인민의 유입을 조장할 정도였다. 여기서 말하는 한(韓)이 낙랑군 인근의 한강유역에 한정되었는지, 아니면 진한지역까지 포함했는지는[18] 쉽게 단정하기 어렵다. 이러한 상황에서 한(韓)의 '강성'과 파사대의 정복기사를 바로 연결시키는 것은 곤란하다. 다만 한군현의 통제가 약화되는 상황에서 특정 소국이 성장하거나 소국간의 관계가 변화할 수 있는 대외적 환경은 조성되었다고 볼 수 있다.

문제는 이러한 변화를 초래할만한 내적 기반이 마련되었는가 하는 점이다. 파사대의 정복기사를 회의적으로 보는 한, 사료상으로는 근거를 대기 어렵다. 다만 당시의 사회·경제적 상황은 그 여부를 판단하는 근거를 제공할 수 있을 것이다. 이와 관련하여 2세기 후반경 철제 농기구의 보급 상황이 주목된다. 이 시기에는 기존의 철부, 도자, 철겸, 따비 외에 삽날, 쇠스랑 등 새로운 기경구가 출현했다[19]. 이는 계급이 발생하고 국가형성의 기초가 형성

지 않게 발견된다. 이 때문에 그 기년 문제에 대해서는 논란이 적지 않았다. 파사대의 실제 시기에 대해서는 3세기 후반으로 조정하는 견해가 제시되었다[선석열, 2001 앞책, pp.52~57]. 이와 관련하여 필자는, 당시의 왕위 계보는 대체로 인정될 수 있으나 일부 세대가 누락되었다는 전제 하에, 내물마립간대 이전의 기년을 재조정한 바 있다. 여기서 파사대의 기년은 아달라대의 기년을 전제로 한 것이다. 즉『삼국사기』신라본기에 의하면, 아달라 20년에 비미호(卑彌呼)가 사신을 파견해 왔다고 하는데, 그녀가 사료 상에 확인되는 시기는 경초(景初) 2년[238]부터 정시(正始) 8년[247]까지이다. 아달라대가 이와 정확히 일치하는 것은 아니지만 3세기 전반경이라는 점은 인정될 수 있다. 그 이전의 지마[112~134]·일성대[134~154]의 재위 기간을 고려하면, 파사대는 실제로는 2세기 후반이었다고 볼 수 있다[이부오, 1999 앞글, pp.250~251].

17)『삼국지』위서 동이전 한.

18) 당시 낙랑 지역인들이 대거 진한지역으로 이주해 정치·문화적 충격을 주어 초기국가가 성립했다는 견해가 있다[박광춘, 「낙동강유역의 초기국가 성립」,『한국상고사학보』39, 2003, pp.39~48].

19) 이재현, 「변·진한 사회의 발전과정 —목곽묘 출현배경과 관련하여」,『영남

되는 기반으로 이해되었다[20]. 그런데 앞서 언급했듯이 진한 소국은 이전부터 존재했다. 이에 철제 농기구의 변화는 오히려 소국 내의 계층구조나 소국간의 관계에 영향을 끼쳤을 가능성이 있다. 그러면 철제 농기구의 계층별 보급 상황을 통해 이 문제를 검토해 보자.

<별표 1>에서 개간구인 철부, 수확구인 철겸, 기경구인 쇠스랑·삽·따비 등을 대부분 부장한 경우는 거의 국읍 간(干) 집단의[21] 묘곽에 한정되고 있다. 흥해 옥성리 가-101·108호나 울산 하대 43·44호 등이 그것이다<사진 18>. 그 주인공들은 이를 통해 잉여생산물의 획득에서 배타적으로 우월한 위치를 차지했을 것이다. 하대 43·44호와 동일한 축선(軸線)에 나란히 구축되고 묘곽 규모가 유사한 하대 1호도 같은 범주에 포함될 것이다.

간층 묘역과 인접한 옥성리 나-1호, 115호, 하대 72호 등에서는 약간의 철부, 철겸과 함께 따비가 부장되었으며, 상당수의 무기류나 마구류, 위세품이 공반되었다. 그 주인공들은 무기류나 위세품에 필요한 잉여생산물을 획득할 수 있었으나 간층에 비해서는 경제력이 작았음을 알 수 있다. 이외에 철부, 도자, 철겸 몇 점과 함께 철검, 철모, 철촉 등을 약간 부장한 사람들도 적지 않다. 옥성리 가-124·136호, 하대 37·72호 등이 그것이다<별표 1>. 이러한 무기를 소지할 수 있었던 것도 재생산에 필요한 수준 이상으로 생산물이 확보되었음을 보여준다. 정도의 차이는 있지만, 이들은 호민층으로 분류될 수 있을 것이다. 이는 기존 간층과 민(民) 사이의 중간층이[22] 성장·분화한 결과였다.

고고학』 17, 1995, pp.29~30.

20) 이재현, 1995 앞글, p.30.

21) 간(干) 집단은 국읍이나 읍락의 거수(渠帥) 집단을 가리키며, 복수의 가계집단으로 구성되었다. 그 중에서도 국읍의 최고 통수권자는 주수(主帥)였다. 앞으로 그의 가계집단만을 가리킬 경우에는 주수집단으로 부르려 한다.

22) 이부오, 「기원전후 사로국의 지배구조 변화」, 『역사교육』76, 2000, pp.189~190.

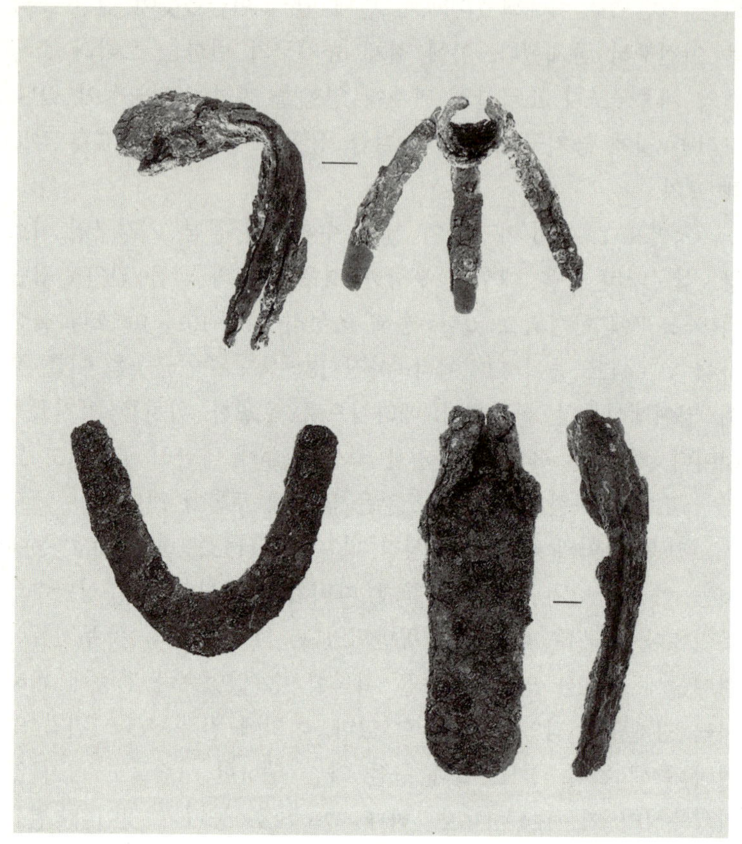

〈사진 18〉 울산 하대 43호 쇠스랑, 삽날, 따비

읍락지역인 대구 팔달동 117호 주인공은 도자, 겸, 따비 외에 환옥을 소유했다. 부산 노포동 묘곽의 주인공들도 철부, 도자 약간에 무기류 몇 점을 소유했다. 양산 평산리 주거지의 경우도 유사하다<별표 1>. 이러한 양상은 2세기 중엽 울산 대안리 목관묘들이 철부, 철겸 한 두 점이나 무기류 약간을 부장한 사실의[23] 연장선상에서 파악될 수 있다. 이들의 경제적 능력은 국읍 간층보다 훨씬 떨어지지만, 읍락 단위에서도 호민 내지 상층민이 증가했음

23) 울산대학교박물관·울산광역시강남교육청, 『울산 대안리유적』, 2002, pp.135
　　~138.

을 알 수 있다. 또한 2세기 초경 사라리 130호에서 판상철부가 대량으로 부장된 점으로 볼 때[24], 읍락 간층이 국읍 간층 묘곽에 보이는 최상급 농기구를 보유한 경우도 적지 않았을 것이다.

이처럼 2세기 후반경에는 호민층이 점차 두터워지는 한편, 읍락 사이의 우열도 심화되었다. 그 속에서 국읍 간층은 최상급 농기구의 보유를 주도하면서 경제적 기반을 확대해 갔다. 바로 이러한 시기에 환두대도(環頭大刀), 장검(長劍), 이단병식(二段柄式) 철모, 유경식(有莖式) 철촉 등의 무기류가 출현하며, 지배자층은 대형 철모를 하나의 위세품으로 소지하기 시작했다[25]<사진 1>. 옥성리 나-1호나 하대 44호처럼, 간층이 철모를 대량으로 보유하는 현상도 두드러진다<별표 1>. 이는 철기제작 기술이 발달할 뿐만 아니라 철기나 잉여생산물의 유통을 둘러싸고서 적지 않은 긴장이 조성되었음을 보여준다. 자연히 소국간의 이해관계도 더욱 복잡해졌을 것이다. 이 점을 인정할 수 있다면, 파사대의 정복기사를 반드시 허구로 돌릴 수는 없다. 그 중에서도 다음 사료가 주목된다.

가-1) 가을 8월 음즙벌국(音汁伐國)과 실직곡국(悉直谷國)이 강역을 다투다가 왕에게 와서 이에 대한 결정을 요청했다. 왕은 이를 곤란하게 여겨 "금관국(金官國) 수로왕(首露王)이 연로하고 지식이 많다"하고 이를 불러 물었다. 수로왕이 논의를 일으켜 다투던 땅을 음즙벌국에 속하게 했다. 이에 왕은 6부에 명해 함께 모여 수로왕에게 향연을 베풀도록 했다. 5부는 모두 이찬(伊飡)으로 접대를 주관하게 했으나, 한기부(漢祇部)만은 지위가 낮은 자로 이를 주관하게 했다. 수로왕은 노하여 노(奴) 탐하리(耽下里)에게 명해 한기부주(漢祇部主) 보제(保齊)를 죽이고 돌아갔다. 그 노는 음즙벌주(音汁伐主) 타추간(陀鄒干)의 집으로 도망해 여기서 의탁하였다. 왕이 사람을 시켜 그 노를 찾았으나 타추는 보내지 않았다. 왕이 노하여 군사로써 음즙벌국을 정벌하니, 그 주(主)와 무리가 스스로 항복했다. 실직(悉直)·압독(押督) 2국의 왕이 와서 항복했다[『삼국사기』 권제2 신라본기 파사이사금 23년].

---

24) 영남매장문화재연구원, 『경주 사라리고분군-130호분을 중심으로-』, 1996.3.
25) 이재현, 1995 앞글 인용 및 박광춘, 2003 앞글, p.39.

위에 의하면 파사 23년 음즙벌국[안강]과 실직곡국[삼척]의 강역 분쟁 과정에서 음즙벌국이 정복되고 압독국과 실직곡국이 사로국에 항복했다. 이처럼 두 소국의 분쟁이 갑자기 원거리 소국들의 항복을 초래했다는 것은 납득하기 어려운 점도 있다. 그러나 완전히 조작되었다고 보기에는 소국들의 움직임이나 그 내용이 대단히 구체적이다. 또한 이는 앞서 언급한 한군현의 통제력 약화나 철기 유통을 둘러싸고 조성된 긴장관계와도 대체로 부합하고 있다. 위 사료는 바로 이러한 상황에 대처하는 진한 소국들의 움직임을 보여줄 것이다.

이를 진한연맹체의 형성으로 설명하는 견해도 있으나[26], 앞서 지적했듯이 그 연맹체는 이전부터 존재하고 있었다. 일단 이사금이 '강역 문제'를 의뢰 받은 데서 알 수 있듯이, 사로국은 진한연맹 내 소국간의 사안에 대해 결정권을 행사했다. 그 내용은 분명하지 않지만 교역 통제권을 포함했을 것이다[27]. 공동사안에 대해 결정권을 행사하는 것은 기존 진한연맹의 주도권에서도 보인다. 그러나 새로운 특징도 확인된다.

첫째, 그 주도권이 미치는 권역을 보자. 당시 사로국의 교역 통제권이 실직곡국까지 적용되었다면, 이사금이 그 '강역' 문제를 곤란하게 여길 이유는 없었다. 적어도 실직곡국은 사로국의 통제권 바깥에 있었다고 볼 수 있다. 이러한 상태에서 사로국 인근 소국과 '강역'을 다퉜다면, 실질곡국은 실제로는 사로국과 별개의 교역권을 확보하려 했다고 볼 수 있다.

사로국은 이 문제의 해결을 수로왕에게 의뢰했다. 당시 수로왕이 실제로 경주에 왔는지는 의문이지만, 사로국은 대외교역 문제에서 금관국의 우위를 인정하고 이로부터 일정한 협조를 받았

---

26) 이현혜, 1984 앞책, pp.181~182.

27) 사료 가-1)에 보이는 소국간의 분쟁은 예(濊) 소국과 진한 소국간[선석열, 2001 앞책, p.84] 혹은 가야·신라 유력 해상집단간의 교역다툼으로[백승충, 「1~3세기 가야세력의 성격과 그 추이」, 『부대사학』13, 1989, p.13] 해석되었다. 이를 통해 사로국이 동해안 방면 교역에서 주도권을 확보했다는 것이다[이희준, 『4~5세기 신라의 고고학적 연구』, 서울대학교 박사학위논문, 1998, p.143].

다고 보아도 좋을 것이다. 그가 연로하고 지식이 많다고 언급된 것은 이 때문이다. 그러나 이사금이 수로왕을 불렀다는 것 차체는 금관국의 우위가 극히 상대적인 수준이었음을 말해준다. 아마도 이는 금관국 인근 즉 낙동강 하구의 교역 주도권에 한정되었을 것이다. 수로왕의 협조는 이를 바탕으로 실직곡국의 시도에 공동 대응하는 정도였을 것이다. 그 결과 분쟁의 대상은 음즙벌국에 속했다고 한다. 이는 실직곡국의 시도가 실패로 돌아가고 동해안 방면에서 사로국의 교역권이 유지되었음을 보여준다.

그런데 수로왕이 한기부주를 살해하면서 이러한 협조에는 균열이 생기기 시작했다. 음즙벌국은 한기부주의 살해범을 보호하는 등 금관국의 입장을 옹호했다. 두 사건이 연속된 점으로 볼 때, 금관국은 음즙벌국을 끌어들여 이 방면에서 교역권의 확보를 시도했다고 판단된다. 음즙벌국도 금관국의 협조를 통해 대외교역상의 이익을 도모한 것이다.

음즙벌국은 경주에서 동해안으로 쉽게 통하는 길목의 하나이다. 자연히 음즙벌국의 움직임은 사로국에게 심각한 위협이 되었다. 이사금이 군대를 보내 이를 정벌한 것은 이 때문이다. 이 과정에서 수로왕이 등장하지 않는 점을 고려할 때, 금관국은 사로국의 적극적인 태도에 굴복해 위와같은 시도를 포기한 것으로 보인다. 이에 음즙벌국은 더 이상 버티지 못하고 사로국에 복속했다. 바로 이 때 실직곡국은 사로국에 '항복'해 왔다. 이것이 이전의 분쟁과 무관하지 않았다면, 실직곡국은 이제 더 이상 독자적인 교역권의 확보를 포기하고 사로국 중심의 교역권에 편입되었다고 볼 수 있다. 압독국이 같은 시기에 '항복'해 온 것도 이와 무관하지 않았을 것이다. 결국 파사대에는 사로국의 교역권(交易圈)이 확대되면서 여기에 편입되는 소국들이 증가했음을 알 수 있다.

그 결과 변·진한 지역에서는 금관국 중심의 교역권과 사로국 중심권의 교역권이 분립하게 되었다. 기존의 진한지역에서 사로국 중심권, 염사국(廉斯國) 중심권 등이 분립되었던 점과28) 비교

---

28) 이부오, 2001 앞글, pp.108~115.

하면, 이제 사로국의 통제권역이 적지 않게 확대된 것이다.

둘째, 주도권의 행사 방식을 보자. 위 사료에서 사로국이 군사로써 음즙벌국을 정복하자 그 주수(主帥)와 무리가 항복했다. 이들이 본거지로부터 제거된 것은 아니었으므로, 그 항복은 대체로 형식적 복속의례로 볼 수 있다. 그러나 중심 소국은 적어도 이들에 대해 강제력을 행사했으며, 이를 위해 무력 동원도 가능하게 되었다. 기존 진한연맹에서 중심 소국의 주도권은 공동사안에 한정되었으며 개별 소국의 자발적 참여를 바탕으로 했었다. 이제 그 주도권은 우월한 소국이 강제권을 행사하는 형태로 변화한 것이다.

그런데 압독국의 '항복'에는 자발성이 크게 작용했으며, 이곳은 후대에도 사로국의 지배에 반발할 만큼 상당한 세력을 유지했다29). 실직곡국의 경우도 유사했다30). 이는 무력으로 정복당한 음즙벌국에서 상대적으로 강한 통제가 예상되는 점과 비교된다. 이 경우 사로국의 통제권은 교역과 대외교섭 주도권에 한정되었을 것이다.

이상과 같이 2세기 후반경 진한연맹의 성격은 적지 않게 변화했다. 중심 소국의 통제권은 공동사안의 주도권으로부터 소국집단에 대해 강제력을 행사하는 형태로 변화해 갔다. 그 내용은 소국에 따라 일정하지 않았으나, 진한 소국간의 관계는 본질적으로 변화하기 시작한 것이다. 이는 향후 진한지역의 상황에 적지 않은 변화의 가능성을 예고하는 것이다.

2. 진한연맹의 위기와 소국집단의 동향

중심 소국의 통제력 확대는 정치체의 성장이라는 측면에서는 중요한 계기가 될 수 있다. 반면 지배력을 위협 받은 소국이 반발할 가능성도 커졌을 것이다. 이러한 상황에서 소국연맹은 대내외적 조건에 의해서도 적지 않게 영향을 받았으리라 짐작된다. 본절

---

29) 『삼국사기』 권제1 신라본기 일성이사금 13년.
30) 『삼국사기』 권제1 신라본기 파사이사금 25년.

에서는 이것이 실제로 어떻게 진행되었는지 살펴보려 한다.

우선 중심 소국의 통제권역이 확대되는 현상은 3세기 전반의 아달라대(阿達羅代)에도[31] 지속되었다. 감물(甘勿)·마산(馬山) 지역이 '현(縣)'으로 편성되었다는 것이[32] 이를 말해준다. 당시 진한 지역에서 현제(縣制)는 운영되지 않았으므로, 이는 연맹체로 편입된 소국들을 가리킬 것이다.

이와 관련하여 당시 영일지역의 상황이 주목된다. 이곳 간층이었던 연오랑(延烏郎)과 세오녀(細烏女)는 근거지로부터 이탈해 왜(倭)로 떠났다. 그 이유는 신비한 바위의 출현으로 기록되었으나[33], 실제로는 간층의 권력에 대한 위협이 보다 중요한 이유였을 것이다. 그렇다면 중심 소국의 통제력 강화가 이곳 간층의 반발을 가져왔다고 볼 수 있다. 이 시기에도 중심 소국의 통제권역 확대와 소국들에 대한 통제력의 강화가 동시에 진행된 것이다.

그 뒤 세오녀가 짠 고운 비단이 헌납되었다. 당시 그녀는 왜(倭)에 있었다고 전하므로, 이 조공품은 영일지역에 잔존한 간층에 의해 헌납되었을 것이다. 사로국은 이를 귀비고(貴妃庫)에 안치했으며 영일 도기야(都祈野)에서 제의(祭儀)를 행했다[34].

원래 국읍의 천신(天神) 제의는 천군(天君)이 주관했다고 한다. 그런데 그는 국읍의 통치자이기보다 국읍집단에 의해 세워진 존재였다[35]. 그렇다면 소국 차원의 제의는 주수의 일정한 통제하에 운영되었을 것이다[36]. 정치적 상징성이 컸던 도기야(都祈野) 제의도 이러한 범주에 포함되었으리라 짐작된다. 또한 경산 임당 저습지유적에서 출토된 복골(卜骨)이나[37]<사진 10> 각 종 분묘에서

---

31) 『삼국사기』 기년상 아달라대는 154~184년이다. 이를 3세기 전반으로 보는 근거는 제 1장 주 16) 참조.
32) 『삼국사기』 권제2 신라본기 아달라이사금 4년.
33) 『삼국유사』 권제1 기이 제1 연오랑 세오녀.
34) 앞 주 인용과 같음.
35) 『삼국지』 위서 동이전 한.
36) 이는 남해차차웅(南解次次雄)이 무당인 동시에 존장자(尊長者)자로서 두려워하고 공경하는 대상이었던 점에서도 확인된다[『삼국사기』 권제1 신라본기 남해차차웅 즉위].
37) 영남매장문화재연구원, 『경산 임당 저습지유적 발굴조사』, 1997.10, pp.10~

출토되는 제의용 토기로 볼 때<사진 19>, 소국 내에서는 다양한 수준의 제의가 이루어졌다고 추정된다. 이러한 상황에서 사로국은 주수 집단으로부터 제의품을 헌납 받음으로써 복속 상태를 확인했다. 이를 통해 소국 차원의 제의권에 간여하게 된 것이다. 이를 상징적으로 보여주는 것이 도기야 제의였다.

〈사진 19〉 하대 23호 장경호와 하대 35호 유개호

이처럼 진한 소국의 결속에 변화가 발생한 원인은 무엇일까. 만일 이것이 생산력의 변화나 계층구조의 변동에 있었다면 3세기 초-중엽의 묘곽들에 반영되었을 가능성이 있다. <별표 2>를 통해 당시의 묘곽들을 보면, 간층에서만 개간구·수획구·기경구가 구비된다. 호민층 묘곽에서는 대체로 철부·도자·철겸 몇 점이 확인되며, 일부 따비가 부장된 경우도 있다. 여기서 2세기 후반과의 차이는 거의 드러나지 않는다. 하대 2호나 76호처럼 철부를 대량으로 부장한 경우도 있으나, 그 수량이 기존 간층의 그것보다 획기적인 차이를 보이지는 않는다. 반면 대도의 수량은 대체로 증가한다. 옥성리 나-58·78호나 하대 2·71호처럼 간층이 철모나

11.

철촉을 대량으로 부장하는 현상도 두드러진다. 이는 잉여생산물의 확보를 둘러싼 긴장이 점차 심화되었음을 보여준다. 진한 소국간의 결속이 변화한 것도 이를 기반으로 했을 것이다.

한편 대외적인 측면에서도 적지 않은 변화가 확인된다. 건안(建安) 연간[196－220]에 공손씨(公孫氏) 정권은 대방군(帶方郡)을 설치해 한(韓) 지역을 별도로 관리했다[38]. 이는 기존에 약화된 통제력을 회복하는 동시에 한 지역을 분리 통제하는 조처로 볼 수 있다. 이와 관련하여 울산 하대 23호의 동정(銅鼎)이 주목된다<사진 2>. 이는 경주 중심부에서는 발견되지 않으므로 서북한 지역을 통해 독자적으로 도입되었을 가능성이 크다. 영일지역의 사례로 보아 이는 사로국의 통제권에 반발해 독자적인 대외교섭을 추구한 결과로 볼 수 있다. 그렇다면 위 동정의 수입은 독자적인 교섭권을 확보하려는 하대집단의 이해와 한(韓) 지역을 분리 통제하려는 중국 군현의 시도가 부합한 결과였다고 생각된다.

이처럼 3세기 초 이후 중심 소국의 지배력이 확대되는 속에서도 소국들의 독자적인 대외교섭이 진행되었다. 중심 소국의 입장에서 이는 일종의 위기로 인식되었을 것이다. 여기에 다음 사료는 이러한 위기의식이 더욱 확대되었을 가능성을 보여준다.

가－2) 경초중(景初中) 명제(明帝)가 대방태수(帶方太守) 유흔(劉昕)과 낙랑태수(樂浪太守) 선우사(鮮于嗣)를 몰래 보내 바다를 건너 2군을 평정했다. 이에 제한국(諸韓國)의 신지(臣智)에게 읍군인수(邑君印綬)를 더해주고 그 다음에게는 읍장(邑長)을 주었다. 그 습속이 의책(衣幘)을 좋아해 하호(下戶)들이 군에 와서 조알하면 모두 의책을 빌어갔고, 스스로 인수의책(印綬衣幘)을 착용하는 자가 천여명이었다. 부종사(部從事) 오림(吳林)은 낙랑이 본래 한국을 통할했다는 이유로 진한 8국을 분할해 낙랑이 관할하도록 했다. 그런데 관리들이 통역해 전달하는 데 문제가 생겨 신지와 한(韓)이 분격하여 대방군 기리영(崎離營)을 공격했다. 이에 [대방]태수 궁준(弓遵)과 낙랑태수 유무(劉茂)가 군대를 일으켜 이를 토벌하다가 준(遵)이 전사했으나, 2군은 결국 한을 멸망시켰다[『삼국지』 위서 동이전 한].

---

38) 『삼국지』 위서 동이전 한.

위 사료에 의하면 경초중(景初中)[237~239] 공손씨 정권을 평정한 위(魏)는 대방군의 관할을 받던 진한 8국을 다시 낙랑군에 이속(移屬)시켰다[39]. 이에 격분한 한(韓) 세력은 대방군 기리영을 공격했다. 그 주체에 대해서는 신분고국설과[40] 백제국설이[41] 대립해 왔다. 이는 당시 중부지역의 정세를 종합적으로 검토해 판단되어야 하므로, 여기서 간단히 결론을 내기에는 너무나 중대한 문제이다. 다만 필자는 당시 백제가 중국 군현과 대립한 기록을[42] 중시해 위 사료의 신지를 백제왕으로 인정하고자 한다. 그러면 진한지역의 상황을 중심으로 위 사료를 검토해 보자.

우선 진한 8국의 낙랑군 이속은 백제가 크게 반발할 정도로 중대한 사건이었다. 적어도 백제는 기득권에 대한 상실을 크게 염려했다고 볼 수 있다. 위 사료에서 그 기득권은 일종의 관할권과 밀접히 연관되었으나, 구체적인 내용은 제시되지 않았다. 일단 낙랑군이 선진 제품의 창구 역할을 한 점으로 볼 때, 낙랑군은 한(韓) 사회에 대한 개별접촉을 통하여 교역상의 이익을 추구했을 것이다[43]. 문제는 이것이 진한 소국의 대외교섭과 실질적으로 어떻게 연결되었는가 하는 점이다.

이와 관련하여 마한(馬韓)이 진한에 대해 대대로 수행했던 진왕(辰王) 역할이 주목된다[44]. 그 주체는 분명 마한왕이었을 것이다. 마한 목지국왕(目支國王)이 삼한(三韓)의 땅에 왕 역할을 했다

---

39) 『삼국지』 위서 동이전 한.
40) 末松保和, 1954 앞책, p.518.
　　井上幹夫, 「"魏志"東夷傳にみえる辰王について」, 『續律令國家と貴族社會』, 吉川弘文館, 1978, p.622.
　　윤용구, 「삼한의 대중교섭과 그 성격」, 『국사관논총』85, 1999, p.107.
41) 이기백・이기동, 『한국사강좌』Ⅰ-고대편-, 일조각, 1982, p.135.
　　김수태, 「3세기 중・후반 백제의 발전과 마한」, 『마한사 연구』, 충남대학교 출판부, 1998, pp.192~194.
42) 『삼국사기』 백제본기 온조왕 8년, 13년, 17년, 18년 및 고이왕 13년.
43) 윤용구, 1999 앞글, p.123.
44) 『삼국지』 위서 동이전 변진.
　　진왕에 대해서는 사로국왕설과[천관우, 「'삼국지' 한전의 재검토」, 『진단학보』41, 1976, p.27] 목지국왕설이[강종훈, 「신라 '삼성족단체제'의 성립과 전개」, 『한국고대사연구』14, 1998, p.332.] 제기되었다.

는 것도45) 이를 뒷받침하고 있다. 다만 진한에서 자력으로 왕이 되지 못했다는 진왕(辰王)이나 진한 12국이 속(屬)했다는 진왕(辰王)은 진한 소국의 대표자였을 것이다. 3세기 전반까지 진한 소국에 대한 사로국의 통제권이 강화되어 온 추세로 볼 때, 그 대표자는 사로국왕으로 생각된다.

이처럼 실체가 일관되지 않은 것은 진왕이 단위정치체의 통치자보다 중국 군현에 대한 교섭대표 기능을 강조한 표현이기 때문이다. 즉 사로국왕이 진한 소국에 대해 진왕 역할을 했다면, 마한왕은 삼한 전체에 대해 유사한 역할을 한 것이다. 다만 위 사료에서 백제국왕이 부각된 점으로 볼 때, 3세기 전반경에는 그 역할 중 적어도 일부가 백제국왕에게 위임되었다고 생각된다. 그렇다면 위 사료에서 백제가 상실한 이권은 중국 군현과의 교섭 대표권으로 볼 수 있다. 백제의 지대한 관심으로 보아 그 대표권은 실질적 이권을 포함했을 것이다. 그 중에서도 가능성이 가장 큰 것은 중국 군현과 한(韓) 사이의 교역 중계권이다.

그런데 진한지역에서는 8국이 낙랑군으로 이속되었다. 해당 소국의 위치에 대해서는 진번(眞番) 지역설46), 마한 지역설47), 한반도 동남부설48) 등이 제기되었다. 일단 '동이(東夷) …국' '마한 등 …국'의 사례로49) 보아 8국은 진한 소국의 일부로 추정된다. 또한 그곳은 중국 군현과의 교섭에서 백제가 중계 역할을 하기 쉬운 지역이었다. 이러한 곳으로는 한강유역을 통해 백제와 연결될 수 있는 낙동강 상류지역이나 해로를 통해 연결될 수 있는 낙동강 하구의 인접지역을 들 수 있다. 어느 쪽이든 진한 8국은 대체로 낙동강 유역에 위치했다고 볼 수 있다. 이로부터 다소 떨어진 사로국 인근지역은 여기서 제외되었을 가능성이 크다. 위 사료

---

45) 『후한서』 동이열전 한.
46) 이병도, 『한국고대사연구』, 박영사, 1976, p.122.
47) 이종욱, 1982 앞책, p.245.
48) 윤용구, 「"삼국지" 한전 대외관계기사에 대한 일검토」, 『마한사연구』, 충남대학교출판부, 1998, p.100.
49) 『진서』 제기(帝紀) 무제 태강 1년, 2년, 3년, 7년, 8년 등.

에서 사로국이나 진한 신지(臣智)의 대응이 부각되지 않은 것도 이 때문이다. 위(魏)는 진한 소국을 분리 통제함으로써 특정 세력의 부상을 막는 한편 관리의 효율을 도모한 것이다.

　　이러한 조처에 대해 백제는 강력히 반발했다. 그러나 결과적으로는 한(韓)이 '멸망'했다고 한다[가-2]. 이는 백제 인근의 소국들이 실제로 멸망했다기보다 위(魏)의 분리통제 정책이 관철되었음을 보여준다. 그 결과 백제는 최소한 진한 8국에 대해서는 교섭 대표권을 상실했다. 즉 마한은 대방군의 관할을 받고 진한 8국은 낙랑군의 관리를 받게 된 것이다. 경주 인근 소국들은 어느 군을 통해 관리되었는지 전하지 않는다. 다만 이들은 진한 8국과 별도로 취급되었으므로 계속 대방군에 의해 관할되었을 것이다.

　　여기서 진한 8국은 대외교섭을 매개로 사로국 중심권과 별개의 결속을 이루었다. 특정·소국이 부각되지 않은 점으로 보아 중심 소국의 주도권은 미약했다고 판단된다. 또한 낙동강 하구에 위치한 금관국이 관문적(關門的) 위치를 이용해 이들의 대외교섭에서 일정한 영향력을 행사했을 것이다50).

　　반대로 사로국의 위상은 상대적으로 약화될 수 밖에 없었다. 또한 일부 소국의 이탈은 이를 더욱 가속화시켰을 것이다. 이러한 상황에서 기존 진한연맹의 통제권은 적지 않게 위협을 받았다. 사로국은 어떤 형태로든 적극적인 대응을 요구받았다고 볼 수 있다.

　　이상과 같이 진한 8국 사건은 사로국 중심권 외에 낙동강 유역에서도 새로운 연맹체의 탄생을 가져왔다. 이는 우연의 결과가 아니라 2세기 후반 이후 중심 소국의 통제권이 확대되고 일부 소국의 편입과 이탈이 계속된 결과였다. 여기에 위(魏)의 분리통제 정책이 개입되면서 기존의 방식으로는 중심 소국이 통제권을 유지할 수 없게 되었다. 이에 기존 소국간의 관계도 새로운 틀을 요구받게 된 것이다.

---

50) 이 시기부터 금관국(金官國)이 변진 12국을 통제하기 시작했다는 견해는 이미 제출되었다[김태식, 『가야연맹사』, 일조각, 1993, p.68]. 여기서는 변한 12국이 전기 가야연맹으로 통합되는 과정 자체가 중시되었다.

2 거점지배의 성립

제 **2** 장

거점지배의 성립

경초중[237~239]의 진한 8국 사건은 백제의 교섭 주도권과 이를 억제하려는 중국 군현의 정책이 마찰한 사건이었다. 그 과정에서 사로국도 기존의 통제권을 상실할 가능성에 직면했다. 반면 진한 8국은 별도의 결속체를 형성하면서 새로운 중심 소국이 부각될 수 있는 기회를 맞이했다. 이러한 조건은 진한 소국간에 다양한 관계를 초래할 가능성이 컸다.

앞서 언급했듯이, 당시 소국간의 관계는 주로 진한연맹의 형성이라는 차원에서 다루어졌다. 특히 낙동강 하구의 교역을 둘러싼 주도권의 추이가 주목되었다. 그 결과 이것이 금관국에 의해 장악되었다가 3세기 후반[1] 내지 4세기까지[2] 사로국으로 넘어갔다고 이해되었다. 이러한 추세 자체는 수긍될 수 있으나, 이를 둘러싼 중심 소국과 주변 소국간의 관계는 구체적으로 밝혀졌다고 보기 어렵다. 이에 본장에서는 제 1장의 검토를 기반으로 3세기 후반경의 대외교섭과 교역을 둘러싼 진한 소국의 움직임을 파악하려 한다. 이를 통해 사로국과 진한 소국간의 관계 변화를 밝히고 그 의미를 파악하려는 것이다.

---

1) 백승충, 『가야의 지역연맹사 연구』, 부산대학교 박사학위논문, 1995, pp.92~102.

2) 이현혜, 「4세기 가야사회의 교역체계의 변천」, 『한국고대사연구』1, 1988, pp.171~178.

1. 원거리 정복활동의 개시와 목적

사로국이 진한 8국 사건 이전의 세력을 만회하기 위해서는 낙동강 유역의 소국들을 다시 끌어들이거나 장악할 필요가 있었다. 이 사건을 전하는 자료에서는[가-2] 그 문제가 구체적으로 다루어지지 않았다. 해당 시기의 『삼국사기』 기사에서도 직접적인 자료는 발견되지 않는다. 그러나 사건의 중대성에 비추어 볼 때, 진한 소국은 이 문제를 심각하게 받아들이고 어떤 형태로든 대응했을 가능성이 크다. 본절은 이 문제를 파악하는 데 목적을 두었다.

당시 진한 소국에 대한 자료들은 서로 상반된 내용을 전하고 있다. 먼저 다음 사료를 보자.

나-1) 2월 파진찬(波珍飡) 구도(仇道)와 일길찬(一吉飡) 구수혜(仇須兮)를 좌우군주(左右軍主)로 삼아 소문국(召文國)을 정벌했다. 군주의 명칭이 여기서 시작되었다[『삼국사기』 권제2 신라본기 벌휴이사금 2년].

나-2) 변진(弁辰) 역시 12국인데, 또 여러 소별읍(小別邑)이 있어 각기 거수(渠帥)가 있다. 큰 경우는 신지(臣智)라하고, 그 다음엔 험측(險側), 그 다음엔 번예(樊濊), 그 다음엔 살해(殺奚), 그 다음엔 차읍(借邑)이 있다. 이저국(已柢國)·불사국(不斯國)·변진미리미동국(弁辰彌離彌凍國) …… 변진독로국(弁辰瀆盧國)·사로국(斯盧國)·우중국(優中國) 등이 있으니 변진을 합해 24국이다. 대국은 4-5천가(家)이며 소국은 6-7백가로 총 4-5만호이다. 이 중 12국은 진왕(辰王)에 속(屬)한다. 진왕은 항상 마한인(馬韓人)으로 하고 대대로 이어받아서 진왕은 자력으로 왕이 되지 못한다[『삼국지』 위서 동이전 변진].

사료 나-1)에 의하면 벌휴(伐休) 2년[185] 구도는 구수혜와 함께 소문국(召文國)[의성]을 정복했다고 한다. 그런데 그 기년이 2세기 말이라는 점에 대해서는 회의적인 시각도 있다[3]. 필자도 벌

---

3) 벌휴대의 기년에 대한 수정론에서는 이를 3세기 말[선석열, 2001 앞책, p.55] 내지 4세기 초로[강종훈, 2000 앞책, p.46] 보고 있다.

휴대를 전후한 기년에 다소 문제가 있다고 생각하며, 구도의 실제 활동 시기를 3세기 중엽으로 보고 있다[4]. 이를 인정할 수 있다면, 구도의 정복활동은 진한 8국 사건 이후의 상황과 연관지어 파악될 수 있다. 또한 이후 정복기사들이 연속된 점을 중시하면, 사로국은 통제권으로부터 이탈하려는 소국들을 차례대로 정복했을 개연성이 인정된다.

반면 나-2)는 진한 소국의 병립 상황을 전하고 있어 사로국의 대외적 역할 자체를 부정하는 근거로 이용되었다[5]. 그런데 소국들이 정복되더라도 기존 주수(主帥)가 존속했다면, 중국 군현은 이들을 개별적으로 파악했을 가능성도 있다[6]. 사료 나-2) 자체도 소국들의 대등한 관계만을 전하는 것은 아니다. 당시 각 소국은 세력에 따라 대국과 소국으로 구분되었다. 주수들도 세력에 따라 다양한 '우호(優呼)'로 구분되었다. 그렇다면 위 사료에서 소국들이 나열되었다고 하더라도, 이들간의 관계가 반드시 평등한 것은 아니었다.

그 중에서도 진한 12국은 진왕(辰王) 즉 사로국왕에 '속(屬)'해 있었다[7]. 적어도 3세기 후반경 진한 소국은 사로국에 의해 일정한 통제를 받았다고 보아도 좋을 것이다. 그렇다면 구도의 정복기사는 이러한 관계의 성립과 관련하여 재음미될 필요가 있다.

우선 사로국이 소문국을 효과적으로 장악하기 위해서는 경주-의성의 길목에 위치한 골벌국(骨伐國)[영천]을 확보해야 한다.

---

4) 구도[172?-190?]는 그의 아들 미추(味鄒)[262~284]와의 사망간격이 최대 94년에 이르러 기년상의 문제를 가지고 있다. 미추와 그 조카 내물(奈勿)[356~402]의 사망간격은 118년이나 된다. 또한 같은 시기의 김씨왕계와 석씨왕계 사이에는 심하게 불합리한 관계가 보인다. 이에 구도-미추 사이에 2세대 정도, 그리고 미추와 내물 사이에도 한 세대 정도가 생략되었다고 생각된다. 그렇다면 구도는 내물의 조부가 아니라 그 5세대 정도 위에 해당된다. 이 점과 앞서 언급한 아달라대의 기년을 종합할 때, 구도의 활동 시기는 3세기 중엽으로 추정된다[이부오, 1999 앞글, pp.246~253].
5) 이는 서론에서 언급된 진전좌우길(津田左右吉) 등 일인학자들 이래로 커다란 흐름을 이루어 왔다.
6) 진한 소국이 개별적으로 기록된 것은 이들과 중국 군현과의 개별적 관계 때문이었다고 보기도 한다[이종욱, 1982 앞책, p.55].
7) 이 진왕을 사로국왕으로 보는 근거에 대해서는 p.53 참조.

그러나 골벌국의 항복 시기는 조분(助賁) 7년[236]이라 하여[8] 소문국에 대한 정복보다 50여 년이나 늦었다고 전한다. 이는 위 사료를 이해하는 데 적지 않은 걸림돌이 되어 왔다[9]. 여기서 몇 가지 가능성을 생각할 수 있다.

첫째 소문국에 대한 정복루트가 다른 방면으로 모색되었을 가능성이 있다. 예를 들면 안강 방면에서 태백산맥을 넘어 의성 탑리로 통하는 루트가 제시된 바 있다[10]. 이 길은 매우 험한 편이지만<사진 20>, 적어도 일시적인 정복에는 이용될 수 있었을 것이다. 다만 이 루트를 통해 소문국 뿐만 아니라 조분 2년에 병합된 감문국(甘文國)[김천]까지 장기간 지배했다는 것은 현실성이 떨어진다. 장기간의 지배를 염두에 둔 정복은 최소한의 지리적 효율성을 전제로 했을 것이다.

〈사진 20〉 수기령 정상 서쪽 전경

둘째 소문국에 대한 정복이 조분 7년 이후에 이루어졌을 가능성을 고려할 수 있다. 이 경우 사료 나-1)의 실제 시기뿐만 아

---

8) 『삼국사기』 권제2 신라본기 해당조.
9) 박남수, 「신라 상고 김씨계의 기원과 등장」, 『경주사학』6, 1987, p.4.
　　그는 낙동강 상류지역 진출의 주체를 해당 지역 소국연맹체로 보았다. 그러나 진한계(辰韓系)의 이동설을[천관우, 1976 앞글, pp. 31~46] 기반으로 한 이 설은 현 단계에서는 수용되기 어려울 것이다. 또한 『삼국사기』 신라본기의 기록을 고려하는 한, 구도(仇道)는 재지세력이기보다[박대재, 「《삼국사기》 초기기사에 보이는 신라와 백제의 전쟁」, 『한국사학보』7, 1999, pp.36~38] 경주에서 파견된 인물일 것이다.
10) 소문국을 정복한 루트가 태백산맥 줄기의 보현산 주변을 통했다는 견해가 제출된 바 있다[최병운, 1992 앞글, pp.105~111].

니라 감문국의 정복 시기[조분 2년]까지 조분 7년 이후로 조정해야 하는 어려움이 따른다. 또한 이는 골벌국이 벌휴대 이전에 정복되었을 가능성과 함께 고려되어야 한다. 자료가 부족한 상황에서 어느 쪽이 옳다고 판단을 내리기는 어려울 것이다.

셋째 골벌국이 정복되지 않았더라도 이미 조분 7년 이전부터 사로국에 대해 호의적이었을 가능성도 있다[11]. 경주 인근 소국들은 이미 파사대부터 사로국에 의해 정복되기 시작했으며, 적어도 내해대(奈解代)[196~230]부터는 '근군(近郡)'으로 파악되면서 군사력을 동원 당할 정도의 통제를 받았다[12]. 여기에는 경주에 인접한 골벌국도 포함되었을 가능성이 크다. 또한 경주 인근 소국들의 동향이나 소문국으로의 진출 루트를 고려할 때, 골벌국은 이미 벌휴대 초까지는 사로국에 복속했을 것이다.

이상으로 보아 구도의 정복활동은 사로국이 골벌국의 복속을 받은 뒤 낙동강 상류 방면으로 진출하려는 목적에서 이루어졌다고 판단된다. 그런데 이는 최초의 원거리 정복이라는 점에서 단순히 복속 소국 하나를 늘리기 위해 시도되지는 않았을 것이다. 시간적 유사성이나 당시의 정황으로 보아 진한 8국 사건의 위기를 타개하는 것이 중요한 목적이었을 것이다. 당시 낙동강 하구 방면에서는 금관국이 주도권을 가진데다 대외교섭에서 중국 군현의 협조를 받고 있었다. 이러한 상황에서 상대적으로 열세인 상류 방면의 소국들이 주목된 것이다.

이에 사로국은 6부병(部兵)으로 구성된 군단을 편성했다. 구도(仇道)와 구수혜(仇須兮)가 이를 이끌고 소문국을 정복했다[나-1]. 두 인물은 각각 좌우군주(左右軍主)로 임명되었다고 하지만, 주군제(州郡制) 실시 이후의 군주와 같이 다수 군(郡)에 대한 통솔자는 아니었다. 그럼에도 불구하고 이것이 군주의 기원이 되었다고 전한다. 그 만큼 구도의 군사활동에는 후대의 군주와 유사한 특징이 있었을 가능성이 시사된다. 이를 구체적으로 파악하기 위해 관

---

11) 이종욱, 1982 앞책, pp.88~89.
12) 『삼국사기』 권제48 열전 제8 물계자.

련 자료를 제시하면 다음과 같다.

나-3) 봄 2월 백제가 모산성(母山城)을 공격해 오니 파진찬 구도에게 명해 군사를 내어 막게 했다 [『삼국사기』 권제2 신라본기 벌휴이사금 5년].

나-4) 가을 7월 구도가 구양(狗壤)에서 백제와 싸워 승리하여 500여급(餘級)을 베었다[상동 벌휴이사금 6년].

나-5) 가을 8월 백제가 서경(西境) 원산향(圓山鄕)을 습격하고 다시 진격하여 부곡성(缶谷城)을 둘러싸므로, 구도가 경기(勁騎) 500을 거느리고 이를 쳤다. 이에 백제병이 거짓으로 달아나니, 구도가 이를 추격하여 와산(蛙山)에 이르렀다가 백제에게 패하게 되었다. 왕은 구도에게 실책이 있다 하여 그의 지위를 떨어뜨려 부곡성주로 삼고 설지(薛支)를 좌군주(左軍主)로 삼았다[상동 벌휴이사금 7년].

위에 의하면 구도는 벌휴 5년 모산성(母山城)[진천 대모산성?]에서 백제군을 격퇴한 뒤, 벌휴 7년까지 구양(狗壤), 부곡성(缶谷城)[군위군 부계]13), 와산(蛙山)[보은] 등지에서 백제와 싸웠다고 한다. 사로국은 소문국을 정복한 뒤 몇 년만에 소백산맥을 넘어 충북지역까지 광범위하게 장악한 셈인데, 이를 그대로 인정하기는 어려울 것이다14). 여기에는 신라가 소백산맥 너머로 진출한 뒤의

---

13) 이를 가산산성으로 비정하는 설도 있으나[최병운, 1992 앞글, pp.113~114], 이 성은 조선 인조대에 축조되었다고 한다[경북대학교·대구직할시, 『팔공산』, 1987, p.114]. 한편 서의식은 부곡성이 부계일 경우, 구도가 이곳으로부터 와산성까지 백제군을 공격하는 것이 공간적으로 불합리함을 지적했다. 그래서 그 위치를 와산성에 비교적 가까운 선산 서쪽의 부곡(富谷)으로 비정했다[1991년 앞글, pp.32~33]. 그런데 부곡성은 경순왕 2년[928] 견훤(甄萱)에게 함락당해 수비병 1천명이 죽은 곳이기도 하다. 경순왕 3년에도 견훤이 갑병(甲兵) 5천으로 의성부(義城府)를 공격한 바 있다[『삼국사기』 열전 제10 견훤]. 더욱이 의성 부계지역은 삼국시대에 부림현(缶林縣)이었고 고려 초에 부계현이었다[『신증동국여지승람』 경상도 의흥현]. 이로 보아 부곡성은 의성 부계에 위치했을 것이다.

14) 이 때문에 구도가 활동한 와산성, 요거성, 모산성, 구양, 원산향, 부곡성 등의 집단과 내음계가 활동했다는 웅곡, 봉산, 괴곡 등의 집단이 각각의 연맹체를 이루었다고 보기도 한다[박남수, 1987 앞글, pp.9~17]. 이는 김씨계의 이동설과 탑리고분의 3세기설을 전제로 하고 있어 그대로 받아들이기는 어

사실이 뒤섞여 있다고 생각된다. 다만 그의 군사활동이 집중적으로 기록된 것은 소문국 정복 이후 구도의 군사활동이 지속되었음을 보여준다15).

여기서 구도와 구수혜는 중앙군단을 이끌고 원거리 소국에 주둔했다는 점에서 후대의 군주와 공통적이었다. 그런데 벌휴 5년 백제가 침입했을 때, 구도는 왕명을 받아 '다시' 출병했다고 한다[나-3]. 그 만큼 구도가 소문국에 머문 기간은 짧은 편이었다. 이에 소문국 정복은 지방관의 파견까지는 동반하지 않았다고 볼 수 있다.

당시 그 주수가 제거되었다는 근거도 찾아지지 않는다. 탑리고분으로 보아<사진 21><별표 6·7> 이곳 간층은 최소한 4~5세기까지도 일정한 세력기반을 유지했다고 생각된다. 3세기경 사로국이 소문국을 직접 통치한 근거도 찾아지지 않는다. 이에 사료 나-1)의 좌우군주는 소국에 대한 직접적인 통치보다는 정복군단의 통솔 자체를 강조한 표현으로 보인다. 또한 그들의 정복활동은

렵다. 구도의 활동은 기본적으로 이 방면 소국과 사로국의 관계라는 차원에서 검토되어야 할 것이다.

15) 『삼국사기』 신라본기에 의하면, 이미 탈해 5년[61]에 마한 장수 맹소(孟召)가 복암성(覆巖城)을 들어 항복해온 뒤, 사로국은 소백산맥-낙동강 상류지역을 중심으로 백제와 전투를 벌이고 있다. 이와 관련하여 백제가 1세기 후반-2세기 전반에 마한 소국들을 병합하고서 신라와 마찰했다고 본다면[이종욱, 「백제의 건국과 통치체제의 편성」, 『백제논총』4, 1994, p.7], 위 내용도 자연스럽게 이해될 수 있다. 그러나 이 내용은 사로국이 벌휴대에 와서야 낙동강 상류지역으로 진출한 사실과 부합하지 않고 있다. 또 이 기사들이 소백산맥 일대 소국들의 경험을 기록했다고 보기도 하지만[천관우, 1976 앞글, p.32], 이를 인정하기는 어려울 것이다. 그래서 탈해대 이후의 나·제투쟁 기사들을 3세기 중엽 이후의 사실로 조정하는 견해가 제출되었다[강종훈, 1991 앞글, pp.53~54]. 이는 탈해이사금의 기년을 조정한 결과이다. 그러나 정복기사간에 보이는 모순을 고려할 때, 이 기사들의 실제 시기를 일괄적으로 특정한 시기로 조정할 수는 없다. 초기 대외관계 기사들의 기년이 4갑주(甲周) 혹은 6갑주를 단위로 인상되었다고 보고, 탈해대의 실제 시기를 3세기 중엽으로 조정하는 것도[J.W. Best, 「Redating the earliest Silla-related Entries in the Paekche Annals of the Samguk sagi」, 『한국상고사학보』21, 1996] 이러한 문제로부터 자유롭지 못하다. 탈해대부터 보이는 신라, 백제의 전투는 대부분 구도의 낙동강 상류 진출 이후의 사정을 반영할 것이다.

소문국 간층을 사로국의 통제권 내로 끌어들이는 차원에서 이루어졌음을 알 수 있다.

〈사진 21〉 의성 탑리고분 전경

　그런데 군주는 원래 주둔지 인근 지역들을 총괄하는 기능을 수행했다. 소문국 정복에서 군주의 기원이 강조되었다면, 이 정복활동도 다수 소국을 목표로 했을 가능성이 크다. 사로국의 정복활동을 유발한 동기도 단일한 소국보다 다수 소국의 움직임에 있었다. 또한 구도의 군사활동이 이 방면에 두루 미친 점으로 보아 소문국 정복은 주변의 다수 소국을 끌어들이려는 시도와 무관하지 않았을 것이다.

　위 사료에서는 그 과정이 구체적으로 기록되지 않았다. 다만 정복기사가 소문국에 한정된 것은 적어도 일부 소국들이 사로국의 의도에 비협조적이었음을 보여준다. 그럼에도 불구하고 구도는 별도의 정복활동 없이 낙동강 상류 방면을 장악하고 광범위한 군사활동을 벌였다고 한다. 이는 결과적으로 그 인근 소국들이 통제권 내로 편입되었음을 보여준다. 그 수단은 소문국의 확보를 토대로 한 압박과 구도의 군사활동이었다. 문제는 이러한 범위가 어떠했는가 하는 점이다.

일단 당시 사로국이 소백산맥 너머의 모산성, 구양, 와산을 장악했다고 보기는 어렵다. 다만 사료 나-5)는 일정한 차별성을 보인다. 『삼국사기』 백제본기에서 사료 나-3), 4)가 구도에 대한 언급 없이 그대로 전재된 데 비해, 이 사료는 구도까지 포함하여 같은 내용을 전하고 있다16). 공간적 범위도 소문국 정복기사와 적지 않게 부합하고 있다. 이는 사료 나-5)가 구도의 실제 활동에 좀 더 가까웠음을 보여준다.

이에 의하면 구도는 부곡성에 침입한 백제군을 와산까지 추격하다가 패배한 뒤 부곡성주가 되었다고 한다. 여기서 서경(西境)이 원산향(圓山鄕)[예천 용궁]이었다는 점으로 볼 때, 당시 사로국의 세력권이나 구도의 활동 범위는 대체로 이곳까지 미쳤을 것이다.

낙동강 상류 방면에는 이외에도 '고령가야(古寧伽倻)'[함창], 사벌국(沙伐國)[상주], 내령(奈靈)[영주] 소국, 감문국(甘文國)[김천] 등이 있었다. 그 위치로 보아 적어도 이들의 일부는 진한 8국에 포함되었을 가능성이 크다. 사로국은 이 중에서 소문국·원산향 지역만을 장악했다. 그러면서도 이 방면에 대해서 일정한 통제가 지속된 것으로 나타난다. 이는 구도의 군사활동을 통해 사로국의 목표가 사실상 실현되었음을 보여준다.

이상과 같이 구도의 정복활동은 진한 8국 사건에 대응하는 동시에 소국들을 보다 적극적으로 통제하기 위한 조처였다. 이후 사로국의 원거리 정복활동과 대외활동이 더욱 적극화된 것도 이와 무관하지 않다. 이는 진한연맹의 주도권 회복을 넘어 진한 소국에 대한 통제에서 적지 않은 변화를 예고하는 것이었다.

2. 거점성의 확보와 그 유형

3세기 중엽 사로국이 낙동강 상류지역으로 진출했으나, 이 방면의 소국들은 여전히 지배력을 유지했다. 사로국은 이를 승인하면서도 일정한 통제력을 행사했다. 그렇다면 그 수단이 무엇이었

---

16) 『삼국사기』 권제23 백제본기 초고왕 23년, 24년, 25년.

으며 이것아 어떻게 확보되었는지 파악될 필요가 있다.

소국들을 통제하는 수단으로서 대표적인 것은 경주에서 파견된 군단이었다[나-3, 4, 5]. 그러나 이는 부정기적으로 파견되으므로 직접적인 통제장치는 아니었다. 오히려 해당 지역의 성(城)이 이러한 역할과 밀접히 연관되고 있다. 이와 관련하여 진한 소국이 정복된 초기부터 주요 거점에 성주가 파견되었다는 견해도 있지만17), 구체적인 해명은 이루어지지 않았다. 그러면 실제 상황이 어떠했는지 검토해 보자.

예를 들면 사로국은 소문국을 정복한 직후 골벌국에서 이곳으로 통하는 길목에 부곡성(缶谷城)을 확보했다. 이 성의 일차적인 기능은 의성-영천-경주의 선을 방어하고 통제하는 데 있었다. 부곡성이 백제의 공격을 받았다는 점이[나-5] 이를 말해준다. 동시에 이 성은 소문국에 대한 통제와도 무관하지 않았을 것이다. 그 위치가 소문국의 국읍(國邑)이었던 탑리에서 멀지 않고 탑리 주변에는 사로국의 지배거점이 별도로 확보되지 않았기 때문이다.

이는 후대의 군치성(郡治城)이나 그 하부 단위의 성(城)과는 구분된다. 이는 무문토기 시대 이래의 목책(木柵)이나 환호(環濠)를 계승한 성일 수도18) 있으나 확인할 길은 없다. 원래 진한 소국에는 경주 월성과 같은 국읍성이나<사진 22> 그 통제하의 읍락성, 그리고 독립적인 대읍락의 성 등이 다양하게 존재했다. 경산 고산토성이나<사진 23> 대구 연암산성<사진 24>, 침산성<사진 25> 등이 이러한 사례에 포함된다. 부곡성은 기능적으로 이것들과 성질을 달리한다. 이 성은 개별 소국과 해당 방면을 동시에 통제하기 위한 거점이었으며19) 이후의 세력확장을 위한 거점으로도 이용되었다. 이러한 세력 거점은 거점성(據點城)으로 정의될 수 있다.

---

17) 이종욱, 1982 앞책, p.249.

18) 이현혜, 「김해지역의 고대 취락과 성」, 『한국고대사논총』8, 1996, p.163.

19) 신라의 지방통치가 거점지배 형태를 띤 점은 이미 목촌성(木村誠)이 강조한 이래 상식적으로 인정되고 있다. 다만 그가 언급한 거점은 중고기 이래의 주군현(州郡縣) 치소이므로, 본절에서 다루는 거점과는 질적으로 다른 것이다.

〈사진 22〉 경주 월성

〈사진 23〉 경산 고산토성

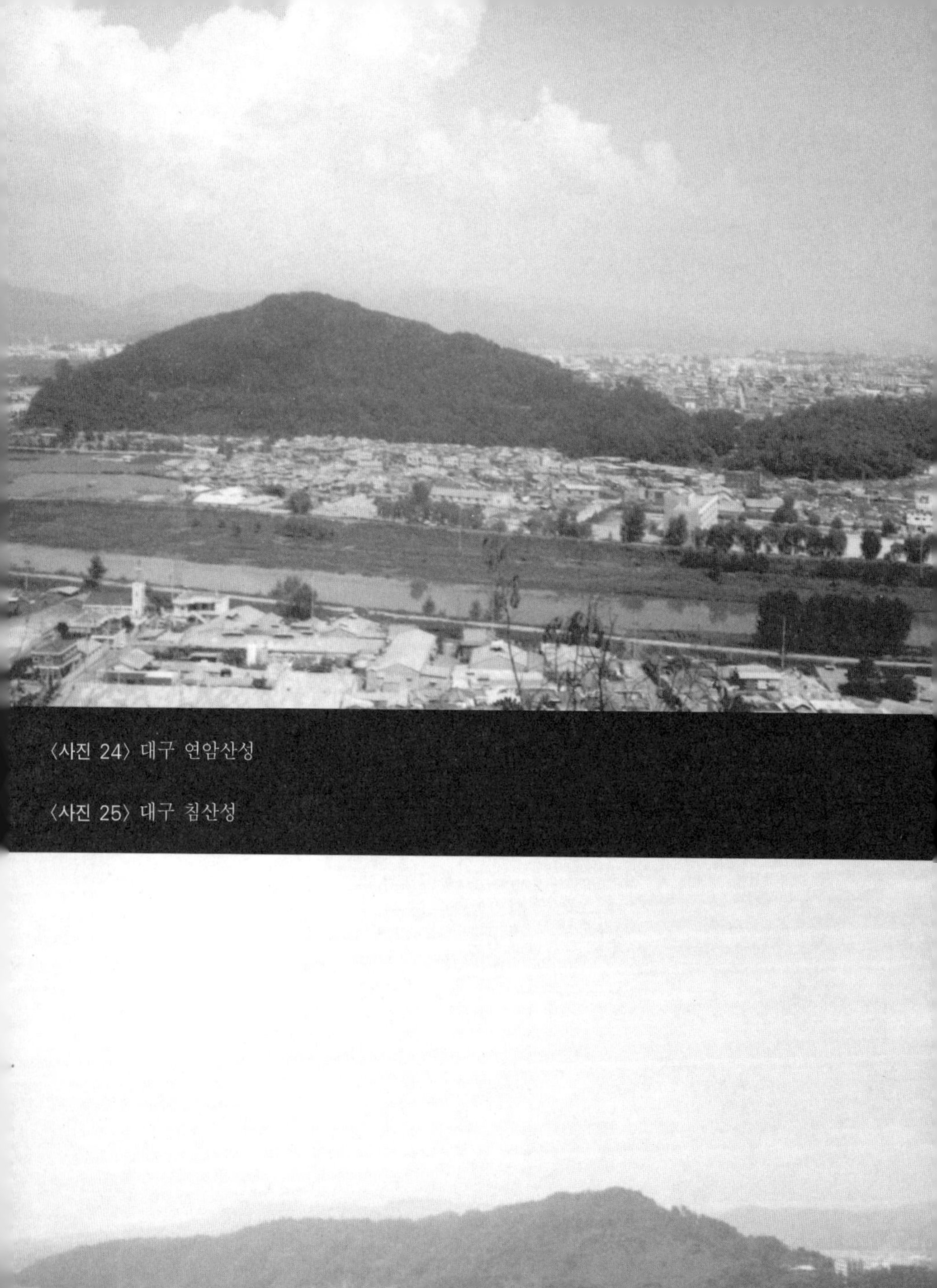

<사진 24> 대구 연암산성

<사진 25> 대구 침산성

소백산맥 바로 아래의 원산향(圓山鄕)도 외부 세력의 공격을 방어하는 거점이었다. 그 사례가 주변지역에서 유일했던 점으로 볼 때, 이곳도 주변 소국에 대한 통제와 무관하지 않았을 것이다. 성이 명시되지 않고 후대의 행정구역 단위인 향(鄕)이 표기된 점을 고려하면, 이곳은 상대적으로 기존 소국의 자치성이었을 가능성이 크다. 그렇더라도 사로국의 입장에서는 원산성의 기능도 사실상 부곡성과 유사했을 것이다.

이처럼 구체적인 성격은 일정하지 않지만, 거점성의 존재는 진한 소국에 대한 통제에서 새로운 차원의 수단이 확보되었음을 의미한다. 그런데 이것이 낙동강 상류에 한정된 현상은 아니었다. 여기서 다음 사료를 주목해 보자.

나-6) 거도(居道)는 족성(族姓)을 알 수 없고 어느 곳 사람인지도 알 수 없다. <ㄱ> 탈해이사금을 섬겨 간(干)이 되었다. 이 때 우시산국(于尸山國)·거칠산국(居柒山國)이 이웃 경계지역에 끼어 있으면서 국가적인 근심이 되었다. <ㄴ> 거도가 변관(邊官)이 되어 이를 병탄하려는 뜻을 몰래 품고서, 매년 한 번씩 장토야(張吐野)에 말들을 모아놓고 병사들로 하여금 타게 했다. 말을 달려 놀고 즐기니 당시 사람들이 칭해 마숙(馬叔)이라 했다. 양국 사람들이 여러 번 이를 보고서 신라의 일상적인 일로 여겨 의심스럽게 생각하지 않았다. <ㄷ> 이에 병마를 일으켜 불의에 공격하여 2국을 멸망시켰다[『삼국사기』 권제44 열전 제4].

위에 의하면 사로국은 이미 탈해대부터 낙동강 하구지역에 지배거점을 확보했다고 한다. 사로국의 성장과정을 고려하면 이를 그대로 인정하기는 어렵다[20]. 다만 같은 시기의 기사들에 표현된 사건들은 어느 정도 순차적인 합리성을 보여주고 있다. 이는 구도의 정복활동 이후 지배거점이 확대되어 간 추세와도 부합하고 있다. 그렇다면 관련 기사들은 어떤 형태로든 역사적 사실에 근거했

---

20) 1세기~3세기 초에 보이는 사로국, 가야의 마찰 기사들을 3·4세기의 사실로 보는 견해가 있다[김태식, 1993 앞책, pp.70~71]. 이는 상당 부분 타당하고 생각되지만, 그 계기와 시기에 대해서는 좀 더 구체적인 설명이 필요할 것이다.

을 것이다.

우선 거도가 활동한 실제 시기를 보자. 관련 자료들을 보면, 사로국과 금관국이 낙동강 하구를 사이에 두고 대치하다가 사로국이 점차 주도권을 잡았다고 한다[21]. 그런데 적어도 3세기 중엽까지는 금관국이 낙동강 하구에서 교역 주도권을 장악했다. 위 사료는 그 이후의 상황을 반영할 것이다.

그러면 이를 둘러싼 주변 소국들의 동향은 어떠했을까. 이와 관련하여 3세기 중후반경 변진(弁辰)과 진한(辰韓)이 잡거(雜居)한 점이 주목된다[22]. 이는 금관국 중심권과 사로국 중심권의 경계가 모호하고 가변적이었음을 보여주는데, 위 사료는 이 문제를 보다 구체적으로 설명하고 있다.

먼저 <ㄱ> 부분은 거도(居道)가 '변관(邊官)'으로 파견되기 직전의 상황을 전하고 있다. 당시 거칠산국(居柒山國)[동래]과 우시산국(于尸山國)[부산 당감동·가야동]은[23] 사로국 세력권의 인근에 위치하면서 적대적 태도를 취했다. 두 소국에 인접한 곳으로는 양산과 울산을 들 수 있다. 그런데 당시 낙동강 하구가 전략적으로 중시된 점이나 후대에 이사부(異斯夫)가 양산에 '연변관(沿邊官)'으로 파견되어 거도의 꾀를 답습한 점으로 볼 때[24], 두 소국에 인접한 곳은 양산지역일 것이다. 또한 가야와의 마찰에서 황산진

---

21) 『삼국사기』 신라본기 탈해이사금, 파사이사금, 지마이사금, 내해이사금.

22) 『삼국지』 위서 동이전 변진.

23) 우시산국의 위치에 대해서는 울주 언양이나[이종욱, 1982 앞책, p.21, p.225] 후대의 우화현(于火縣)이었던 울산 웅촌면-양산 웅상면 일대[최병운, 1992 앞글, pp.79~80], 혹은 부산진구 당감동-동평동 일대로 보는 견해가 있다[전용신 편, 『한국고지명사전』, 고려대학교 민족문화연구소, 1993, p.81]. 그런데 우시산국은 동래의 거칠산국과 연대하여 양산지역의 거도(居道) 주재지를 위협했다고 한다. 이는 우시산국이 양산에 가까울 뿐만 아니라 동래지역에 인접했음을 의미한다. 또 양국의 위협이 낙동강 하구 방면과 관련하여 강조된 점으로 볼 때, 우시산국도 낙동강 하구에 멀지 않았을 것이다. 이러한 조건을 충족하는 곳은 거칠산국으로부터 낙동강 하구 방면 쪽이었을 가능성이 크다. 그런데 일반적으로 소국은 후대에 군현으로 편성되었으므로, 우시산국도 그 가능성이 크다. 이상과 부합되는 군, 현은 대증현(大甑縣) 정도이다[『삼국사기』 권제34 지리1 동래군]. 그렇다면 우시산국은 대증현이 위치했던 부산시 당감동-가야동 일대였을 것이다.

24) 『삼국사기』 권제44 열전 제4 이사부.

구(黃山津口)가 사로국 세력권의 요충지로 인식되었는데[25], 황산은 물금 오봉산을 가리킨다[26]. 그렇다면 물금을 포함한 양산 지역은 금관국의 세력권에서 벗어나 사로국의 세력권으로 편입되어 있었던 것이다.

그 배경이나 과정은 구체적으로 전하지 않는다. 다만 이 방면에서 금관국과 사로국이 오랫동안 대립한 것은 낙동강 하구의 교역권과 무관하지 않다. 양산 소국의 동향도 이와 연관되었을 것이다. 당시 사로국은 구도의 정복활동을 통해서 '낙동강 상류–경주 주변–동해안지역'의 교역망을 유지하고 있었다. 사로국은 이를 이용해 물금철산에서 생산된 철소재를 다른 지역으로 교역하는 대신 동해안 등지에서 유입된 교역품을 이 지역에 제공했을 가능성이 있다. 양산 소국의 간층은 금관국의 통제를 받는 것보다 이를 유리하게 판단한 것으로 보인다. 이에 양산 소국은 변한연맹으로부터 이탈해 사로국의 통제권으로 편입된 것이다.

반면 우시산국, 거칠산국은 이러한 조건을 받아들이지 않았다. 사로국과 금관국의 대치 상황으로 보아 이는 금관국과의 연계 하에 이루어졌을 것이다. 두 소국은 여전히 변한연맹에[27] 속한 채 사로국과 대립한 것이다. 이처럼 인접한 소국들의 입장이 달랐던 것은 변진과 진한이 잡거(雜居)한 사실과도 부합한다.

이러한 상황에서 우시산국과 거칠산국은 사로국에게 국가적인 근심이 되었다고 한다. 만일 이들이 금관국과 연계해 양산지역을 공격한다면, 양산에서 경주로 통하는 지구대(地溝帶)도 위협을 받을 수 밖에 없었다. 사로국으로서는 이에 대해 보다 적극적인 방법을 모색해야 했다. 그 일환으로 이루어진 것이 바로 '변관'의 파견이었다<ㄴ>[28].

---

25) 『삼국사기』 권제1 신라본기 탈해이사금 21년.

26) 심봉근, 「통도사 주변의 신라유적」, 『양산의 역사와 문화』, 통도사 성보박물관, 2002, p.241.

27) 이는 앞서 언급한 전기 가야연맹[김태식, 1993 앞책, pp.67~68]을 고려한 것이다.

28) 여기서 간(干) 즉 거도를 지방세력으로 보기도 한다[김재홍, 「신라<사로국>의 형성과 발전」, 『역사와현실』21, 1996, p.101]. 그러나 그가 양산지역 세력

거도는 군대를 거느리고 이곳에 주둔했으며, 이들을 마숙(馬叔)이라는 놀이에 동원했다. 이러한 현상이 지속되면서 두 소국인들도 이를 일상적인 일로 받아들였다. 그러는 동안에 거도는 거칠산국과 우시산국을 급습하여 멸망시켰다고 한다<ㄷ>. 이러한 기능을 발휘하기 위해서는 그의 주둔지는 일정한 방어시설을 갖추어야 했다. 이곳도 군사적 거점으로서 일종의 거점성 역할을 한 것이다. 이를 전후해 황산진구(黃山津口)가 전략적으로 중시된 점으로 보아29) 그 거점성은 물금 주변에 위치했을 것이다.

그러면 이러한 과정이 진행된 시기는 언제일까. 이것이 3세기 중엽 이후인 점은 앞서 지적되었는데, 구체적인 시기는 가야와 사로국이 대결한 추이를 통해 짐작할 수 있다. 내해(奈解) 6년 가야가 사로국에 화의를 청한 뒤, 동 17년에는 그 왕자가 볼모로 왔다고 한다30). 이는 사로국과 가야 사이의 대립이 일단락되어 사로국의 우위가 확보되는 과정을 보여주고 있다. 거도의 파견은 이보다 훨씬 이전에 이루어졌음에 틀림 없다. 내해대[196~230]가 실제로는 3세기 후반–말경인 점을 고려하면31), 낙동강 하구에 지배거점이 확보된 것은 대략 3세기 후반경으로 볼 수 있다.

이처럼 낙동강 상류와 하구 방면에 지배거점이 확보되면서 사로국은 두 방면을 실질적으로 통제할 수 있게 되었다. 반면 외부세력과 대립할 가능성은 더욱 커졌다. 다음 사료가 이를 설명해 준다.

이었다면, 그의 출신지가 불확실하다고 기록될 가능성은 희박하다. 이 간은 지방관적 존재로 보아야 할 것이다[서의식, 『신라상대 '간'층의 형성·분화와 중위제』, 서울대학교 박사학위논문, 1994, p.25].

29) 『삼국사기』 권제1 신라본기 탈해이사금 21년.

30) 『삼국사기』 권제2 신라본기 해당조.

31) 앞서 언급했듯이 구도가 활동한 벌휴대는 3세기 중엽이므로, 벌휴의 손자인 내해는 3세기 후반 이후에 재위했을 것이다. 또 내해는 우로(于老)의 아버지로서, 356년에 사망했다고 하는 흘해이사금(訖解尼師今)의 조부이다. 동시에 내해는 흘해의 외조부인 조분이사금(助賁尼師今)의 장인이기도 하다. 이처럼 내해는 흘해의 2~3세대 위의 인물이므로, 그 활동 시기가 4세기까지 내려올 가능성은 희박하다. 이상의 조건을 충족시키는 내해대는 3세기 후반–말경로 볼 수 있다[이부오, 1999 앞글, pp.249~253].

　　나-7) 7월 영(令)을 내려 이르기를 "부덕한 짐(朕)이 나라를 다스리매 서쪽으로는 백제와 접하고 남쪽으로는 가야와 접하고 있다. 그래서 덕은 [백성을] 관대하게 대하지 못하고 위엄은 [사방을] 외경스럽게 하지 못하였다. 그러므로 마땅히 성루(城壘)를 수선해 외침에 대비하라." 이 달에 가소성(加召城)과 마두성(馬頭城)을 쌓았다[『삼국사기』 권제1 신라본기 파사이사금 8년].

　　위에 의하면 이사금이 가야와 백제의 침입에 대비하도록 명령한 뒤, 가소성과 마두성이 구축되었다. 이는 파사대의 사실이라 하지만 실제로는 사로국이 백제·가야와 세력권을 접한 이후에 진행되었을 것이다. 여기서 강조된 두 방면은 기존에 거점성이 확보된 방향과 일치하고 있다. 또한 사로국과 가야가 대립했다는 것은 이것이 해소된 내해 6년 이전의 상황을 반영할 것이다. 이러한 조건을 충족시키는 시기는 낙동강 상류와 하구 방면이 확보된 직후로 볼 수 있다. 그렇다면 위 사료는 기존 지배거점이 점차 확대되어 갔음을 보여준다.

　　이 중 마두성은 가야군의 포위 공격을 받은 적이 있고[32], 그 성주가 가야를 직접 정벌하기도 했다[33]. 이는 마두성이 양산-경주 지구대에서도 양산 쪽에 위치했음을 보여준다[34]. 이 성은 가야의 침입을 차단하는 동시에 거도 주재성의 기능을 보완했을 것이다.

---

32) 『삼국사기』 권제1 신라본기 파사이사금 15년.

33) 『삼국사기』 권제1 신라본기 파사이사금 27년.

34) 마두성을 거창군 마리면으로 비정하는 견해가 있는데[이병도, 역주 『삼국사기』상, 을유문화사, 1983, p.34], 이는 음의 유사성을 고려한 듯하다. 파사대의 가야 침입이 사로국의 낙동강 하류 진출에 대한 보복 공격이라 하여 마두성을 거칠산국 즉 동래로 보는 견해도 있으나[안춘배, 「신라와 가야의 토기」, 『한국고대사논총』3, 1992, p.275], 구체적인 근거는 부족하다고 생각된다. 정약용(丁若鏞)은 경주 남쪽, 청도 동쪽 100리에 위치한 마곡산(馬谷山)을 마두성으로 보았다[『아방강역고(我邦彊域考)』]. 이곳은 경주와 낙동강 하구의 사이라는 점에서는 타당성을 지니고 있다. 다만 마두성을 구축한 목적은 가야의 직접적인 위협에 대처하는 데 있었고, 그 성주는 직접 가야를 공격한 사실이 있다. 이런 상황을 충족시키는 곳은 경주와 양산을 잇는 지구대 중에서도 양산에 가까운 어느 곳으로 볼 수 있다.

　　여기서 양산 하북면 순지리토성이 주목된다<사진 26>. 그 구축 시기는 5세기 전반 이전[35] 혹은 6세기 전반 이전으로 알려졌는데, A·B·C 지구 하부에서는 2열 목책(木柵) 구덩이가 각각 1m 정도의 간격으로 배치되었다[36]. 인근의 조일리고분군 집단을 고려하면, 이 성은 원래 유력한 읍락집단의 자치성이었을 가능성이 있다. 그런데 이 성은 경주-양산 사이의 이동상황을 관찰하기 용이할 뿐만 아니라[37] 언양과 양산을 통하는 지구대 중에서도 그 폭이 좁은 곳에 위치한다. 또한 성내가 남고북저(南高北低)를 이루어 남쪽을 의식하고 축조되었음을 알 수 있다[38]. 이러한 입지는 경주-양산 지구대를 통제하고 낙동강 하구 방면의 침입으로부터 경주를 방어하는 데 적당하다. 그렇다면 순지리토성 하부의 목책은 낙동강 하구 방면의 통제에 이용되었을 가능성도 크다. 3세기 말경에 이용된 시설이 토성인지 목책인지는 알 수 없으나, 당시 이곳이 거점성으로 이용되었을 가능성은 인정될 수 있다.

〈사진 26〉 양산 순지리토성 전경[중앙부를 가로지르는 산의 정상]

---

35) 심봉근, 「신라성과 고구려성」, 『고구려연구』8, 1999, p.493.
36) 동아대학교박물관, 『양산 순지리토성』, 1983, p.72, p.337.
37) 앞책, p.267.
38) 심봉근, 2002 앞글, p.233.

그런데 위 사료에서 마두성의 바로 앞에 가소성이 언급된 것은 가야 바로 앞에 백제가 언급된 것과 같은 순서를 보인다. 이에 가소성은 낙동강 상류 방면에 위치했을 것이다[39]. 이 성들은 단기간에 구축된 점으로 보아 소규모 목책이었을 가능성이 크다.

거점성의 확보는 이후에도 계속되었다. 다음 사료가 이를 말해준다.

나-8) 가을 7월 백제가 국서(國西) 요거성(腰車城)을 공격해 와서 성주 설부(薛夫)를 죽이니, 왕이 이벌찬(伊伐飡) 이음(利音)에게 명해 정병(精兵) 6천을 거느리고 백제를 정벌하여 사현성(沙峴城)을 깨트렸다[『삼국사기』 권제2 신라본기 내해이사금 19년].

나-9) 겨울 10월 백제병이 우두주(牛頭州)에 침입하니 이벌찬 충훤(忠萱)이 병사들을 거느리고 이를 막았다. [그가] 웅곡(熊谷)에 이르러 적에게 패하여 단기(單騎)로 돌아오니, [그를] 진주(鎭主)로 떨어뜨리고 연진(連珍)으로 이벌찬을 삼아 병마사(兵馬事)를 겸해 맡도록 했다[상동 내해이사금 27년].

나-10) 가을 7월 이벌찬 연진(連珍)이 봉산(烽山) 아래에서 백제와 싸워 이를 깨트려 1천여 급(級)을 죽이고 사로잡았다. 8월 봉산성(烽山城)을 쌓았다[상동 내해이사금 29년].

위에 의하면 내해대에도 소백산맥-낙동강 상류 방면에서 사로국과 백제의 마찰이 계속되었다. 여기서 사로국이 사현성(沙峴城)[대전 부근?], 웅곡(熊谷)을 공격했다든가 우두주(牛頭州)를 장악했다는 것은[나-8, 9] 당시의 사실로 받아들이기 어렵다. 다만 내해이사금의 아들 이음이나 충훤, 연진이 당시에 활동한 것은 분명하다. 구도의 사례에 비추어 볼 때, 이들이 낙동강 상류 방면에서 활동한 사실도 인정되어야 할 것이다. 이런 점에서 해당지역의 성

---

39) 이를 경주 남방의 어느 곳으로 보는 견해가 있는데[이영식, 「가야제국의 국가형성 문제」, 『백산학보』32, 1985, pp.71~72], 사료 나-7)의 서술로 보아 가소성은 백제와 관련되었을 가능성이 크다. 『삼국사기』 신라본기 태종 8년조에는 경주로부터 부여로 통하는 길에 가소천(加召川)이 보인다. 가소성이 이곳과 관련되는지는 불확실하다. 다만 사료 나-7)의 가소성은 일단 낙동강 상류방면에 위치했을 것이다.

들도 당시 사로국의 세력권과 관련되었을 가능성이 크다.

우선 요거성(腰車城)[상주 요제원(要濟院)]이[40] '국서(國西)'로 표현된 점이 주목된다[나-8]. 이는 소백산맥 이남에서도 지배권역이 점차 확대되었음을 보여주기 때문이다. 이곳은 성주의 주재지였으므로 새로이 장악된 지배거점으로 볼 수 있다. 봉산성은 연진(連珍)이 백제와 싸운 곳 인근에 처음으로 구축되었다고 한다[나-10]. 충훤(忠萱)이 진주(鎭主)로 주재했던 곳은 기존의 거점성인지, 아니면 새로이 확보된 곳인지 불분명하다.

이처럼 3세기 말까지 낙동강 상류와 하구 방면에서는 거점성의 확보가 지속되었다. 이 중 일부는 실질적인 지배거점이 되었으며, 소규모 목책이 설치된 경우도 있었다. 반면 소국 집단의 자치성이 사로국에 협조한 경우도 적지 않았다. 그 만큼 초기 거점성은 그 유형이 일정하지 않았던 것이다.

3. 거점성주의 파견

거점성의 설치는 성주의 파견을 필요로 했다. 일부 거점성은 소국들의 자치성이었으나, 사로국의 입장에서는 성주의 파견이 중요한 사안으로 취급되었을 것이다. 본절에서는 이들을 선정하는 원칙과 이들에 대한 관리 형태가 어떠했는지 검토해 보자.

사로국의 거점지배가 성립한 시기에는 지방관의 파견이 두드러졌다고 전한다. 먼저 다음 자료를 보자.

나-11) 봄 3월 주군(州郡)에 영을 내려 토목(土木)을 일으켜 농사지을 때를 잃는 일이 없도록 했다[『삼국사기』 권제2 신라본기 벌휴

---

40) 이를 상주 동쪽 37리에 위치했다는 요제원으로[『신증동국여지승람』 경상도 상주] 비정하는 견해는 이미 제시되었다[이병도, 1983 앞책 『역주 삼국사기』상, p.51]. 이에 대해 회의적인 시각도 있으나[한국정신문화연구원, 『역주 삼국사기』3, 1997, pp.64~65], 백제 의자왕이 신라의 서변(西邊) 요거성(腰車城)을 쳤다는 점으로 볼 때, 이 성이 소백산맥에 인접한 것은 사실이다. 또 벌휴대 이후 소문국-계립령의 선에 거점성들이 구축된 점으로 보아 요거성도 그 인근에 위치했을 것이다.

이사금 4년].

   여기서 벌휴대에 주군제가 보편화되었다는 것은 받아들일 수 없다. 당시 거점성이 확보된 점으로 보아 이사금이 명령한 대상은 주로 거점성주였을 것이다. 적어도 소국에 대한 통제에서 거점성주의 역할이 중시되었음을 알 수 있다. 벌휴·내해대에는 더 이상의 자료가 확인되지 않지만, 다음 사료는 중요한 정보를 제공해 준다.

> 나-12) 봄 정월 박씨귀척(朴氏貴戚)으로 국내(國內) 주군(州郡)을 나누어 다스리게 하고 이들을 주주(州主)·군주(郡主)라 했다『삼국사기』권제1 신라본기 탈해이사금 11년].

   위에 의하면 탈해이사금대에 주·군의 편성이 본격화되고 주주(州主)·군주(郡主)가 파견되었다고 한다. 이들은 후대의 군주(軍主)나 당주(幢主)이기보다 초기 거점성주였을 것이다[41]. 여기서 '박씨귀척'이 중시된 점을 고려하면, 위 사료는 박씨왕대나 박씨집단이 왕비족이었던 시기를 반영할 수도 있다[42]. 그런데 박씨왕대는 사실상 아달라대에 끝났고, 그 집단은 이후에도 계속 왕비집단으로 남았다. 다만 그 파견 대상이 국내(國內) 전체였다는 점으로 보아 위 사료는 초기 지방관 즉 거점성주의 파견이 본격화된 상황을 반영할 것이다. 그렇다면 석씨왕대인 당시에 박씨집단만을 성주로 파견했다는 것은 납득하기 어렵다.

   예를 들면 초기 거점성주 중에서 출신이 가장 확실한 인물은

---

41) 위 기사의 군주·주주는 왕의 덕을 하달하고 '권농상(勸農桑)'을 담당하는 왕의 대리재서의식 「신라 중고기 육부의 부역(部役) 동원과 지방지배」, 『한국사론』23, 서울대 국사학과, 1990, pp.127~132] 혹은 석씨(昔氏) 집단에 의해 지방으로 방출된 박씨(朴氏) 집단으로 해석되었다[주보돈, 「박제상과 5세기 초 신라의 정치동향」, 『경북사학』21, 1998, pp.14~17]. 위 기사에서 군주·주주의 기능은 다소 추상적으로 설명되고 있는데, 어떤 형태로든 이사금의 지방통치와 연관되었을 것이다.
42) 이들이 각 세력집단을 '통책'하는 박씨 '대가'라는 견해도 있다[김기흥, 『삼국 및 통일신라세제의 연구』, 역사비평사, 1991, pp.71~72].

구도인데, 그는 김씨집단의 대표로서 소문국을 정복할 뿐만 아니라 이 방면의 전투를 주도했다. 그 뒤 백제와의 전투에서 패하고서 부곡성주(缶谷城主)로 격하되었다고 전한다. 벌휴이사금의 사돈인 그가 부곡성에 상주한 것을 반드시 좌천으로만 볼 수는 없다. 오히려 그는 거점성주로서 낙동강 상류 방면에 대한 통제를 주도한 것이다.

요거성주 설부(薛夫)는[나-8] 일단 왕경인일 가능성이 크지만 구체적인 출신을 전하지 않는다. 반면 같은 방면에 주재한 충훤(忠萱)은 이벌찬(伊伐湌)이었던 점으로 보아[나-9] 석씨 왕족이었을 가능성이 크다. 이벌찬 연진이 봉산전투에서 승리한 뒤에는 봉산성이 구축되었다[나-10]. 이로 보아 봉산성주는 그와 밀접한 집단에서 파견되었을 것이다. 낙동강 하구에 파견된 거도는 원래 족성(族姓)과 출신지가 불확실하다고 전하는데, 탈해이사금을 섬겨 간(干)이 되었다고 한다. 그는 석씨 왕족은 아니지만 이사금과 밀접한 관계에 있었음을 알 수 있다.

이처럼 주요 거점성주는 왕족이나 이와 밀접한 집단에서 파견되었다. 이들은 박씨집단 뿐만 아니라 김씨·석씨 집단으로 구성되었다. 이는 고구려의 대가(大加)나 부여의 제가(諸加)가 지방통치에 관여한 점과도[43] 유사하다. 사로국의 지배권력이 다수집단에 분점된 상황에서 거점성주는 몇몇 우세집단에 위임된 것이다.

거점성주의 파견은 낙동강 상류와 하구 방면을 중심으로 이루어졌다. 위 사료에서 말하는 '국내주군'의 주주·군주는 사실상 이들일 것이다. 이들을 굳이 구분한 것은 사료상의 임의적인 표현일 수도 있다. 그런데 거점성마다 전략적 비중이 일정하지는 않았다. 예를 들면 낙동강 상류 방면에서는 구도가 다른 거점성주나 자치성주들을 통솔했다. 그가 최초의 군주(軍主)였다는 표현도 이러한 역할을 고려한 것이다. 이는 낙동강 하구에 파견된 거도의 경우에도 마찬가지로 볼 수 있다. 거점성주가 파견되는 과정에서 이들 사이의 통솔관계가 성립된 것이다.

---

43) 『삼국지』 위서 동이전 동옥저 및 부여.

4. 초기 거점지배의 특징

거점성주의 파견은 상당한 인적·물적 자원의 동원을 필요로 했다. 그럼에도 불구하고 이를 추진한 것은 그 이상의 이익이 기대되었기 때문이다. 거점성주의 파견이 확대되고 이들간의 통솔관계가 정착했다면, 이러한 목표는 적어도 일정한 수준에서 실현되었을 가능성이 크다. 본절에서는 이를 대외적 측면과 진한지역 내부의 차원으로 나누어 다루려 한다.

(1) 거점성주의 대외적 기능

거점성주에 대한 기록은 주로 대외활동에 비중을 두었다. 그만큼 거점성주의 기능 중 외부세력과의 관계가 중요하게 취급되었음을 알 수 있다. 그렇다면 이러한 기능이 실제로 어떠했는지 검토될 필요가 있다.

앞서 언급했듯이 3세기 후반경 진한 12국은 진왕(辰王) 즉 사로국왕에 '속(屬)'해 있었다. 이는 삼한지역을 효과적으로 관리하려는 중국 군현의 관점에서 서술된 것이다. 그렇다면 진한 소국은 사로국을 매개로 중국 군현과 교섭했을 가능성이 크다. 나아가 280년대에는 진한왕(辰韓王)이 진(晉)에 사신을 자주 파견하여 조공무역을 전개했다[44]. 기존 연구에서 이는 사로국의 대외교섭 주도권 장악[45] 혹은 사로국 중심의 연맹체를 설명하는 근거로 이용되어 왔다[46]. 그런데 사로국은 이미 3세기 중엽부터 대외진출을 확대해 왔다. 대륙에서는 서진(西晉)이 280년까지 위(魏)와 오(吳)를 무너뜨리고 중국을 장악했다. 이후 한반도에 대해서는 느슨한 통치정책을 취하여 책봉과 조공이라는 방식으로 군신관계의 유지에 주력했다[47]. 그렇다면 280년대 진한왕의 조공은 서진의 중국

---

44) 『진서』 사이(四夷) 동이 진한.
　　 이현혜, 1994 앞글, p.53.
45) 선석열, 2001 앞책, p.26, p.132.
46) 권오영, 『삼한의 '국'에 대한 연구』, 서울대학교 박사학위논문, 1996, p.221.
47) 오혜련, 「위진남북조시기 중한(中韓)관계에 대한 재검토」, 『백제사상의 전

지배와 사로국의 대외진출이 부합한 결과로 볼 수 있다.

이러한 활동은 공식적으로는 이사금에 의해 수행되었다. 그런데 실제로 교섭루트를 보호하고 소국들의 이탈을 방지한 것은 거점성주였다. 거도가 양산 인근 소국들의 동향을 면밀히 주시하고 무력으로 사로국의 통제권으로 끌어들인 것은 이를 말해준다. 사로국의 군사력이 미친 낙동강 상류 방면에서도 이러한 역할은 크게 다르지 않았을 것이다.

그런데 대외교섭은 단순히 교류 차원에 그치는 문제가 아니었다. 실질적인 이해관계가 없었다면, 진한 소국이 이 문제를 자발적으로 사로국에 위임했을 가능성은 희박하다. 예를 들면 거점성주의 활동은 사료상으로 거의 대외전투에 집중되었다. 이는 사로국의 지배거점을 유지하기 위한 활동이었으나, 주변 소국의 협조가 없으면 곤란한 활동이었다. 이들 소국은 적어도 외부세력의 군사위협에 대처하기 위해 거점성주의 활동을 승인하거나 이에 협조했다고 볼 수 있다. 반대로 거점성주는 주변 소국의 군사적 결속을 유지하고 이로부터 이탈을 방지한 것이다.

이러한 결속은 경제적 이해와도 연관되었을 가능성이 크다. 여기서 다음 사료가 주목된다.

> 나-13) 국(國)에서 철이 나며, 한(韓)·예(濊)·왜(倭)가 모두 이로부터 취해 간다. 제시(諸市)의 매매에는 모두 철을 이용하니 중국에서 동전을 사용하는 것과 같다. 또 이를 2군(郡)에 공급한다〔『삼국지』 위서 동이전 변진〕.

위에 의하면 변진지역에서는 철이 많이 생산되어 한, 예, 왜, 중국 군현으로 공급되었다. 여기서 말하는 철은 판상철부나 철소재로서 일정한 크기와 중량을 가진 제품이었다[48]. 제시(諸市)는 외부세력이 이를 구입해 가는 교역장소로서, 낙동강 하구 등지가 중

쟁』, 서경문화사, 2000, p.199.
48) 동조, 「변진과 가야의 철」, 『가야 제국의 철』, 신서원, 1995, p.92.
   東潮, 『古代東アジアの鐵と倭』, 溪水社, 1999, pp.60~62.

시되었으리라 짐작된다. 이를 주도한 것은 원래 금관국이었다. 서북한 지역으로부터 왜로 통하는 루트에 구야한국(狗邪韓國)이 포함된 것도[49] 이를 말해준다. 그런데 철의 수출이 변한에만 한정된 것은 아니며[50], 변진전의 서술도 그 가능성을 보여주고 있다. 특히 낙동강 하구 방면은 사로국의 거점성이 설치된 곳이다. 거점성이 위치한 물금은 최근까지 나루터로 중시되기도 했다<사진 27>. 이에 거점성주의 역할은 제시(諸市)와 밀접히 연관되었을 것이다[51].

이와 관련하여 거도의 활동이 다시 주목된다. 장토야(張吐野)에서 그가 실시했던 마숙(馬叔) 행사에는 주변 소국인들도 참여했다. 그 행사는 주기적으로 이루어졌으며, 이를 전후하여 교역활동이 동반되었을 가능성이 크다.

〈사진 27〉 물금나루 주변 전경

---

49) 『삼국지』 위서 동이전 왜.

50) 선석열, 2001 앞책, p.92.

51) 사로국이 우시산국과 거칠산국을 공략한 목적이 철자원의 확보라는 견해가 있다[이현혜, 「철기보급과 정치권력의 성장」, 『가야제국의 철』, 1995, pp.22~23]. 거도의 정복은 이러한 목적과도 무관하지는 않았을 것이다. 다만 이러한 의도는 거도가 파견되는 단계에서 이미 부분적으로 관철된 것이다.

　　예컨대 왜(倭)의 야마대국(邪馬台國) 이북에는 일대솔(一大率)이 파견되어 주변 소국을 감찰했는데, 주변 소국은 이를 두려워하고 꺼렸다고 한다. 또한 '대왜(大倭)'가 각 국 시(市)의 교역을 감독한 것처럼[52] 야마대국의 통제는 대외교역의 관리를 동반했다. 이는 거도의 역할과 비교될 수 있다. 낙동강 하구의 중요성에 비추어 볼 때, 거도 역시 주변 소국의 교역활동을 통제했을 것이다. 장토야 마숙의례의 이면에도 대외교역 통제권을 확대하려는 시도가 동반되었다고 생각된다. 거칠산국, 우시산국의 멸망은 이러한 시도가 성공했음을 보여준다.

　　그 뒤 내해 6년에는 가야가 화(和)를 청해 왔다[53]. 이는 낙동강 하구의 대외교역에서 사로국이 금관국보다 우세한 위치에 섰음을 보여준다. 이를 관리한 주체도 거도와 유사한 존재였을 것이다. 이에 물금의 거점성주는 낙동강 하구 방면의 대외교역을 실질적으로 통제하게 된 것이다.

　　낙동강 상류 방면에서는 구도와 백제군의 대외전투가 다시 주목된다. 이는 양세력이 소백산맥 주변에서 서로 대결했던 상황을 보여주고 있다. 그런데 백제와 사로국은 중국 군현의 분리정책에 대응해야 한다는 점에서 같은 입장에 서 있었다. 그렇다면 구도 이후의 대(對) 백제 전투기사에는 계립령을 이용한 상호 교섭과 교역도 내포되었을 것이다. 이런 점에서 구도의 활동이 소백산맥 너머까지 미쳤다는 기록도 완전 허구로 치부되기는 어렵다. 원산성까지 진출한 사로국이 한강유역 세력과 교섭했을 가능성이 있기 때문이다. 이와 관련하여 다음 사료를 보자.

　　나－14) 여름 4월 서리가 내렸다. 계립령로(鷄立嶺路)를 열었다 [『삼국사기』 권제2 신라본기 아달라이사금 3년].

　　나－15) 봄 3월 죽령(竹嶺)을 열었다. 왜인(倭人)이 내빙(來聘)했다[상동 아달라이사금 5년]

---

52) 『삼국지』 위서 동이전 왜.
53) 『삼국사기』 권제2 신라본기 해당조.

위 사료에 의하면 아달라(阿達羅) 3년[156]부터 5년까지 계립령로와 죽령이 개통되었다. 계립령은 오늘날의 충주시 상모면과 문경시를 연결하며[54], 죽령은 단양과 풍기를 연결하는 통로이다. 당시 사로국이 이 방면에 진출하지 않은 상황에서 소백산맥 통로를 열었다는 것은 매우 부자연스러워 보인다. 여기서 다른 가능성을 생각할 수 있다.

첫째 이를 개통한 주체가 소백산맥의 인접 소국일 가능성이 있다. 그런데 계립령로가 열린 시기에 서리가 내렸다고 한다[나-14]. 음력 4월에 서리가 내렸다면, 이는 매우 특이한 현상이다. 그러나 소백산맥 인접 지역의 기상현상이 사로국의 사실로 기록되었을 가능성은 희박하다. 또한 죽령이 개통될 때 왜인이 해당 지역으로 사신을 파견했다고 보기도 어렵다. 그렇다면 이 통로들을 개통한 주체는 사로국이었을 것이다.

둘째 이 교통로를 진한 소국이 공동으로 개통하되 사로국이 주도했을 가능성도 있다. 그런데 당시에는 사로국이 주변 소국에 대한 통제력을 강화하는 속에서도 일부 소국은 이로부터 이탈하는 경향을 보였다. 이러한 상황에서 진한 소국의 합의 하에 소백산맥 교통로가 열렸을 가능성은 희박할 것이다.

이상을 고려할 때, 두 교통로는 경주세력에 의해 개통되었으되 실제 시기는 다르게 판단되어야 한다[55]. 원래 소백산맥 통로는 이미 기원전 2세기 말부터 조선유민(朝鮮遺民)에 의해 이용되었다[56]. 이 시기에 개별적으로 이용된 통로가 굳이 아달라대로 기록

---

54) 최일성, 「역사지리적으로 본 계립령」, 『호서사학』14, 1986.
    박상일, 「소백산맥지역의 교통로와 유적-충주와 연결되는 교통로를 중심으로-」, 『국사관논총』16, 1990, pp.159~161.
55) '계립령로의 개척'이 실제 개척이 아니라 이에 대한 지리적 인식의 시작이라는 견해가 있다[서영일, 『신라 육상 교통로 연구』, 학연문화사, 1999, p.194]. 그러나 본문에서 언급되듯이, 이 교통로는 이미 기원전부터 이용되었다. 이외에 계립령, 죽령의 개통시기를 사로국이 왕조국가로 발전했다는 4세기 중엽[주보돈, 1996 『영남고고학』19 앞글, pp.19~20] 혹은 우역 설치, 관도 수리가 이루어진 소지 9년[487] 이후로 보기도 한다[선석열, 「신라초기 사로국의 성장과 동이전」, 『경대사론』7, 1994, p.320]. 그러나 사료 나)-14, 15는 이 방면에 대한 사로국의 진출과정과 밀접히 연관되었을 것이다.

될 이유는 찾아지지 않는다. 그렇다면 위 사료는 아달라대 이후 어느 시기의 사실을 반영할 것이다. 그 중에서도 경주세력이 이 방면을 장악하고 이 통로를 관리할만한 능력을 갖춘 시기가 고려되어야 한다.

여기서 구도의 활동이 다시 주목된다. 그의 군사활동은 낙동강 상류 방면을 장악하고 소백산맥 통로 주변을 통제하는 데 집중되었기 때문이다. 이는 계립령로와 같은 통로를 확보하는 데 좋은 조건이 되었다. 계립령은 그 직후 거점성주의 활동을 통해 확보되었을 것이다[57].

원래 소백산맥 통로의 교역 조건은 연안항로에 비해 불리했다. 그러나 계립령로가 확보되고 한강 상류와 낙동강 상류간의 교역이 본격화되면, 그 비중이 작지 않았을 것이다. 특히 서해안으로부터 한강을 통해 유입되는 소금이 낙동강 상류지역에 유입되었을 가능성이 있다. 중국 군현의 선진제품도 일부는 이를 통해 수입되었을 것이다. 이러한 교역을 일차적으로 관할한 것은 원산성에 파견된 이사금의 대리인이었다. 구도와 같은 부곡성주는 이로부터 경주에 이르는 교역로를 전체적으로 통제한 것이다.

이처럼 거점성주는 해당 방면의 대외교역을 통제했다. 그 중에서도 낙동강 하구 방면이 상대적으로 비중이 컸을 것이다. 다만 같은 방면에서도 요충지의 거점성주와 다른 성주의 비중은 달랐다. 사로국의 대외교섭과 군사활동은 이상을 기반으로 했던 것이다.

(2) 소국집단에 대한 지배형태

거점성주의 파견지는 기존 소국의 지배력이 미치던 곳이었다.

---

56) 남한강 상류에서 문경-군위-영천-경주에 이르는 선은 조선시대까지도 중요한 교통로로 이용되었다[국사편찬위원회, 『한국사』24, 1994, pp.496~497]. 그 만큼 이 방면의 통로는 시기를 초월하여 한강유역과 경주지역을 연결하는 데 매우 효율적이었던 것이다.

57) 다만 죽령은 구도의 군사활동 뿐만 아니라 초기 나·제 투쟁에서도 이용된 흔적이 찾아지지 않는다. 이 통로는 대체로 고구려와 신라의 교섭이 본격화된 이후에 공식적으로 이용되었을 것이다.

그 주수의 용인이 없었다면, 거점성은 유지되기 어려웠을 것이다. 이에 해당 소국과 거점성주의 관계가 어떠했는지 주목된다. 본 소절에서는 이를 통해 사로국과 진한 소국의 실질적 관계 변화를 밝혀보려 한다.

일단 3세기 후반경 진한 12국이 사로국에 '속(屬)'했다고 하므로, 진한 소국은 이사금이나 거점성주에게 일정한 통제를 받았을 것이다. 사벌국(沙伐國)이 원래 사로국에 속(屬)했다는 것도[58] 이를 말해준다. 당시 소국 간층이 제거되지는 않았으므로, 그 통제는 이들의 자치권을 인정한 상태에서 이루어졌을 것이다[59]. 그런데 다음 자료는 이에 부합하면서도 완전히 상반된 내용을 전해준다.

나—16) 가을 7월 사자(使者) 10인을 나누어 보내 주주(州主)·군주(郡主)가 공사(公事)에 충실한지의 여부를 살피게 하고, 전야(田野)를 많이 황폐하게 방치한 자를 쫓아내었다[『삼국사기』 권제1 신라본기 파사이사금 11년].

나—17) 그 풍속에 기강(紀綱)이 적어, 국읍(國邑)에 주수(主帥)가 있지만 읍락에 잡거(雜居)하며 서로 잘 제어하지 못한다 …… 국중(國中)에 일이 있거나 관가(官家)가 성곽을 쌓게 할 때 …… [『삼국지』 위서 동이전 한].

사료 나—16)에 의하면 주주·군주 즉 거점성주가 개별 소국의 경작상황을 책임질 정도로 지배력을 행사했으며, 사자 10인이 파견되어 이를 독려했다. 이는 파사 29년 진휼활동을 위해 10도(道)로 파견된 사신과도[60] 유사한 경향을 보인다. 이는 파사대의

---

58) 『삼국사기』 권제45 열전 제5 석우로.
59) 동옥저도 고구려에 신속(臣屬)한 바 있는데, 이는 해당 지역의 대인(大人)을 사자(使者)로 삼아 읍락을 다스리게 하고 공물을 징수하는 지배형태였다[『삼국지』 위서 동이전 동옥저].
60) 『삼국사기』 권제1 신라본기 파사이사금 29년.
　　이 사신에 대해서는 임시 감찰관[주보돈, 1995 앞글, p.30] 혹은 복속소국에 대한 사신이라는 견해가 있다[이우태, 『신라 중고기의 지방세력 연구』, 서울대학교 박사학위논문, 1991, p.42]. 본고의 논지로 보아 사신은 이사금

일로 기록되었으나, 사료 나-7), 12)을 고려하면 실제로는 거점지배가 성립한 이후의 사정을 반영할 것이다. 여기서 성주의 역할은 '공사(公事)'로 표현되었으며 전야(田野)의 관리에 집중되었다고 한다. 이에 따르면 거점성주는 소국 내부의 일에 일일이 관여한 셈이지만, 이를 그대로 받아들이기는 어렵다. 다만 거점성주의 경제적 기능이 중시되었을 개연성이 인정될 뿐이다.

반면 주수(主帥)가 읍락에 잡거(雜居)하고 잘 제어하지 못한 점을 중시하면[나-17], 소국의 지배구조는 아주 미숙한 것처럼 보인다61). 이 경우 거점성주을 파견한 주체도 상정하기 곤란해진다. 그런데 관가(官家)처럼 소국 차원의 사업을 시행하는 지배조직은 존재했다. 이는 성책에 근거해62) 주수나 간층을 중심으로 운영되었을 것이다63).

기존 연구에서도 3세기 후반 이후 묘곽의 대형화와 갑주의 보급이 국읍집단의 지배력 확대와 관련하여 주목되었다64). 이는 부장유물에서도 확인된다. 예를 들면 거칠산국의 국읍집단 묘역인 복천동유적은 읍락집단의 노포동유적에 비해 절대적인 우위를 보인다65). 압독국의 국읍인 임당유적의 조영 1B-60호도66) 읍락집단

의 대리인으로서 거점성주나 소국 주수에게 파견되었을 것이다.

61) 이를 소규모 단위로 각지에 흩어진 다수의 취락이 읍락을 구성한 사실과 관련시키기도 한다[이수훈, 「신라 촌락의 입지와 성·촌명 – 삼국시기의 경우를 중심으로 – 」, 『국사관논총』48, 1993, p.147].

62) 이는 삼한지역에 존재한 성책옥실(城柵屋室)과도[『후한서』동이열전 한] 무관하지 않다. 소국과 관련된 성책은 주로 국읍성을 가리키며, 옥실은 주수의 배타적인 거주구역 내지 통치공간을 포함할 것이다.

63) 주수와 간층의 구분에 대해서는 제 1장의 주 21) 참조.

64) 최종규, 「무덤에서 본 삼한 사회의 구조 및 특징」, 『한국고대사논총』2, 1991, pp.153~154.
    본문의 검토로 볼 때, 당시의 정치체는 분지내(盆地內)를 통합하는 정도에[이성주, 「1~3세기 가야 정치체의 성장」, 『한국고대사논총』5, 1993, p.127] 머물지 않고 해당 정치체 사이에 불평등 관계가 확대되는 수준으로 변화했다고 판단된다.

65) 3세기 말 이전의 부산지역 목관묘 혹은 목곽묘들은 복천동고분군[그림 2] 남서쪽의 구릉지대와 구서동[신경철, 「부산 구서동 출토의 와질토기」, 『영남고고학』2, 1982, pp.116~119], 노포동[부산대학교박물관, 『부산노포동유적』, 1988 ; 부산직할시립박물관, 『부산노포동유적』Ⅱ, 1988] 등지에서 확인된다. 이 중 국읍집단의 묘역은 복천동고분군이며, 나머지는 읍락집단의 것

의 교촌리 31호보다[67] 우위를 보이고 있다.

그렇다면 주수가 읍락에 잡거했다는 것은 국읍의 성책이 중국의 정연한 성곽에 크게 미치지 못했음을 지적했을 뿐이다[68]. 기강이 적고 서로 잘 제어하지 못했다는 것도 주수의 지배력이 타간(干) 집단보다 초월적이지 않았음을 의미한다[69]. 전체적으로 보면 국읍 간층은 읍락집단에 대한 우위를 확대해 갔다. 문제는 이러한 변화가 내부적 요인에 의한 것인가, 아니면 사로국의 거점지배 같은 외부적 요인에 의한 것인가 하는 점이다.

만일 내부적 요인이 크게 작용했다면, 농업생산력의 증가나 그 생산물의 독점이 중요한 배경이 되었을 것이다. 그런데 <별표 3>만으로 보면, 간층 내지 호민층의 농기구는 철부, 도자, 겸 등으로 제한되고 있다. 전체적으로 농기구의 수준이 떨어지는 듯한 인상을 보인다. 갑주가 부장된 묘곽과 그렇지 않은 묘곽 사이에도 커다란 우열은 확인되지 않는다. 이에 생산수단의 변화만으로는 국읍집단의 권력 강화를 설명하기 어렵다.

다만 철기보급의 측면에서는 적지 않은 변화가 확인된다. 예를 들면 3세기 후반경부터 판상철부나 철소재가 제시(諸市)의 매매에서 중국의 동전처럼 사용되었다[나-13]. 판상철부의 대량 유통은 이미 2세기부터 확인되지만[70], 철소재 등의 유통은 이제 실질적인 화폐 기능으로 발전한 것이다[71]. 복천동유적처럼 갑주 외에 철정<사진 5>, 철모, 철촉을 다량 부장하는 현상은<별표 3>

들로 볼 수 있다. 이 단계까지는 조사의 불충분으로 각 집단의 관계가 고고학적으로 확인되지 않는다.

66) 영남대학교박물관·한국토지공사, 『경산 임당지역 고분군』Ⅲ, 1998, pp.279 ~289.

67) 경산대학교박물관, 『경산 교촌리유적 발굴조사』, 1996.8.

68) 방어취락 내부에 지배계급과 일반인이 함께 거주했기 때문에 이렇게 기록되었다는 견해도 있다[이현혜, 1996 앞글, pp.164~165].

69) 사로국의 소국병합 과정에서 소국 지배집단이 대체로 제거되거나 왕경으로 사민되었다는 견해도 있는데[이종욱, 1993 앞글, pp.59~63], 이는 반란과 같은 경우에 한정되었을 것이다.

70) 박승규, 「경주 사라리유적 130호묘에 대하여」, 『신라문화』14, 1997, pp.4~5.

71) 김창석, 「삼국 및 통일신라의 현물화폐 유통과 재정」, 『역사와 현실』42, 2001, p.9.

〈사진 28〉 부산 복천동 73
호 단야집게

이러한 추세 속에서 이해될 수 있다. 이러한 상황에서 국읍 간층은 철기 보급권을 토대로 군사적·정치적 기반을 강화해 갔을 것이다. 복천동 73호의 단야집게도<사진 28> 이를 방증하고 있다. 읍락집단에 대한 우위의 확대는 여기에 기반을 둔 것이다. 다만 거점성주의 존재를 고려할 때, 진한지역 차원의 철기보급은 이들의 활동과 무관하지 않았을 것이다.

여기서 3세기 말~4세기 초경[72] 정치적 성격이 짙은 제품의 유통이 주목된다. 예를 들면 복천동 38호 주변에 집중 부장된 갑주류나[73] 조영 1B-60호의 찰갑<사진 29-①>, 포항 옥성리의 갑주<별표 4> 등은 거의 국읍 간층의 것들이다. 그런데 경주 주변에서는 국읍지역의 월성로 29호 판갑(板甲)뿐만 아니라 읍락지역의 사라리 55호 판갑[74], 구어리 1호 경갑(頸甲)·요갑(腰甲), 구정동 3곽 판갑 2령(領), 울산 중산리 판갑<사진 29-②>·종장판주(縱長板冑) 등이 출토되었다[이상 <별표 3·4> 참조].

이처럼 정치적 상징성이 큰 갑주류는 경주권을 중심으로 보급되었다. 그 형태가 다양한 점으로 보아 사로국이 완제품을 보급

---

72) 이는 최병현의 2형 토광목곽묘 2-2기 직전 단계를 고려한 것이다[최병현, 1992 앞책, pp.88~90].
73) 송계현·홍보식·이해련, 「동래 복천동고분군 제5차 발굴조사 개보」, 『박물관연구논집』3, 부산광역시립박물관, 1995, p.8 표.
74) 영남매장문화재연구원, 『경주 사라리고분군-130호분을 중심으로』, 1996.3.

〈사진 29〉 ① 경산 조영 1B-60호 찰갑, ② 울산 중산리 1A-74호 판갑

했다고 보기는 어렵다. 철광산 자체도 진한 각 지에 분포하는 상황이었다[75]. 그렇더라도 이는 무력행사나 철기류의 유통이 사로국에 의해 주도되었을 가능성을 보여준다[76].

여기서 황성동 제철유적에서 대량으로 조사된 3세기 말-4세기 초 이후의 용해로, 단야로, 철재(鐵滓), 철부 거푸집 등이 주목된다[77]<사진 30>. 이는 적어도 대규모의 전문 철생산 집단이 형성되었음을 보여주기 때문이다[78]. 또한 철소재를 대량으로 가공해 중간소재나 완제품을 제작했음을 알 수 있다. 부산 낙민동에서도 용해·정련·단야 공정이 이루어졌을 가능성이 높지만, 그 규모는 훨씬 작은 편이다[79]. 그렇다면 사로국은 적어도 중간소재나 완

---

75) 『신증동국여지승람』에 의하면, 경주 팔조포(八助浦), 울산 달천산(達川山), 양산 대자포(大者浦) 외에도 영천 건천, 언양 석남산(石南山), 안동, 청송 대곡탄(大谷灘), 영덕 무모산(無毛山), 예안 상리(上里), 용궁 수정탄(修正灘), 상주 송라탄(松羅灘) 등지에서 철이 난다고 하였다. 그러나 이 중에서 3세기 말의 철산지가 어디인지는 알 수 없다.

76) 당시 세장방목곽묘가 경주를 중심으로 확산된 것도[이희준, 1998 앞글, pp.148~149] 이러한 영향력을 기반으로 했을 것이다.

77) 황성동유적 발굴조사단, 「경주 황성동유적 제1차 발굴조사 개보」, 『영남고고학』8, 1991.
국립경주박물관, 『경주 황성동 524-9번지 용해유적』, 1999.
한국문화재보호재단·(주)대흥주택, 『경주시 황성동 537-2 임대아파트 신축부지 발굴조사 보고서』, 2001.

78) 국립경주박물관, 『경주 황성동 유적』I, 2000, p.339.

79) 국립중앙박물관, 『동래낙민동패총』, 1998, pp.230~231.

〈사진 30〉 경주 황성동 537-2 제철유적 3호 노적(爐蹟) 전경

제품의 생산을 주도했다고 볼 수 있다.

이를 위해서는 철광석 원료나 철소재의 보급이 필수적이었다. 5세기 이후의 사례로 보아[80] 당시에도 철소재의 생산공정은 철광산 인접 지역에서 이루어졌을 것이다. 그런데 3세기 말까지 사로국은 울산 농소뿐만 아니라 양산 물금 등 주요 철광산지역을 장악했다. 이러한 상황에서 황성동 제철유적에서는 울산 농소 달천광산의 철광석으로부터 생산된 철소재가 사용되었을 가능성이 크다[81]. 철의 제련(製鍊)에 사용된 백탄(白炭)도 주로 경주 부근에서 생산되었다. 그 중 일부는 황성동유적의 제철공정에서 사용되었다[82]. 이를 통해 사로국은 철광석의 채취, 중간소재의 생산·유통망을 장악할 뿐만 아니라 완제품의 유통을 주도했다고 볼 수 있다. 대신 소국들로부터 겸포(縑布), 광폭세포(廣幅細布), 5곡과 미곡, 우마(牛馬) 등을[83] 획득했을 것이다.

---

80) 국립김해박물관, 『밀양사촌제철유적』, 2001, pp.152~157.
81) 국립경주박물관, 1999 앞책, p.68.
82) 울산대학교박물관·부산대학교고고학과, 『울산달천유적』, 2000, pp.41~42.
83) 『삼국지』 위서 동이전 변진 및 변진전.

거도와 같은 거점성주가 철산지에 파견된 것은 이러한 유통망의 통제에도 목적을 두었을 것이다. 자연히 관련 물자의 운송은 주요 교통로에 위치한 거점성을 통해 이루어졌다고 생각된다. 거점성주는 이 루트를 보호하는 동시에 인근 소국을 통제했다. 그 구체적인 형태는 거점성주의 파견 여부에 따라 다양했으리라 짐작된다.

첫째 거점성이 설치된 소국을 보자. 당시의 거점성은 새로이 구축된 것 외에 기존의 자치성이나 소규모 목책을 포함했다. 어느 쪽이든, 이를 운영하기 위해서는 적지 않은 노동력이 필요했다. 사로국인들이 이를 모두 담당했다고 보기는 어렵다. 거점성주가 토목공사를 일으켰다는 점으로 보아[나-11] 이러한 작업은 인근 소국인들을 통해 이루어졌을 것이다. 원래 소국 내의 노역동원은 주수의 지배조직을 통해 이루어졌다[나-17]. 그렇다면 소국인들의 동원은 거점성주에 의해 직접 수행되기보다 이 조직을 매개로 했을 것이다.

이러한 협조를 이끌어내기 위해서는 일정한 압력이 뒷받침되어야 했다. 거점성주가 거느린 소규모 군단은 가장 직접적인 압력이 되었다. 거점성주의 즉각적인 군사동원이 가능했던 점이 이를 말해준다. 그런데 양산 소국에 파견된 거도는 매년 한 번씩 병사들을 모아 마숙(馬叔) 행사를 벌였다. 이는 사로국의 '국가적인' 근심을 해결하기 위해 계획되었으며 실제로 인근 소국을 정복하는 데 이용되었다. 그렇다면 여기에는 사로국의 6부병이 참여했을 것이다. 거점성주는 소규모 군사력을 유지하면서 필요에 따라 6부병의 지원을 받은 것이다[84].

그런데 마숙은 양산 인근의 소국인들에게 알려질 만큼 일상적인 의례로 변화했다. 이는 일종의 오락인 동시에 소국인들에 대해 군사적 통제권을 확인하는 절차이기도 했다. 여기에는 양산 소

---

84) 구도가 경주에 머물다가 낙동강 상류방면에서 전투를 벌인 것이나 우로, 이음, 충훤 등이 각 방면에서 두루 활동한 것도 6부병의 지원이 지속되었음을 보여준다『삼국사기』 신라본기 내해이사금 13년, 14년, 19년, 27년 및 열전 제8 물계자].

국인들도 참여했다고 보는 편이 합리적이다. 그렇지 않았다면 마숙 행사에 참여한 군사들이 인근의 두 소국을 한꺼번에 정복하기 어려웠을 것이다. 거점성이 설치된 소국은 사로국의 군사적 통제권을 받아들일 뿐만 아니라 군사력의 동원에도 협조한 것이다[85]. 이 역시 주수집단을 매개로 했음은 물론이다.

이러한 상황에서 사벌국은 사로국에 '속'해 그 통제로부터의 이탈이 금지되었다. 백제 쪽으로 돌아서려는 시도가 즉시 제재를 받은 점이[86] 이를 말해준다. 이는 요거성의 통제를 기반으로 한 것이었다.

이상이 인정될 수 있다면, 거점성주의 영향력은 소국 내부에도 미쳤을 가능성이 있다. 예를 들면 내해이사금(奈解尼師今)은 사신을 보내 군읍(郡邑)과 지방에 갖힌 '죄수'들을 조사해 용서해 주었다고 전한다[87]. 여기서 군읍은 소국의 국읍을 가리키는 것처럼 보이지만, 사로국이 소국마다 감옥을 두었다고 볼 수는 없다. 위 '죄수'들은 사실상 사로국에 반발하는 집단을 가리킬 것이다. 이들을 용서했다는 것은 무슨 의미일까. 이는 해당 집단이 거점성주의 통제권 내에 편입되었음을 반영할 것이다. 이 역시 주수를 통해 이루어졌을 것이지만, 거점성주는 제한적으로나마 소국 내부문제에 관여하게 된 것이다.

둘째 거점성이 설치되지 않은 복속소국(服屬小國)을 보자. 우시산국(于尸山國)과 거칠산국(居柒山國)은 거도에 의해 '멸망'당했으나, 거점성은 설치되지 않았다. 이들은 기존의 지배구조를 유지한 채 사로국에 복속해 거점성주의 통제를 수용한 것이다. 사로국에 정복되었다고만 전하는 내령(奈靈) 소국도[88] 유사한 사례에 해당한다.

거점성이 설치되지 않은 복속소국 중에는 정복을 거치지 않

---

85) 이는 포상팔국(浦上八國)과의 전투시에 경주 인근 소국인들이 동원된 것과
 도[『삼국사기』 권제48 열전 제8 물계자] 비교될 수 있다.

86) 『삼국사기』 권제45 열전 제5 석우로.

87) 『삼국사기』 권제2 신라본기 내해이사금 15년, 31년.

88) 『삼국사기』 권제45 지리2 내령군.

은 경우도 있다. 다음 사료들이 이를 말해준다.

나-18) 여름 5월 고타군주(古陁郡主)가 청우(靑牛)를 바치고 남신현(南新縣)의 보리가 연기(連歧)했다. 크게 풍년이 들어 다니는 자들이 양식을 지니지 않았다[『삼국사기』 권제1 신라본기 파사이사금 5년].

나-19) 가을 7월 남신현이 가화(嘉禾)를 바쳤다[『삼국사기』 권제2 신라본기 벌휴이사금 3년].

나-20) 여름 5월 국서(國西)에 홍수가 났다. 수해를 당한 주(州)·현(縣)의 1년 조조(租調)를 면제해 주었다. 가을 7월 사자를 보내 위문하였다[『삼국사기』 권제2 내해이사금 3년].

사료 나-18)에 의하면 이미 파사대에 고타군주(古陁郡主)가 청우(靑牛)를 바쳐왔다. 그러나 고타[안동] 지역이 복속한 시기는 사로국이 낙동강 상류에 진출한 이후였을 것이다. 당시 남신현(南新縣)의 보리 작황도 중시되었는데, 이 지역은 벌휴대에 와서 가화(嘉禾)를 바쳤다[나-19]. 두 지역은 모두 정복을 당하지 않은 상태에서 복속소국으로 편입된 셈이다[89]. 내해대에 조조(租調)를 면제받은 국서(國西) 소국들[나-20] 중 상당수도 이에 포함된다. 파사 23년에 항복해 왔다는 압독국이나 요거성이 설치되기 이전의 사벌국(沙伐國)도 마찬가지이다. 이들은 군주(郡主), 주(州)·현(縣), 국(國)으로 표현되었으나, 사실상 소국을 대표하는 주수였을 것이다.

위 소국들이 주기적으로 공물을 헌납한 점에서 보듯이[나-20], 이들도 통제권으로부터의 이탈이 금지되고 대외적 독립성을 상실했다. 이는 개별 소국의 독립성을 전제로 했던 소국연맹과 비교되는 점으로서, 한 단계 진전된 지배형태로 볼 수 있다.

다만 구체적인 지배형태는 복속의 계기에 따라 일정하지 않

---

89) 아달라 4년에 현(縣)으로 편성되었다는 감물(甘勿)·마산(馬山)은[『삼국사기』 권제2 신라본기 해당조] 이러한 사례의 초기상황을 보여줄 것이다.

았을 것이다. 이에 대한 사료는 전하지 않지만, 묘곽들이 보여주는 소국집단의 동향은 이를 파악하는 데 참고가 될 수 있다.

우선 정복을 통해 복속한 거칠산국을 보자. 이곳에서는 3세기 말경 간층 묘역인 복천동고분군이 크게 부각되었는데, 이는 거칠산국이 거도에게 정복된 사실과 무관하지 않았을 것이다. 그렇다면 이곳 묘곽들에는 간층의 동향과 이에 대한 사로국의 지배형태가 반영되었으리라 짐작된다<그림 2>.

이 시기의 목곽묘들은 고분군의 남서쪽 부분에 집중되어 있는데[<그림 2> **가** 부분]90), 이들은 하나의 집단으로 설명된 바 있다91). 그러나 세밀히 살펴보면 38·73·110호와 80·81·82·83·84·89호는 별개의 군을 이루고 있다. 이 중에서 부곽을 갖춘 38호와 73호는 구릉 정상부에 세로로 나란히 축조되었고, 판갑과 재갈을 비롯한 다량의 철기를 부장했다. 이들은 간층 내에서도 최고집단으로서 주수집단으로 볼 수 있다. 비교적 소규모인 110호도 이에 속할 것이다. 후자의 군은 그 남쪽 경사면에 군집하는데, 그 안에서도 80호와 89호는 비교적 멀리 떨어져 있다. 이 중 80·84호에서는 적지 않은 철기가 출토되었으나 38호에 비하면 열등한 편이다. 81·82·83·89호는 유물이 더욱 적다92).

이상의 군(群)들은 대체로 가계집단과 무관하지 않았을 것이다. 이에 거칠산국 간층은 두 세 가계집단으로 구분되었음을 알 수 있다. 그 중에서도 가장 우세한 38호 집단이 소국의 지배조직을 통솔했을 것이다. 나머지 집단들도 이에 협조하면서 거칠산국의 통치에 참여했다. 이러한 변화는 사로국의 통제 하에 진행되었다. 그렇다면 사로국은 간층의 특정 집단을 지원함으로써 간접지배를 꾀한 것이다. 그 결과 소국 내에서 주수집단의 우월성이 부

---

90) 부산광역시립박물관, 『복천동고분군 – 제5차 발굴조사 99~109호묘 – 』, 1997, 그림1.

91) 주보돈, 「4~5세기 부산지역의 정치적 향방」, 『가야사 복원을 위한 복천동 고분군의 재조명』, 부산광역시립복천박물관, 1997.
그는 이 시기를 재지세력의 반(半) 자립성이 인정되는 '영역화의 초기단계'로 보고 있다[앞 글, p.91].

92) 송계현 외, 1995 앞글, pp.9~10.

각된 것이다.

정복을 통하지 않은 지역의 상황은 이와 차이를 보인다. 압독국의 임당유적에서는 조영 1B-60호 등 다소 두드러진 묘곽들이 확인되지만, 특정 집단의 결집 현상은 미약한 편이다. 이는 울산 다운동[93], 하대 고분군[94] 등에서도 마찬가지이다. 울산 중산리고분군에서는 유력 집단의 묘곽들이 군집하지만[95], 간층 내 집단간의 우열은 심하지 않은 것 같다. 이상은 주수의 지위가 초월적이지 않았던 기존의 상황이 지속되었음을 보여준다. 그 만큼 이사금이나 거점성주의 영향력도 작았던 것이다.

이상과 같이 3세기 말까지 진한 소국에 대한 통제는 주로 거점성주를 매개로 이루어졌다. 이는 어디까지나 자치권을 유지한 주수집단의 협조를 통한 것이었다. 다만 거점성의 설치 여부와 정복의 여부에 따라 통제의 수준이 다양했던 것이다.

5. 거점지배 성립의 의미

본장에서 다루었듯이 거점성의 확보는 진한 소국간의 관계에서 적지 않은 변화를 초래했다. 개별 소국의 독립성을 전제로 한 기존의 진한연맹과 달리, 사로국은 소국들에 대해 적극적인 통제를 가할 수 있었다. 그러나 여기에는 한계도 적지 않았다.

우선 초기 거점성은 일부 전략적 요충지에만 설치되었다. 그 기능은 대외교역 통제와 다수 소국에 대한 관리에 집중되었다. 거점성이 설치된 소국의 국읍성이나 읍락성은 자치권을 유지한 채 거점성주의 통제에 협조했다. 주수의 통치조직이 그 매개로 작용하면서 일종의 간접지배가 이루어졌다. 이에 소국 내 개별 집단에

---

93) 이성주, 「목관묘에서 목곽묘로」, 『신라문화』14, 1997, p.38.
94) 부산대학교박물관, 『울산하대유적-고분1』, 1997, p.6.
95) 울산 중산리에서는 3세경부터 1A, 1D지구 등에서 몇몇 묘곽의 결집 현상이 보이기 시작한다[창원대학교박물관, 「울산 중산리유적 1·2지구 발굴조사개요」, 1991, p.6. 및 창원대학교 박물관 이성주선생이 제시해 주신 각 지구 도면에<1999.1.20> 의함].

대한 직접지배는 실현되지 않았다. 다만 거점성 설치 소국과 복속 소국은 원칙적으로 사로국의 통제로부터 벗어날 수 없었다. 소국 집단의 공물이 대략 1년을 단위로 정례화 된 것은 그 결과였다. 공물의 성격도 의례적 헌납으로부터 주기적 수탈로 변해 갔다. 이를 통해 지배력의 연속성이 보장된 것이다.

반면 낙동강 이동 지역에서도 변한연맹에 속하거나 사로국의 통제권 밖에 있던 소국들이 적지 않았다. 유례대에 사로국을 공격한 이서국(伊西國)이나 4세기 후반까지 가야권에 속한 비지국(比只國) 등이 이를 말해준다96). 이러한 상황에서 진한지역에 대한 일원적인 지배는 아직 기대하기 어려웠다.

그렇더라도 거점성주가 파견되고 이를 통해 소국들을 통제함으로써 진한 소국간에는 사실상 지배와 피지배의 관계가 성립되었다. 이는 영역지배의 특징을 처음으로 보여주는 것이다. 다만 그 대상과 방법에서 한계가 있었다고 볼 수 있다.

---

96) 『삼국사기』 권제2 신라본기 유례이사금 14년.
　　『일본서기』 신공황후 섭정 49년.

3
국성체제(國城體制)의 성립

제3장

국성체제(國城體制)의 성립

　　사로국의 초기 거점지배는 소국간의 관계에 적지 않은 변화를 초래했으나, 개별 소국에 대한 지배의 비중은 낮은 편이었다. 소국집단은 자치권을 유지한 채 거점성주의 통제를 받아들였을 뿐이다. 그러나 『삼국사기』 신라본기로 볼 때, 사로국은 이들의 기반을 점차 축소해 갔다고 생각된다. 소국집단으로서는 이러한 시도로부터 자신의 입지를 보존하거나 사로국의 승인을 기반으로 지역 내에서의 입지를 강화하려 했을 것이다. 이상의 움직임이 어떻게 작용하는가에 따라 4세기 초 이후의 거점지배는 다양한 양상으로 전개되었으리라 짐작된다.

　　기존 연구에서 4세기 전반경 사로국의 지배력은 연맹체의 주도권에 한정되는 것이 대세를 이루고 있다. 반면 이 시기에 이미 영역지배가 실현되었다는 견해도 있다[1]. 현재로서는 이러한 견해차가 좁혀질 가능성은 거의 보이지 않는다.

　　그런데 앞서 검토했듯이, 초기 거점지배에서는 시원적인 형태의 영역지배가 제한된 범위 내에서 실현되었다. 본장에서는 이에 대한 변화의 계기가 어떻게 마련되었는지 관심을 두려 한다. 이를 토대로 기존 거점지배의 한계가 극복되는 과정과 그 의미를 파악할 것이다.

---

1) 이에 대해서는 머리말의 1절을 참조.

1. 거점지배 변화의 계기

3세기 말경 거점지배의 실질적인 목적은 대내외적인 교역을 통제하고 공물 수취를 확대하는 데 있었다. 이러한 상황에서 소국 집단의 태도나 대외적 조건이 변화한다면, 사로국으로서는 새로운 지배방식을 모색해야 했을 것이다. 그렇다면 기존 거점지배에 영향을 줄만한 변화가 언제 어떤 계기를 통해 발생했는지 검토될 필요가 있다.

이와 관련하여 우선 4세기 초경 본격화된 사로국의 정복활동이 주목된다. 이는 세력권의 평면적 확대뿐만 아니라 소국들에 대한 지배형태와도 연관되었을 가능성이 크기 때문이다. 관련 자료를 제시하면 다음과 같다.

다-1) 가을 7월 이찬(伊湌) 우로(于老)를 대장군(大將軍)으로 삼아 감문국(甘文國)을 토벌해 쳐부수고 그 땅을 군(郡)으로 삼았다[『삼국사기』 권제2 신라본기 조분이사금 2년].

다-2) 봄 2월 골벌국왕(骨伐國王) 아음부(阿音夫)가 무리를 거느리고 와서 항복하니, 제택(第宅)과 전장(田莊)을 주어 정착시키고 그 땅을 군(郡)으로 삼았다[상동 조분이사금 7년].

다-3) 사량벌국(沙梁伐國)이 원래 우리에게 속(屬)했으나, 첨해왕(沾解王) 시에 홀연히 배반하고 백제로 기울었다. 우로(于老)가 군사를 거느리고 가서 토벌해 이를 멸망시켰다[『삼국사기』 권제45 열전 제5 석우로]

다-4) 첨해왕 시에 사벌국(沙伐國)을 취해 주(州)로 만들었다[『삼국사기』 권제34 지리1 상주].

위 사료에 의하면 조분대(助賁代)[230~247]부터 첨해대(沾解代)[247~261]까지 감문국, 사벌국이 정복되고 골벌국왕이 항복해 왔다. 반면 3세기 중후반경 진한 소국이 병립했다고 기록한 『삼국지』 변진조(弁辰條)를 중시하면, 이 자료의 신빙성은 크게 떨어지게 된다. 그런데 사로국의 원거리 정복활동은 이미 벌휴대부터 시작되었으며, 위 사료는 실제로는 4세기 초의 사실을 반영하고 있다[2]. 그렇다면 위 정복활동은 당시의 사실로 인정되어도 좋을 것이다. 이를 통해 기존 진한지역은 거의 사로국의 세력권으로 편입되면서 사실상 신라(新羅)를 형성했다[3]. 그렇다면 해당 범위에서 기존의 초기 거점지배가 어떻게 변했는지 궁금해진다.

그 내용은 군(郡)과 주(州)의 편성으로 기록되었으나, 이를 인정할 수는 없다. 이와 관련하여 정복활동을 보다 적극적으로 추진한 배경이 주목된다. 이후 사로국의 통제 수준은 이를 충족시키는 방향에서 설정되었을 것이기 때문이다.

먼저 대외적 측면에서 살펴보자. 기존에 삼한지역의 관리를 담당하던 낙랑(樂浪)·대방군(帶方郡)은 4세기 초경 서진(西晋)의 관심과 통제가 크게 약화되는 속에서[4] 축출되었다[313~314][5]. 이는 서북한 방면에 대한 교역의 중요성을 크게 감소시켰다. 자연히 그 루트로 통하는 거점성의 대외교역 통제 기능은 줄어들게 되었다.

반면 신라·백제와 고구려가 서로 접하면서 이들간의 교섭은

---

2) 앞서 언급했듯이 내해이사금은 3세기 후반~말에 재위했으므로, 그 다음의 조분·첨해대는 3세기 말 이후였을 것이다. 이들은 미추이사금에 앞서 재위했는데, 미추는 402년에 사망한 내물마립간의 두 세대 위였다. 한 세대를 30년으로 잡고 기계적으로 계산하면, 미추의 재위기간은 342년 이전이 된다. 다소간의 오차를 고려한다면, 미추의 재위기간은 대략 4세기 전반으로 생각된다. 이상의 조건을 충족시키는 조분·첨해대는 대체로 3세기 말에서 4세기 초까지이다. 고구려와 신라가 접촉한 조분 16년이 낙랑군이 축출된 313년과 겹치는 점, 우로의 사망 시기가 4세기 초로 추정되는 점도 이를 뒷받침한다[이부오, 1999 앞글, pp.247~249]. 그렇다면 본문 사료의 정복활동은 대체로 4세기 초경에 진행되었을 것이다.
3) 신라(新羅)가 국호로 사용된 것은 기림이사금대[『삼국유사』 권제1 왕력] 혹은 지증왕 4년으로 전해진다 [『삼국사기』 권제4 신라본기 해당조]. 그러나 4세기 초까지 확보된 세력권을 기존처럼 사로국으로 부를 수는 없다. 경주세력에 의해 장악된 지역을 막연히 진한으로 부르기도 곤란하다. 이에 경주세력의 지배권역을 지칭할 경우 앞으로는 '신라'를 사용하기로 한다. 경주세력만을 지칭할 경우에도 상황에 따라 같은 호칭이 이용될 수 있다.
4) 오혜련, 2000 앞글, p.199.
5) 『삼국사기』 권제17 고구려본기 미천왕 14년, 15년.

중요성이 커졌다. 또한 중국 군현이 주변 세력을 분할하고 특정 세력의 성장을 억제했던 점으로 볼 때[6], 정치체간의 통합이 진전될 가능성도 확대되었을 것이다. 이러한 상황에서 삼국간의 교섭도 점차 상호 경쟁의 형태로 진행되었을 것이다.

여기서 조분 16년 고구려가 북변을 침범한 사실이 주목된다.[7] 이에 대해서는 당시 낙랑·대방군의 존재를 들어 사실로 인정하지 않는 경향이 있다.[8] 그런데 조분대는 실제로는 4세기 초이므로 낙랑군이 축출되거나 그 지배력이 크게 약화된 시기와 일치한다. 이에 당시 고구려의 침범도 충분히 상정될 수 있을 것이다. 당시 서불한(舒弗邯) 우로(于老)가 출격했다가 패해 마두책(馬頭柵)을 지켰는데, 이는 그 사건의 중요성이 매우 컸음을 보여준다.

그런데 4세기 전반까지 전연(前燕)과의 대결에 힘을 기울여야 했던 고구려로서는[9] 한반도 남부를 적극적으로 경영하기 어려운 상황이었다. 이에 고구려는 신라에 대해 군사적 공격을 가하면서도 이면에서는 교섭도 추진했다. 첨해 2년에 양국이 화의를 맺은 것이[10] 그것이다. 4세기 초부터 고구려 방면의 교역체계가 중시된 것은[11] 그 결과물이었다. 경주 월성로 5호에서 출토된 고구려의 녹유소호가<사진 31> 이를 잘 말해준다<사진 32>. 월성로 가-12호의 괘갑(挂甲)에서 고구려 영향이 보이는 것도[12] 이 때문일 것이다.

백제 역시 첨해 9년에 봉산성을 공격한 뒤, 첨해 15년에는 사신을 보내 화의를 청했다가 거절당했다고 한다[13]. 이로 보아 백제

---

6) 권오중, 『낙랑군연구』, 일조각, 1992, pp.152~158.
7) 『삼국사기』 권제2 신라본기 해당조.
8) 那珂通世, 「三韓考」, 『外交繹史』, 岩波書店, 1958, p.157.
9) 여호규, 「4세기 동아시아 국제질서와 고구려 대외정책의 변화 –대(對) 전연(前燕) 관계를 중심으로–」, 『역사와 현실』 36, 2000, pp.39~46.
10) 『삼국사기』 권제2 신라본기 해당조.
    첨해대에 고구려와 국교를 통했다는 것도[『삼국유사』 권제1 왕력] 이 사실을 가리킬 것이다.
11) 이현혜, 1988 앞글, pp.167~169.
12) 박광열, 「신라 적석목곽묘의 개시에 대한 검토」, 『경주사학』20, 2001, pp.50~52.

와 신라는 교섭을 확대하면서도 각각 한강 상류와 낙동강 상류에 대한 통제권을 놓고 서로 견제했다고 생각된다.

이처럼 외부세력과의 교섭이 본격화하면서 경주세력은 진한 소국을 보다 확실히 장악할 필요가 있었다. 그렇지 않으면 기존의 통제권조차 상실할 가능성이 커졌기 때문이다. 4세기

〈사진 31〉 경주 월성로 가-5호 녹유소호

초의 정복활동은 바로 이러한 변화에 대응하는 조처의 하나였던 것이다.

대내적인 차원에서는 다음 사료가 중요한 시사점을 제공하고 있다.

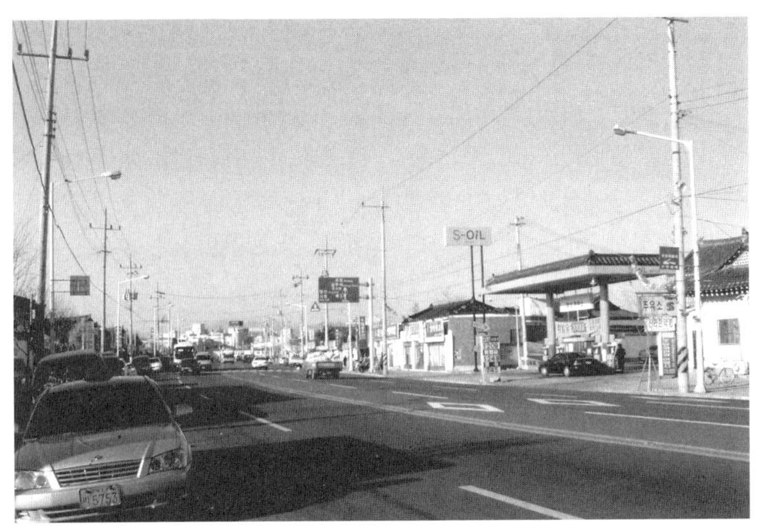

〈사진 32〉 월성로 고분군 가지구 현재상태

---

13) 이상 『삼국사기』 권제2 신라본기 해당조.

다-5) 노례왕(弩禮王) …… 처음으로 여사(犁耜)와 장빙고(藏氷庫)를 만들고 수레를 제작했다. 건호(建虎) 18년[42] 이서국(伊西國)을 정벌해 멸망시켰다. 이 해에 고구려 군사가 침입해 왔다[『삼국유사』 권제1 기이 제1].

위에 의하면 노례대(弩禮代)에 처음으로 여사(犁耜)가 제작되었다고 한다. 여기서 이서국(伊西國)을 정벌하고 고구려의 침입을 당한 시기는 제3대 유리대(儒理代)[24~57]보다는 제14대 유례대(儒禮代)[284~298]의 일로 보아야 합리적이다. 그렇다면 위 사료는 실제로는 4세기 전반-중엽의 상황을 반영할 것이다[14].

당시 신라는 이서국을 정벌해 멸망시켰다. 그런데 유례 14년 이서국인(伊西國人)이 경주로 침입했다고 하므로[15], 이서국은 유례대 말경에 정복되었다고 볼 수 있다. 그렇다면 위 사료는 기존의 정복활동이 지속되면서 신라 국가의 경제적 통제기능이 확대되었음을 시사한다.

당시 우경(牛耕)이 보편되었다고 보기는 어려우므로, 여기서 말하는 여사는 우경용 보습이[16] 아니라 목곽묘기부터 출토되는 U자형 가래날에 가까울 것이다[17]. 또한 '최초로' 제작되었다는 것은 국가적인 차원에서 대량 제작되기 시작했음을 의미한다. 문제는 그 사회적 의미가 무엇인가 하는 점이다. 기존 연구에서 철제 농기구의 보급은 주로 4~5세기[18] 혹은 4~6세기의 장기적인 현상으로 다루어졌으며, 이 과정에서 거수층(渠帥層)과 호민층(豪民層)의 분화에 따른 소국집단의 해체가 강조되었다[19]. 4세기 후반

---

14) 이는 미추이사금이 4세기 전반경에 재위한 사실을[제3장 주2] 고려한 것이다.

15) 『삼국유사』 기이 제1 미추왕 죽엽군.

16) 양승필, 「철제농기구 소유변화에 대한 검토」, 『신라문화』12, 1995, p.6.

17) 이는 사람이 끄는 초기 형태의 기경구[이현혜, 『한국 고대의 생산과 교역』, 일조각, 1998, p.61] 혹은 말굽쇠형 따비날이나 쇠삽날로 이해되고 있다[이현혜, 「삼한사회의 농업 생산과 철제 농기구」, 『역사학보』126, 1990, pp.61~62].

18) 이현혜, 「삼국시대의 농업기술과 사회발전-4~5세기 신라사회를 중심으로-」, 『한국상고사학보』8, 1991.

19) 전덕재, 「4~6세기 농업생산력의 발달과 사회변동」, 『역사와 현실』1990년

경 간층을 중심으로 한 U자형 삽날과 살포의 보급 확대가 주목되
기도 했다[20]. 고총고분을 중심으로 할 때, 이는 대체로 타당하다
고 여겨진다. 다만 필자는 본장에서 다루는 4세기 전반–중엽에
한정해 철기 생산과 보급의 의미를 간단히 정리하려 한다.

당시의 철제 농기구는 목곽묘 발생기와 마찬가지로 부, 도자,
겸을 위주로 했다. 농업생산력에 근본적인 영향을 끼치는 기경구
(起耕具)를[21] 보면, 가래날이 복천동 21·22호에 한정되고 있다
<사진 33><별표 4·5>. 이 점만 고려하면 철제 농기구의 보급
은 질적인 변화 없이 양적으로 위축된 것처럼 보인다.

그런데 3세기 말까지 크지 않았던 철겸의 비중은 도자에 가
깝게 확대되었다<별표 4>. 일반 공구로도 이용될 수 있는 도자와
달리, 철겸은 거의 수확용이었다. 이러한 농기구의 수요 확대는
단순한 편의성보다는 수확량의 증가를 반영할 것이다. 그렇다면

〈사진 33〉 부산 복천동 22호 가래 및 철부

제4호, pp.31~32.
김재홍, 1991 앞글, pp.18~23.
20) 이희준, 1998 앞글, pp.177~180.
21) 이현혜, 1990 앞글, pp.50~52.

철제 농기구의 질적인 발전은 미미했으나, 그 보급의 양적인 확대
는 지속되었음을 알 수 있다.

다만 철제 농기구의 보급 수준은 계층별로 일정하지 않았다.
월성로 가-6호나 임당 G6호 등에서는 철부가 대량으로 부장되었
으며, 복천동 31·32호, 21·22호에서는 도자가 대량으로 출토되었
다. 여기에는 철정(鐵鋌)이나 철모도 집중 부장되었다<별표 4·
5>. 당시에도 간층이 철기를 대량으로 부장하는 현상은 더욱 심
화된 것이다. 이러한 상황에서 위세품으로서의 갑주류의 보급은
더욱 확대되었다. 나아가 최고 위세품은 금은 제품으로 변화했다
<별표 4·5>. 이에 따라 철제 농기구는 위세품으로서의 상징성을
일정 부분 상실한 것이다.

그런데 간층 묘곽에서 떨어진 임당 E44호, E38호나 신흥리고
분군의 중심부에서 벗어난 묘곽들에서는 철기가 양적으로 두드러
지지 못하고 있다<사진 34>. 그 위치로 보아 이는 호민층의 상황
을 보여줄 것이다. 읍락 간층에서도 별다른 변화가 없으며, 대구
서변동이나 울산 조일리처럼 따비 정도가 부장되는 정도이다<별
표 4>. 호민층의 따비 보유와 함께 이는 기존과 같은 현상이다.

읍락지역인 조일리 2호, 10호, 11호, 24호에서는 철정이 1~4
점씩 출토되고, 10호에서는 철 덩어리가 조사되었다. 이들은 대개
농기구와 무기를 몇 점씩 부장한 점으로 보아 호민층을 포함했을
것이다22). 그 만큼 읍락 단위에서도 철소재의 보급과 완제품의 생
산이 확대되었음을 알 수 있다. 이러한 상황에서 철소재가 읍락집
단의 위세품으로서 중시된 것이다.

당시에도 철기 완제품의 생산은 지역마다 독자적으로 이루어
졌다23). 부산 낙민동 유적에서 기존의 용해·정련·단야 작업이

---

22) 이러한 유형은 호민층과 소수의 자영농민으로 추정되고 있다[이현혜, 1998
앞책, p.152].
23) 이는 시기적으로 다소 내려오는 부산 복천동, 양산 북정리, 창녕 계성, 대
구 옥수동 등에서 조사된 대장공구를 통해서도 알 수 있다[국립청주박물관,
『철의 역사』, 1997, pp.33~34, p.97 및 김용성, 1999 앞책, p.329].

<사진 34> 경산 임당 E-38호 철모, 유자이기, 철부, 철겸

지속된 점이나[24] 복천동 46호에서 조사된 철제 집게 등이 이를 말해준다<별표 4>. 임당유적에서도 목제 판갑(板甲) 틀이 출토되어 국읍지역이 일종의 완결된 경제적 단위를 이루었음을 보여주고 있다[25]. 다만 황성동유적에서 제철작업이 지속된 점을 고려할 때, 경주세력은 여전히 철소재와 완제품의 생산을 주도했을 것이다. 국가적인 차원에서 철제 농기구 완성품의 생산이 강조된 것은 [다-5] 이러한 상황을 반영한다. 기존 철소재와 중간소재의 생산·보급에 대한 통제권이 확대되지 않으면, 이것 역시 실현되기 어려운 일이었다.

이상과 같이 4세기 전반에도 철제 농기구의 보급이 점차 확대되었으며, 신라 국가가 이 과정을 주도했다. 그렇다면 당시의 정복활동은 이러한 이익을 극대화하는 한편 중국 군현의 축출이라는 대외적인 환경에 대처하려는 노력으로 평가될 수 있다. 이에 따라 소국집단에 대해 보다 효과적인 통제장치가 요구되었을 가

---

24) 국립중앙박물관, 『동래낙민동패총』, 1998, p.29, p.231.
25) 장용석, 「임당유적의 공간구성과 그 변화」, 『한국상고사학보』37, 2002, p.71.

능성이 크다. 자연히 기존의 거점지배도 일정한 변화를 요구받게
된 것이다.

2. 거점성의 기능 변화

조분·첨해대의 정복활동이 기존의 거점지배에 일정한 변화
를 초래했다면, 그 구체적인 내용이 무엇이었는지 의문으로 떠오
른다. 여기서 거점성의 기능은 이를 확인하는 단서가 될 것이다.
이에 본절에서는 4세기 전반경 거점성의 기능이 어떠했는지 다루
고자 한다.

기존 거점성의 전략적 가치는 이 시기에도 유지되었다. 내해
29년에 구축된 봉산성(烽山城)이[26] 미추 5년에도 보이고 요거성(腰
車城)이 후대까지 이용된 점은[27] 이를 말해준다. 조분(助賁) 16년
고구려의 침입을 방어한 마두책(馬頭柵)처럼[28] 새로운 방어거점도
확보되었다[29]. 이상은 군사활동을 중심으로 기록되었으나, 거점성
의 기능이 여기에 한정되지는 않았다. 이와 관련하여 사도성(沙道
城)의 사례가 주목된다.

다-6) 사도성(沙道城)에 순행하여 수졸(戍卒)을 위로했다[『삼국
사기』 권제2 신라본기 아달라이사금 9년].

다-7) 가을 7월 이찬(伊湌) 우로(于老)가 사도에서 왜인과 싸웠
는데, 바람을 타고 불을 놓아 배를 불태우니 적이 물에 이르러 모두
죽었다[『삼국사기』 권제2 신라본기 조분이사금 4년].

---

26) 이곳이 봉화군 달봉산이나 영풍군 박봉산(璞峰山)이라는 견해가 있으나[이
　　강래, 「신라 내이군고」, 『신라문화』13, 1996, p.340], 확실하지는 않다.
27) 『삼국사기』 신라본기 미추이사금 5년 및 진덕왕 2년.
28) 『삼국사기』 권제2 신라본기 조분이사금 16년.
29) 첨해 9년에 익종(翊宗)이 괴곡(槐谷) 서쪽에서 백제와 싸우다 죽었다 하는
　　데, 미추 17년에는 괴곡성이 신라의 성으로 기록되었다[『삼국사기』 권제2
　　신라본기]. 그러나 이는 신라가 소백산맥 너머로 세력을 확장한 이후의 사
　　실을 반영할 것이다.

다-6)에 의하면 아달라 9년[162]에 수졸(戍卒)이 사도성을 지켰다고 하는데, 그 위치는 불분명하다. 다만 왜인에 대한 방어가 부각된 점과 '사도(沙道)'라는 어의로 보아 이 성은 원래 동해안 쪽의 방어에 비중을 두었을 것이다. 그런데 조분대에는 사도가 성(城) 자체가 아니라 그 부근의 해안지역을 가리키고 있다[다-7]. 성과 인근지역이 같은 명칭으로 불렸다면, 주변지역에 대한 성의 대표기능이 확대되었음을 알 수 있다. 다음 사료는 이를 보다 구체적으로 전하고 있다.

다-8) 가을 2월 사도성을 개축하고 사벌주(沙伐州) 호민(豪民) 80여가(餘家)를 옮겼다[『삼국사기』 권제2 신라본기 유례이사금 10년].

위 사료에 의하면 유례 10년 기존의 사도성이 개축되었다. 이곳은 유례 9년 왜병의 공격으로 함락된 바 있으므로[30], 사도성의 개축은 그 재발을 방지하기 위해 이루어졌을 것이다. 이것 자체는 군사적 방어기능이 여전히 중시되었음을 보여준다.

그런데 당시 사도성으로 옮겨진 사벌주 호민 80여가는 다-6)의 수졸과 분명히 비교된다. 이들도 유사시에는 군사적 방어에 동원될 가능성은 있었다. 그러나 이들을 이주시킨 목적은 성의 운영을 위한 인적·물적 기반의 확보에 있었다[31]. 이들은 사도성 인근 읍락에 정착하여 이러한 역할을 수행했을 것이다. 그 역할을 사벌주 호민들이 처음으로 했다고 보기는 어렵다. 사도성 인근의 기존 읍락인들에 의해서도 이러한 역할이 수행되었으리라 짐작된다. 사벌주 호민은 이를 보완하는 데 이용된 셈이다. 그렇다면 이전부터 인근 읍락집단은 사도성에 소속되어 그 운영의 기반이 되었던 것이다.

이상의 추론이 인정된다면, 다-7)의 사도는 사도성뿐만 아니라 인근의 해안지역과 읍락들까지 포함해 언급한 것이다. 적어도

---

30) 『삼국사기』 권제2 신라본기 유례이사금 9년.
31) 80여가(餘家)가 일반 민호까지 포함했다고 보기도 한다[문창로, 『삼한시대의 읍락과 사회』, 신서원, 2000, p.215]. 그런데 가(家)가 호민으로 대표되는 다수의 소가계집단이거나 다수의 일반 민호였다면, 실제 인원은 훨씬 많았을 수도 있다.

조분대부터는 사도성이 인근 읍락들을 소속시켜 통제했음을 알수 있다. 기존의 성이 점차 주변 읍락들에 대한 통치거점으로 변화한 것이다. 다만 이는 경주 인근의 사례이므로 다른 지역에도 적용되었는지는 여전히 문제로 남는다.

여기서 위 사료의 사벌국인(沙伐國人)들이 다시 주목된다. 그 호민 80여가가 동해안까지 이주될 정도였다면, 이를 뒷받침할만한 지배력이 사벌국에도 행사되었을 가능성이 크기 때문이다. 사벌국은 이미 첨해대에 멸망한 뒤 '주(州)'로 편성되었다고 한다. 후대의 용어로 표현되었지만, '주'의 편성은 실제로는 일정한 지배력의 확보과정을 묘사한 것이다. 사도성이나 다른 거점성과 비교할 때, 이곳에도 일정한 통치거점이 존재했을 개연성이 있다. 당시까지 사벌국의 국읍에 거점성이 설치되었다는 근거는 찾아지지 않는다. 다만 상주 동쪽에는 이미 요거성이 확보되어 있었다. 위와 같은 지배력을 행사하는 데 실질적인 역할을 했던 거점은 바로 이 성이었을 것이다. 그렇다면 사벌국에서도 기존 거점성이 개별 소국에 대한 통치기능을 확대한 것이다.

이에 비해 다음 사료는 축성의 동기와 성의 기능에서 좀 더 적극적인 사례를 보여준다.

다-9) 봄 2월 달벌성(達伐城)을 구축하고 나마(奈麻) 극종(克宗)을 성주로 삼았다[『삼국사기』 권제2 신라본기 첨해이사금 15년].

위에 의하면 첨해 15년[261]에 달벌성(達伐城)이 축조되고 이곳에 성주가 파견되었다. 그런데 이곳으로 추정되는 대구 달성(達城)의 <사진 7·35-①>기층(基層)에서는 경주 황남동 109호 3·4곽의 것과 유사한 고배가 출토되었다<사진 35-②>[32]. 이 토기의

---

32) 윤용진, 「한국초기철기문화에 관한 연구—대구지방에서의 초기철기문화」, 『한국사학』11, 1990, p.125.
　　달성 하 Ⅲ층에서는 짧게 자른 목주(木柱)가 여러 개 발견되었는데, 이는 목책(木柵)으로 볼 수 있을 만큼 규칙적이지는 못하다[윤용진, 앞글, p.110, p.116]. 이에 달벌성이 현재의 달성(達城) 이전에 구축된 소규모 목책일 가능성은 일단 희박하다고 생각된다.

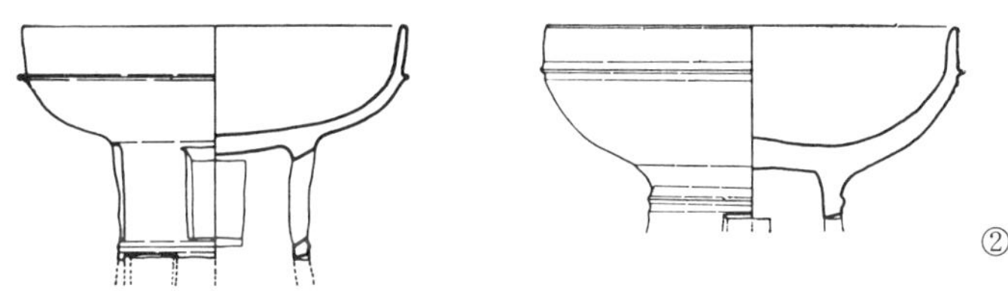

〈사진 35〉 ① 달성 입구 좌우측 성벽, ② 달성 성기층 출토 토기

편년을 고려한다면, 그 축조 시기는 4세기 전반~중엽으로 볼 수 있다[33]. 이 시기는 필자가 첨해대를 4세기 초경으로 보는 것과는 약간 차이가 있다. 이 중에서 어느 쪽을 취해야 하는지는 정확히 말하기 어렵다. 다만 양자를 모두 고려한다면, 달벌성은 대체로 4세기 전반~중엽에 구축되었을 것이다.

　이 성은 금호강과 낙동강의 합류지에서 멀지 않으므로, 금호강유역-경주의 선을 방어하는 데 목적을 두었을 것이다[34]. 이러

---

33) 황남동 109호 3·4곽에 대해서는 4세기 전반으로 보는 견해가 있으나[최병현, 1992 앞책, 도51], 이희준은 <사진 35-②>의 토기를 이용해 달벌성의 축조시기를 4세기 중엽으로 보았다[1998 앞글, p.212].

34) 달벌성의 구축 목적과 관련하여, 주변의 일정 영역에 대한 통치[이종욱, 1982 앞책, p.250], 달구벌의 정치·군사적 비중 확대[주보돈, 1996『한국고

한 특징 자체는 기존 거점성과 다르지 않다. 다만 그 위치가 대구 분지 내의 두드러진 지점으로서 국읍지역인 점도 중시되어야 한다. 그렇다면 달벌성의 구축은[35] 국읍지역과 그 지배집단을 장악하는 데에도 중요한 목적을 두었을 것이다. 이 성은 기존 거점성에 비해 소국 단위 통치거점의 비중이 컸다고 볼 수 있다.

이처럼 4세기 초 이후 거점성은 숫적으로 증가하면서 기능이 변화해 갔다. 기존 거점성이 개별 소국이나 주변 읍락들에 대한 지배거점으로 변하거나 국읍지역에 새로운 성이 구축되어 소국을 통제하기도 했다. 이러한 현상은 경주 인근지역으로부터 외부지역으로, 그리고 기존 거점성이 확보된 지역으로부터 그 주변지역으로 확산된 것이다.

3. 국성체제의 편성

4세기 초 이후 거점성의 수와 기능이 확대되었지만, 대상 범위는 제한적이었다. 그러면서도 사로국의 정복활동이 본격화되면서 진한지역은 거의 단일한 지배권역으로 편입되었다. 이러한 상황에서 거점성의 설치 여부는 개별 소국을 일정하게 편성하는 데 중요한 기준이 되었을 것이다. 본절에서는 그 차이를 고려하면서 새로운 지배질서의 출현 여부를 파악하기로 한다.

이 문제와 관련하여 주목되는 것이 순행의 본격화이다. 먼저 다음 사료를 보자.

다-10) 봄 2월 동쪽으로 순행하여 망제(望祭)를 지냈다. 3월 황산(黃山)에 순행하고 나이 많거나 가난하여 스스로 생활할 수 없는

대사논총』8 앞글, pp.125~126], 낙동강 이동으로 유통되는 물자에 대한 통제[김용성, 『대구·경산지역 고총고분의 연구』, 영남대학교 박사학위논문, 1997, p.221] 혹은 백제와의 전쟁 대비와 주변의 복속소국들을 통제하는 중간거점의 역할[강종훈, 2000 앞책, p.148] 등이 강조되었다. 이처럼 달벌성이 다벌국 주변지역에 대해 통제기능을 했던 점은 충분히 인정된다.

35) 나마 극종을 대구 비산동·내당동 지역의 주수로 보기도 하지만[이우태, 1991 앞글, p.32], 성주의 파견 자체를 부정할 수는 없다.

자를 위문하고 이를 진휼했다[『삼국사기』 권제2 신라본기 미추이사금 3년].

다-11) 봄 2월 국서제성(國西諸城)을 순무(巡撫)했다[『삼국사기』 권제2 신라본기 미추이사금 23년].

위 사료에 의하면, 미추이사금은 황산(黃山) 즉 물금지역뿐만 아니라 동해안과 국서(國西)의 여러 성을 순행했다. 이는 정복소국에 대해 적극적 지배의 의지를 과시한 것으로 해석될 수도 있다. 반면 당시 이처럼 순행이 본격적으로 이루어졌다는 것은 납득하기 어려운 측면도 있다. 이에 위 순행이 진한 소국과의 관계에서 가지는 실제 의미가 무엇인지 궁금해진다.

우선 물금 방면에는 이미 3세기 후반경부터 거점성주가 파견되어 인근 소국들을 통제해 왔다. 그렇다면 미추이사금이 이곳을 순행했다는 점은 어느 정도 타당성을 가질 것이다. 물론 당시 백성에 대한 위문과 진휼이 실제로 이루어졌는지는 의문이다. 그러나 백성들의 생활 상태에 대한 관심이 강조된 것은 거점성의 지배력이 점차 소국 내부로 침투했음을 보여줄 것이다. 이에 물금의 거점성은 주변지역을 통제하는 동시에 개별 소국에 대한 통치거점으로서의 기능을 수행하게 된 것이다.

망제(望祭)가 이루어진 동해안은 사해(四海) 제사가 이루진 영일지역일36) 가능성이 크다. 아달라대에 간층의 일부가 본거지로부터 이탈한 점에서 보듯이, 이 지역은 비교적 일찍부터 사로국의 통제를 받았다. 또한 이 방면에는 사도성이 주변 읍락을 통제했다.

국서(國西)의 성들 중에는 달벌성이나 요거성이 유사한 기능을 수행한 바 있다. 골벌국은 거점성 기사를 전하지 않는다. 그러나 '군'의 편제가 전해지고 주수집단이 제거된 점으로 볼 때, 이 소국에서도 유사한 편제가 이루어졌다고 생각된다.

---

36) 『삼국사기』 권제32 잡지 제1 제사 중사(中祀).

　　이상의 성들은 거점성인 동시에 특정 소국에 대한 지배거점의 비중이 컸다. 해당 소국들은 사실상 지방통치 단위로서의 성(城)으로 편성된 것이다. 미추이사금의 순행은 이러한 지배 상태를 확인하는 데 목적을 두었다고 볼 수 있다.

　　반면 감문국은 정복된 뒤 군(郡)으로 편성되었다고 하지만, 구체적인 지배형태는 확인되지 않는다. 다음 기사들도 유사한 사례를 보여준다.

　　다-12) 봄 정월 압독(押督)에 행차하여 빈궁(貧窮)한 자들을 진휼했다. 3월에 압독으로부터 돌아왔다『삼국사기』 권제1 신라본기 파사이사금 27년].

　　다-13) 지미왕시(祇味王時)에 압량소국(押梁小國)[혹은 압독소국]을 정벌해 취해서 군(郡)을 설치했다. 경덕왕(景德王) 때 이름을 바꾸었으니 지금의 장산군(章山郡)이다『삼국사기』 권제34 지리1 양주 장산군].

　　사료 다-12)에 의하면 파사 27년 이사금은 압독국에 장기간 순행했다. 이는 압독국이 사로국의 교역권에 편입된 파사 23년의 상황과 연속된다는 점에서 주목된다. 특히 이사금의 장기간 순행과 진휼은 이 지역에 대해 상당한 지배력이 확보되었음을 보여준다. 이는 최소한 압독국이 사로국에 실질적으로 복속한 이후의 상황을 반영할 것이다. 그러나 이러한 지배력이 불과 4년여만에 확보되었다고 보기는 어렵다.

　　이러한 문제점은 압독국이 지마대(祇摩代)[112~134]에 정복되고 군(郡)으로 편성되었다는 기록에서도 드러난다[다-13]. 이와 관련하여 파사 23년과 지마대 중 어느 한 시기에 압독국이 복속했다는 설과37) 두 사건에 동반된 지배의 성격이 달랐다는 설이38) 제시되었다. 그런데 위 사료들은 서로 시기를 달리하며, 『삼국유사』 왕

---

37) 이종욱, 1982 앞책, p.85.
38) 이형우, 「사로국의 성장과 압독국」, 『수촌박영석교수화갑기념한국사학논총』 상, 탐구당, 1992, p.106.

력(王曆)에서도 지마대에 압독국이 멸망했다는 내용이 보인다. 또한 '정벌해 취했다'는 점이 특별히 강조되고 있으므로, 지마대의 정복기사는 새로운 차원의 지배력이 확보된 상황을 반영할 것이다.

다만 이것이 실제로 지마대의 사실인지에 대해서는 의문이 있다. 경주와 경산 사이에 위치한 골벌국(骨伐國)의 주수(主帥)는 조분 7년에 가서야 경주에 와서 항복했다[다-2]. 그런데 장기간 순행이나 무력 정복, 그리고 이러한 상태의 유지는 적어도 국읍집단의 반발을 억제할 수 있는 지배력을 전제로 한다. 영천지역이 장악되지 않은 상태에서 이러한 지배력의 행사는 사실상 불가능한 일이었다[39]. 다만 앞서 언급했듯이, 골벌국은 이미 벌휴대까지는 사로국에 복속해 있었다. 또한 위 사료들은 낙동강 상류방면이나 하구방면으로의 진출과 별개로 기록되었으며, 사료상으로도 금호강 하류쪽으로의 진출이 더 늦게 되어 있다. 그렇다면 압독국에 대한 실질적인 진출은 낙동강 상류나 하구에 대한 통제권을 기반으로 이루어진 셈이다. 자연히 그 시기는 대체로 3세기 후반 이후로 볼 수 있다.

그러나 이것만으로는 그 하한(下限)을 파악할 수 없다[40]. 여

---

39) 압독국이 골벌국보다 먼저 정복되었다는 문제와 관련하여, 골벌국 세력이 사로국에 견줄 만큼 두드러진 점[이형우, 1992 앞글, p.105], 압독국에 대한 병합이 종전의 지배체제를 인정하는 불완전한 복속이었다는 점[이형우, 2000 앞책, p.177] 혹은 골벌국이 이미 친신라적이었다는 점이 강조되었다[방용안, 「실직국에 대한 고찰」, 『강원사학』3, 1987, p.58]. 그런데 압독국은 적어도 일성 13년부터는 소국집단이 제거될 정도의 지배를 받았다고 전한다[다-15]. 이 정도의 지배는 최소한 골벌국이 복속한 뒤에야 가능했을 것이다. 경산, 영천, 경주는 평탄한 길로 연결되며, 그 남북쪽은 산지로 되어 있다. 그러므로 사로국이 경산으로 통하려면 영천을 거치는 것이 가장 합리적이다. 만약 사로국이 다른 방면의 통로를 확보한다면 이러한 문제가 무시될 수도 있다. 이러한 길을 『대동여지도』에서 찾으면, 오늘날의 건천읍 모량리에서 구룡산 남쪽의 고개들을 지나거나 구룡산의 북쪽 사룡산의 남쪽을 지나 하양으로 통하는 길도 있다. 실제 지형에서 이 길들은 매우 험하게 되어 있다. 한편 사룡산 북쪽의 나고개를 지나 대창을 거쳐 하양으로 빠지는 길도 있다. 이 구간은 길이는 짧은 편이나 경사가 심하여 역시 험한 편이다. 이 길들이 정복이나 일시적 교류 혹은 동맹관계에 이용될 수는 있다. 그러나 이는 사로국이 경산지역을 장기간 통제하는 데에는 부적당할 것이다. 그렇다면 사료 다-13)을 지마대의 사실로 볼 수는 없을 것이다.

기서 인근에 위치한 다벌국의 상황은 이 문제를 파악하는 데 도움이 될 것이다. 먼저 다음 사료를 보자.

다-14) 여름 5월 물난리가 크게 일어나 백성들이 굶주리니, 사신을 10도(道)로 보내 창고를 열어 진급(賑給)했다. 군대를 보내 비지국(比只國), 다벌국(多伐國), 초팔국(草八國)을 아울렀다[『삼국사기』 권제1 신라본기 파사이사금 29년].

위에 의하면 신라는 파사 29년에 비지국(比只國)[창녕], 초팔국(草八國)[초계]과 함께 다벌국(多伐國)[대구]을 정복했다고 한다. 이는 파사 27년의 압독국 순행에 이어 기록되었으므로 그 뒤의 상황을 반영할 것이다.

여기서 압독국은 연관되지 않았다. 이는 다벌국이 원래 압독국과 다른 세력권에 속했음을 알려준다[41]. 인접한 소국 사이에 이처럼 입장의 차이가 컸던 이유는 무엇일까. 다벌국은 낙동강유역

---

40) 내해 23년 백제가 장산성(獐山城)을 공격했다는 기사를[『삼국사기』 신라본기 해당조] 존중하면[주보돈, 1996 『한국고대사논총』8 앞글, p.125], 압독국은 그 이전에 신라에 병합된 셈이다. 그런데 장산성은 태종무열왕 3년[656] 혹은 4년[657] 김인문에 의해 구축되었다고 한다. 이 때 쌓은 것이 개축인지 신축인지, 그리고 이것이 내해 23년 기사의 장산성과 같은 것인지는 명확하지 않다. 그런데 장산성은 경산시 용성면과 남산면의 접경에 위치하며, 총면적 140,435㎡의 퇴뫼식 산성이다. 이곳은 용성면, 자인면, 진량면, 하양읍, 경산 시내 등을 조망할 수 있는 국방상의 요지이며, 이곳에서는 삼국시대의 회청색 도질토기와 적갈색 연질토기가 조사되었다[김약수, 「장산성위치고」, 『경산문학』2, 1986, p.208 ; 대구대학교박물관, 『경산용산성지표조사보고서』, 1993, pp.24~25, pp.126~127]. 이 때문에 장산성은 무열왕대에 축조되었다고 추정되고 있다[대구대박물관, 앞책, p.22]. 그러므로 내해 23년 기사가 사로국의 압독국 정복 시기를 알려주지는 못할 것이다.

41) 이와 관련하여 대구의 읍락국가가 먼저 압독국에 복속한 뒤 사로국에 편입되었다는 견해가 있다. 그 근거로서 문헌기록상 압독국의 향방이 뚜렷한 데 비해 대구의 그것은 확인되지 않는 점이 제시되었다[주보돈, 1996 『한국고대사논총』8 앞글, p.109]. 이 경우 사로국이 압독국을 복속시키는 과정에서도 어떤 형태로든 다벌국이 연관되었을 것이지만, 이러한 흔적은 찾아지지 않는다. 일단 사로국의 세력권(勢力圈)이 확대되는 상황에서 양 소국이 서로 연계했을 가능성은 상정될 수도 있다. 그러나 양 소국에 대한 통제과정이 별개로 기록된 점으로 볼 때, 적어도 압독국이 사로국에 복속한 직후에는 다벌국은 다른 세력권에 속했을 가능성이 크다.

에 인접한 조건으로 인해 낙동강 중류 연안에 대한 접근도가 훨씬 컸다. 이에 압독국이 신라에 복속하는 상황에서도 다벌국은 그 연안의 소국들과 결속을 유지했을 것이다. 위 정복기사에서 낙동강 중류 소국들이 함께 등장하는 것은 이를 반영한다.

그러나 이 방면의 합천지역은 6세기에 와서야 신라에 의해 장악되었고[42], 창녕지역은 369년경 왜가 평정했다는 가야 7국의 하나로 등장한다[43]. 이는 최소한 당시까지는 비지국이 가야 소국의 하나로 남아 있었음을 보여준다[44]. 그럼에도 불구하고 이들 소국이 한꺼번에 정복되었다고 한 것은 무엇 때문일까. 이는 다벌국이 정복되는 과정에서 이들이 어떤 형태로든 관련되었기 때문이다.

신라가 골벌국과 압독국을 복속시키면서 다벌국은 적지 않게 압력을 받았다. 여기에 낙동강 하구까지 신라에 의해 장악되면서 이러한 압력은 낙동강 중류 소국들에까지 미치게 되었다. 이는 해당 소국들을 서로 결속시키는 요인이 되었을 것이다. 이에 다벌국은 초팔국, 비지국 등과 결속하여 그 압력에 대처한 것이다.

반면 신라가 진한지역에 대한 통제권을 확대하기 위해서는 금호강과 낙동강의 합류지를 우선적으로 장악할 필요가 있었다. 신라가 군대를 보내어 다벌국을 정복한 목적은 여기에 있었다. 위 3소국은 서로 힘을 합쳐 이를 막으려다 실패했다. 그 결과 이들의 결속이 와해되고 다벌국은 신라에 복속한 것이다. 위 사료에서 3소국이 모두 정복되었다는 것은 이러한 사정을 과장해 표현했다고 볼 수 있다.

그러면 이러한 정복이 이루어진 실제 시기는 언제일까. 이와 관련하여 달벌성이 구축된 4세기 전반-중엽은 중요한 시사점을

---

42) 김태식, 1993 앞책, p.309.
43) 『일본서기』 신공황후 섭정 49년 3월.
　　그 시기는 『일본서기』 기년상 249년이다. 그러나 『삼국사기』 백제본기와 비교할 때, 이 시기의 『일본서기』 기사는 실제보다 약 2주갑 정도 인상되었다고 볼 수 있다.
44) 비자발(比自炑)이 신라로 편입된 시기에 대해서는 4세기 후반설과[주보돈, 1996 『한국고대사논총』8 앞글, p.105] 6세기설이 있다[백승옥, 1992 앞글, p.315].

제공한다. 신라가 다벌국 중심부를 장악해 이 성을 구축하기까지
는 이곳을 정복한 이후에도 적지 않은 기간을 필요로 했을 것이
다. 이에 다벌국에 대한 정복은 적어도 4세기 초까지는 이루어졌
다고 볼 수 있다.

이상과 같이 신라는 4세기 초까지 압독국과 다벌국을 차례로
복속시켰다. 그 목적은 단순한 우호관계의 설정이나 연맹체의 확
대가 아니었다. 압독국에 대한 순행 등으로 볼 때, 그 목적은 이
들에 대한 지배력을 확보하는 데 있었다고 판단된다.

그러나 복속 당시에는 이들 지역에 거점성이 구축되지 않았
다. 예를 들면 비슷한 시기의 압독국에서는 임당토성이 구축되었
다[45]<그림 3>. 이는 2열 영정주(永定柱)를 배치한 목책토성(木柵
土城)인데[46]<사진 36>, 국읍 중심부라는 위치와 인근의 광범위한
주거지로 보아 일종의 국읍성(國邑城)으로[47] 생각된다<사진 37>.
신라가 이를 구축했다는 근거가 없는 이상, 이 성은 압독국 주수
집단에 의해 구축되었을 것이다. 그 통제의 주체도 당연히 주수집
단이었다. 달벌성 구축 이전의 다벌국이나 감문국 등도 이와 유사
했을 것이다.

이러한 국읍성은 외형상으로는 앞서 언급한 거점성과 크게
다르지 않다. 그러나 이는 단위정치체의 중심부로서 자치성(自治
城)의 성격을 유지했다. 다만 신라는 이를 하나의 지배단위로 파
악하고 순행을 실시하는 등 통제권을 행사했다. 이러한 국(國)은
그 자체가 별도의 지배단위가 된 셈이다.

---

45) 그 축조시기는 벽체 내부에서 출토된 승석문 토기편, 연질옹, 도질단경호를
　　고려해 4세기 중반으로 추정되었으나[이재흥·김재철, 「임당토성에 대하여
　　－고대토성의 축조기법에 대한 약간의 검토－」, 『제8회 영남매장문화재연
　　구원 조사연구발표회』, 1998.5, pp.3～15], 4세기(?)[권태용, 「경산 임당 F－Ⅱ
　　지구 주구부건물지」, 『제7회 영남매장문화재연구원 조사연구발표회』, 1997.
　　11, p.51] 혹은 고식도질토기단계라는 견해도 있다[영남매장문화재연구원,
　　『경산 임당 유적 발굴조사－F·G·H·I 지구－』, 1996.9 현장설명회자료, p.3].
　　여기서는 적석목곽묘의 등장 시기를 4세기전반으로 보는 편년관과 그 직전
　　에 임당토성이 구축된 점을 고려했다.
46) 영남매장문화재연구원, 1996.9 앞 현장설명회자료, pp.3～5.
47) 『삼국지』 위서 동이전 한.

〈사진 36〉 임당토성 영정주혈

〈사진 37〉 고산토성 쪽에서 본 임당토성 현황

이상을 통해 기존의 진한 소국은 성(城)과 국(國)으로 구분되면서 신라의 지배단위로 편입되었다. 다만 이러한 편성이 고정된 것은 아니었다. 여기서 압독국의 사례가 다시 주목된다.

다-15) 겨울 10월 압독이 반란을 일으키자 군대를 보내어 토벌해 평정하고 그 나머지 무리를 남쪽 땅으로 옮겼다[『삼국사기』 권제1 신라본기 일성이사금 13년].

위 사료에 의하면 압독국이 반란을 일으키자 사로국이 이를 토벌했다. 이는 이사금의 순행 뒤에 기록되었다는 점에서 주수를 매개로 한 지배가 정착된 이후의 상황을 반영한다. 그렇다면 위 사료는 기존 국(國) 지역에 대한 편성의 변화와 무관하지 않을 것이다.

먼저 위 반란의 배경을 살펴보자. 이것이 외부세력과 연관되었다면, 압독의 반란은 신라의 지배로부터 벗어나 새로운 세력권으로 편입되기 위해 시도되었다고 볼 수 있다. 이 경우 관련세력은 위 사료에 등장했을 가능성이 크며, 사로국은 이들의 연계를 차단하기 위해 압독국을 회유하려 했을 것이다. 그러나 이러한 징후는 찾아지지 않으므로, 이 반란은 주로 압독국과 신라의 관계에서 초래되었다고 볼 수 있다.

우선 기존 주수가 자치권을 인정받은 점으로 볼 때, 당시 사로국은 최소한 이를 축소하려 시도했을 것이다. 이것이 주수에게 위협으로 받아들여진 것이다. 그는 신라의 지배를 거부함으로써 자치권의 확대를 시도했다. 그런데 위 사료에서 이 반란의 주체는 '압독'으로 되어 있다. 이는 주수를 비롯한 지배집단들이 대부분 여기에 동조했음을 보여준다. 그렇다면 간층의 대부분이 신라의 지배에 위협을 느꼈다고 볼 수 있다. 이상의 불만이 위 반란으로 표출된 것이다.

신라는 군대를 보내 이들의 반란을 평정하고 나머지 무리를 경주의 남쪽으로 이주시켰다. 주수도 여기에 포함되었는지는 분명하지 않다. 그렇더라도 그의 지배력은 최소한 무력화되었다고 보아야 할 것이다. 또한 간층의 최소한 일부가 본거지로부터 제거된 것이다.

　여기서 압독국을 정벌해 군(郡)을 설치했다는 기록이 주목된다.[다-13] '정벌해 취했다'는 행위는 압독국의 반란이 토벌되고 간층의 상당 부분이 제거되는 과정과 부합하고 있다. 두 기록은 [다-13·15] 모두 사로국의 지배가 본격화되는 과정을 반영할 것이다. 이를 위해서는 국읍집단을 통제하고 이들의 반발을 지속적으로 억제할 수 있는 장치가 요구되었다. 압독국의 반란시 신라가 진압군을 잔류시켜 국읍성을 장악하거나 이곳에 성주를 파견했다는 사료는 발견되지 않는다. 그러나 형식적인 복속 상태에서는 위와 같은 지배력의 행사는 불가능했을 것이다.

　이와 관련하여 성주 파견 이전의 다벌국은 일정한 시사점을 제공할 수 있다. 이곳에서는 원래 주수의 자치권이 유지되었는데, 신라는 성주를 파견하기 이전부터 이곳에 달벌성을 구축할 수 있었다. 이는 이사금의 대리인이 파견되면서 다벌국에 대한 통제권이 점차 강화되었음을 보여준다. 달벌성주가 파견된 이후에는 그가 실질적인 지배력을 행사했다. 압독국에도 유사한 과정이 진행되었을 가능성이 크다. 그렇다면 달벌성주가 파견된 이후의 어느 시점에는 기존의 국(國)이었던 압독국도 점차 성(城)으로 편제되었다고 볼 수 있다. 다른 지역에서도 유사한 현상이 발견된다.

　다-16) 2월 대증산성(大甑山城)을 쌓았다[『삼국사기』 권제1 신라본기 지마이사금 10년].

　위에 의하면 지마이사금 10년 오늘날의 부산시 부산진구 당감동, 가야동 일대에 대증산성(大甑山城)이[48] 구축되었다. 이 일대

---

48) 최병운은 이를 『대동지지(大東地志)』에 '一云甑城'으로 나오는 울산시 학성동의 학성(鶴城)으로 보았다[1992 앞글, pp.84-86]. 백승충은, 사로국의 계속적인 침입으로 양산지역이 일시적으로 사로 세력권으로 넘어갔다는 전제하에, 대증산성을 양산지역으로 보았다[「1~3세기 가야세력의 성격과 추이－수로집단의 등장과 포상8국의 난을 중심으로－」, 『부대사학』13, 1989, p.11]. 그런데 오늘날의 부산진구 당감동, 가야동 일대인 동평현(東平縣)이 본래 대증현(大甑縣)이었다는 점을[『삼국사기』 잡지 제3 지리1 동래군] 무

는 우시산국(于尸山國)으로 추정되는데, 지마대에 사로국이 이러한 성을 구축했다고 보기는 어렵다. 이는 적어도 낙동강 하구에 대한 지배력이 확보된 이후에 가능했을 것이다. 이것만으로는 대증산성이 구축된 시기를 구체적으로 알 수 없다. 다만 미추대에 신라는 낙동강 하구 방면에 대한 지배력을 과시하고 양산지역 소국집단에 대해 지배력을 확대한 바 있다. 이와 유사한 지배형태가 주변 소국에 대해서도 시도되었을 가능성이 있으나, 성주의 파견 사실은 전하지 않는다. 그러면서도 위 기사는 일정한 시기에는 신라의 통제가 있었음을 보여준다. 이러한 추세는 임당토성과 유사하다. 대증산성 역시 국읍 주수의 자치성으로 구축되었다가 점차 신라의 지배거점으로 변화해 갔을 것이다.

 이상과 같이 국(國)과 성(城)이 지배단위로 편성된 뒤, 성(城)의 비중이 점차 확대되어 갔다. 이 과정에서 국과 성은 이원적인 형태를 띄면서도 하나의 지방통치체제로 편성되었다. 이를 국성체제로 부를 수 있을 것이다. 크게 보면 이것도 일종의 거점지배에 해당한다. 다만 개별 소국에 대한 지배력이 확대되고 진한지역이 실질적으로 신라의 지배체제에 편입되었는 점에서 의미가 있다.

4. 국성체제의 운영

 국성체제는 기존 거점성이 개별 소국에 대한 지배의 비중을 확대한 과정에서 편성되었다. 그렇다면 성의 관리나 소국집단에 대한 통제에서 일정한 변화가 진행되었을 가능성이 크다. 본절에서는 이를 통해 국성체제의 실질적 운영을 밝혀보려 한다.

 우선 지방관의 인적 구성을 살펴보자. 당시의 성주로 확인되는 인물은 달벌성주 극종(克宗)과 봉산성주(烽山城主) 직선(直宣)[49]뿐이다. 이 중 극종의 관등은 나마(奈麻)[경위 11등]로서 파사이사금의 후손인 박제상(朴堤上)과[50] 같다. 이를 중시하면 당시의 성주

시할 수는 없을 것이다. 그러므로 대증산성은 이 부근에 위치했을 것이다.
49) 『삼국사기』 권제2 신라본기 미추이사금 5년.

들도 왕족과 밀접한 인물들로 충원되었을 가능성이 있다. 반면 직선처럼 출신이나 관등이 명시되지 않은 인물은 그렇지 않을 가능성이 크다. 기존 거점성주가 왕족이나 몇몇 우세집단에서 파견된 점과 비교할 때, 성주로 충원된 계층은 크게 변하지 않았다고 볼 수 있다. 그러나 거점성에 대한 관리는 일정한 변화를 보인다. 이와 관련하여 다음 사료가 주목된다.

다-17) 봄 여름에 걸쳐 비가 내리지 않았다. 여러 신하들을 남당(南堂)에 모아 친히 정형(政刑)의 득실을 물었다. 5인의 사자(使者)를 파견하여 백성들의 괴로움과 아픔을 두루 위문하였다[『삼국사기』 권제2 신라본기 미추이사금 7년].

위에 의하면 미추이사금은 남당회의를 통해 사자 5인을 파견하고 백성들의 괴로움을 위문하도록 했다. 원래 남당은 첨해 3년 정사당(政事堂)의 기능을 보강하기 위해 세워졌다[51]. 이제 소국인들의 상황은 이러한 기구에서 정치적인 현안으로 다루어지기 시작했다. 여기서 사자를 파견한 대상은 이사금의 직접 통제를 받는 인물로서 주로 성주였을 것이다. 이들의 통치문제는 정형득실(政刑得失)의 차원에서 국가적인 관심사로 부각되었다. 그 만큼 성주의 역할이 중요시되는 한편 소국집단에 대해 적극적인 통치가 시도되었다고 볼 수 있다. 그러면 그 통치의 내용을 구체적으로 살펴보자.

우선 국(國) 지역을 보자. 거칠산국이나 달벌성 구축 이전의 다벌국, 반란을 일으키기 전의 압독국 등이 여기에 해당한다. 이들에 대해서는 정복 당시에 주(州)나 군(郡)이 편제되지 않았다고 전한다. 주수가 제거되는 현상도 확인되지 않는다. 다만 사로국의 세력권으로 '아울렀다'고만 기록되었을 뿐이다. 이 경우 지배구조

---

50) 『삼국사기』 권제3 신라본기 눌지마립간 2년.
51) 『삼국사기』 권제2 첨해이사금 3년, 5년.
　　정사당(政事堂)에서도 중직자(重職者)들을 모아 말갈에 대한 공격을 논의한 적은 있다[『삼국사기』 권제1 신라본기 일성이사금 9년]. 그러나 정사당에서 지방통치과 관련된 논의가 본격적으로 이루어졌다는 근거는 찾아지지 않는다.

의 변동이나 사로국의 지배력은 상대적으로 미약했을 가능성이 크다. 사료상으로는 더 이상의 내용을 파악하기 어렵지만, 고고자료는 이에 대해서 적지 않은 시사점을 제공하고 있다.

예를 들면 압독국의 임당 ⅠA-1호는 경주 월성로 가-6호와 같거나 이보다 다소 빠른 시기의 간층 묘로서, 은제 중공구(中空球)와 금동 세환이식(細鐶耳飾)을 부장했다<별표 4>. 적은 양이나마 금은제품이 부장된 것은 이 묘곽으로 대표되는 집단이 우세한 세력으로 부각되었음을 보여준다. 또한 당시 금공품의 분포가 경주를 중심으로 일부 지역에 한정된 점으로 볼 때52), 이는 신라가 해당 집단을 지원한 결과였을 것이다.

그 직후 단계의 임당 G5·6호는 경산지역에서는 최초의 고총 고분(高塚古墳)으로서53), 경주 인근에서 발생한 적석목곽묘가 이른 시기에 확산된 사례를 보여준다54). G6호에서는 철모 51점, 철정 49매, 철부 12점 등을 비롯하여 다량의 철기가 조사되었고, G5호에서는 철정 23매, 투구 등 이보다 약간 적은 수량이 출토되었다<사진 38·39><별표 4>. 이러한 부장품은 비슷한 시기의 주변 고분들과 비교되지 않는 수준으로서, 간층 내에서 이 집단이 두드러지게 부상했음을 보여준다.

〈사진 38〉 임당 G5호 투구

---

52) 이희준, 「경주 월성로 가-13호 적석목곽묘의 연대와 의의」, 『석오윤용진교수정년퇴임기념논총』, 동논총간행위원회, 1996, p.307.

53) 이하 장용석, 「경산 임당 G-5·6호분의 성격에 대하여」(『제6회 영남매장문화재연구원 조사연구발표회』, 1997.4]를 참고함. 그는 본 고분을 4세기 후반으로 편년했으나, 이를 5세기 전반으로 보기도 한다[이한상, 「4세기전후 신라의 지방통제방식-분묘자료의 분석을 중심으로-」, 『역사와현실』37, 2000, p.241]. 여기서는 이를 4세기 초로 보는 견해에[한국토지공사·한국문화재보호재단, 『경산 임당유적』Ⅵ본문, 1998, p.434] 따랐다.

54) 김대환, 「영남지방 적석목곽묘의 시공적 변천」, 『영남고고학』29, 2001, p.88.

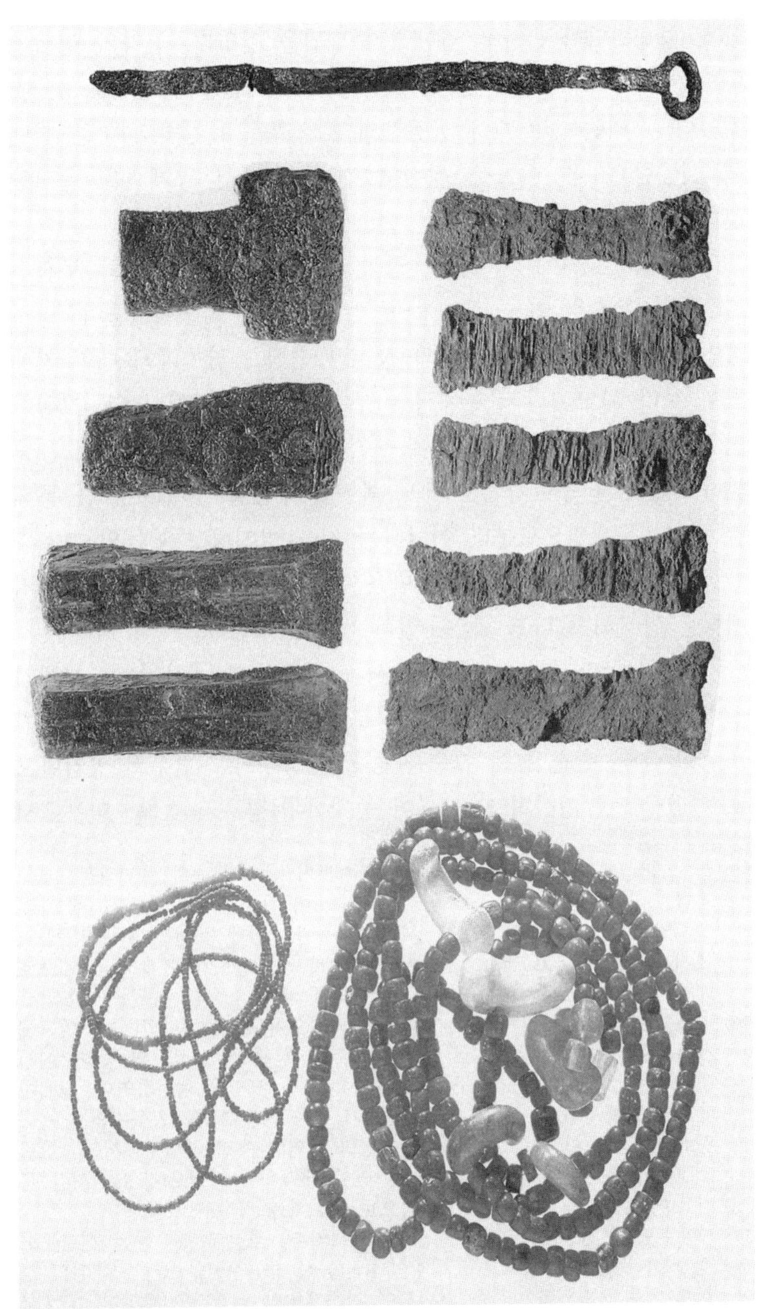

〈사진 39〉 임당 G5 · 6호 환두대도, 철부, 철정, 목걸이

이처럼 4세기 초부터 임당 ⅠA지구와 G지구에 묻힌 집단은 상호 경쟁하다가 G지구 집단이 주도권을 잡았다. 신라의 정복활동으로 보아 위 주도권은 신라의 통제와 지원을 바탕으로 한 것이었다. 신라는 철소재와 금공품의 보급권을 시기별로 다른 집단에 제공함으로써 이들을 적절히 견제시키면서 통제권을 유지한 것이다.

유사한 시기에 이사금이 압독국을 순행한 것도 이와 무관하지 않다. 이것은 어느 집단이 부각된 시기에 이루어졌을까. 명시적인 근거는 없으나, 이사금의 장기간 순행은 압독국에 대한 지배력이 보다 확고해진 상황에서 이루어졌을 가능성이 크다. 그렇다면 이 순행은 상대적으로 뒤에 부각된 G지구 집단의 자치권을 승인하고 권위를 부여하는 데에도 목적을 두었을 것이다. 이를 통해 압독국이 통제권으로부터 이탈하는 것을 방지하고 이들의 협조를 이끌어낸 것이다. 반면 주수집단은 이를 이용해 소국 내에서의 지배력을 확고히 했다고 볼 수 있다

거칠산국의 복천동고분군에서는 <그림 2><사진 4> 4세기 초[55] 이후 간층이 기존의 연립구조를 유지하면서도 세력의 부침을 겪었다[56]. 이를 통해 간층은 능선 중앙부와 선단부의 양집단으로 연립구조를 형성하였다[57]. 이 중에서 철정은 46호 등 일부에서

---

55) 이하에서 제시한 것들은 소위 고식도질토기 단계에 속하는 묘곽들로서 <별표 4>의 인용 자료들을 근거로 했다. 이 단계는 일반적으로 4세기 후반-말로 편년되고 있지만[부산대학교박물관, 「동래 복천동 고분군 제3차 조사개보」, 『영남고고학』7, 1990], 필자는 고식도질토기 단계를 4세기초로 보는 편년관[최병현, 1992 앞책, 도135-1]을 따랐다.

56) 기존의 38호 집단은 71호, 69호로 계승되었으며, 84호 집단의 묘역 인근에서는 86호, 87호, 57호, 56호 등이 이어졌다. 한편 본 고분군의 중앙부에서는[<그림 2>의 **나** 부분] 45호, 48호가 새로운 묘역을 형성하였다. 뒤이어 48호 인근에서 42호, 43호, 44호, 46호가 구축되어 그 주인공들간의 결속이 강화되었음을 알 수 있다. 3세기 말경의 묘역인 능선 선단부에서는[<그림 2>의 **가** 부분] 56호, 65호가 이어지면서 세력을 유지했으며, 88호처럼 옹관묘[90·91호]를 거느리고 고립적으로 분포하는 경우도 있다.

57) 주보돈은 복천동고분군을 3개군으로 나눈 뒤, A군[고분군 능선 선단부의 정상부]이 먼저 조성되고서 이것이 B군[능선 중간부분], C군[능선 위의 정상부]으로 분화되고 A군은 쇠퇴하여 잔존세력만 남겼다고 보았다. B·C군이 동일한 공동체에서 분화된 결과라는 것이다[1997 앞글, p.86]. 복천동 구

만 부장되었으나, 다른 묘곽들에도 갑주와 마구가 적지 않게 부장되고 있다. 농공구의 부장에서도 커다란 우열의 차를 발견할 수 없다. 이는 양집단이 거의 대등한 세력을 이루었음을 보여준다. 거칠산국의 '멸망' 사실로 보아 이 역시 양집단의 경쟁과 이들을 적절히 견제시키는 신라의 통제가 빚어낸 결과였을 것이다[58].

이후에는 54호, 95호가[59] 부각된 뒤 4세기 중엽까지 31·32호, 25·26호, 19·20호, 21·22호가 순차적으로 축조되었다[<그림 2>의 다][60]. 이 중 21·22호에서는 다수의 철정과 도자 22점, 철모 15점 등 철기가 대량으로 조사되었다. 뿐만 아니라 은장(銀裝) 및 금동장(金銅裝) 환두대도와<사진 40> 이식 등의 위세품도 출토되었다. 반면 이로부터 다소 떨어진 93호는 철모, 철촉 외에 기본적인 마구와 농공구만을 부장했다[61]<별표 5>.

이처럼 21·22호로 대표되는 집단은 4세기 전반까지 거칠산국 내에서 우세집단으로 등장했다. 다른 집단은 상대적으로 열등한 세력으로 떨어진 것이다. 이는 계급·계층 분화의 진전 및 신라에 의한 지배 강화의 결과로 해석된 바 있는데[62], 구체적 내용

릉지 선단부의 A군이 점차 분화하여 복천동고분군 전체를 형성했다는 것은 옳은 지적이다. 다만 A집단은 특별히 쇠퇴하기보다는 능선정상을 향하여 점차 이동, 분화해 갔다고 생각된다. 이들이 주로 B군 구역에서 부침을 겪다가 B군의 41호, 50호, 93호 등과 C군의 정상부 묘곽들이 별도의 집단을 이룬 것이다.

58) 이 단계까지 함안계 토기가 부장되는 점으로 볼 때[이희준, 1998 앞글, p.163], 간층의 자율적 교역활동도 인정되었다고 생각된다. 그런데 이러한 토기는 영남 거의 전 지역에서 보이므로[이성주, 『신라·가야사회의 기원과 성장』, 학연문화사, 1998, p.353] 거칠산국만의 특징은 아니다.

59) 부산광역시립박물관 복천분관, 『동래복천동93·95호분』, 1997.

60) 이희준은 31·32호와 25·26호로 시작되는 두 집단이 연립한 상태에서 신라가 이들을 고도의 분리정책으로 조정하여 지배했다고 보았다[이희준, 1998 앞글, pp.164~165]. 그러나 31·32호로부터 북쪽으로 이어지는 묘곽이 연속적으로 구축된 점을 인정하면, 이를 받아들이기는 곤란할 것이다. 이 단계는 4세기 중엽[최병현, 「신라 적석목곽분의 기원 재론」, 『숭실사학』12, 1998, p.27], 4세기 후반[이희준, 1996 『4·5세기 한일고고학』 앞글, p.9] 혹은 5세기 전반으로 편년되고 있는데[신경철, 「신라토기의 발생에 대하여」, 『한일고대문화의 제문제』, 한일문화교류기금, 1986], 이 중에서 필자는 전자를 취하였다.

61) 부산광역시립박물관 복천분관, 1997 앞책.

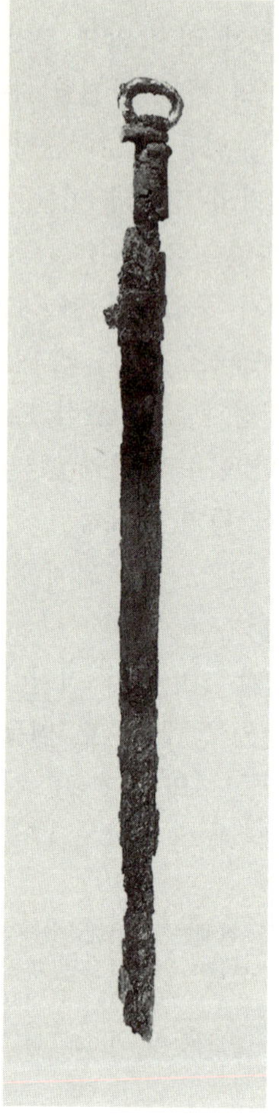

〈사진 40〉 복천동 22호
환두대도

이 정리된 것은 아니다. 이와 관련하여 신라가 기존의 **나**지역 고분집단 대신 신흥집단을 지원했다고 보기도 한다[63]. 그러나 앞의 설명으로 보아 21·22호 집단은 **나**지역 고분집단으로부터 분화되었으며, 다수 집단의 경쟁에서 승리했다고 볼 수 있다.

같은 시기의 경주에서는 각종 금제품이 월성로 가-13호에서 출토되고〈사진 6〉, 이와 다른 집단의 황남동 109호 3·4곽에서도 금환(金環)이 출토되었다〈별표 5〉. 이처럼 경주에서는 최고 왕실집단의 묘역을 벗어난 고분에서도[64] 금공품이 부장된 데 비해, 거칠산국에서는 주수집단에서만 부장되고 있다[65]. 또한 그 직전의 31·32호에 적석목곽묘가 채용된 점으로 볼 때[66], 복천동 21·22호의 금공품은 경주로부터 제공되었을 가능성이 크다[67]. 이를 통해 신라는 거칠산국의 통치권을 21·22호 집단에게 위임한 것이다. 금동장·은장 환두대도는 이를 상징하는 위세품이었다.

조분 13년의 '고타군(古陀郡)'[안동]이나 유례 11년의 '다사군(多沙郡)'은[68] 다소 다

---

62) 주보돈, 1997 앞글, pp.88~89.

63) 이희준, 1998 앞글, pp.164~166.

64) 황남동 109호 등은 경주 고분군 중에서는 중소형급이라 한다[최병현, 1998 앞글, p.19].

65) 이는 경주양식 토기가 대형분에만 부장된 점과도[이희준, 1998 앞글, p.163] 무관하지 않을 것이다. 이희준은 이를 경주의 입김이 이 지역 중심촌(中心村)의 상층부에 머무른 근거로 보고 있다[앞글, p.169].

66) 〈별표 5〉 인용글 참조.

67) 이 시기를 전후하여 경주에서는 착장유물이 정형화되었을 가능성이 제기되었다[김용성, 1998 앞책, p.240].

68) 『삼국사기』 신라본기 해당조.

른 지배형태를 보여준다. 이들은 각각 가화(嘉禾)를 바쳤다고 한다. 해당 지역에서는 성주가 확인되지 않으므로, 그 주체는 소국 주수였을 것이다. 이 공물은 그를 주수로 인정해 준 것에 대한 보상인 동시에 자신의 세력기반을 유지하기 위한 안전장치로 볼 수 있다. 이러한 소국들은 기존의 세력기반을 그대로 유지한 채 사로 국에 형식적으로 복속한 것이다.

그러면 성(城) 지역을 살펴보자. 이들 중 압독국은 군(郡)으로, 사벌국은 주(州)로 편성되었다고 전한다. 그 과정에서 소국이 '멸망' 당하거나 주수집단이 제거되었다[69]. 이러한 지역은 국(國) 지역보다 적극적으로 통제되었을 가능성이 크다[70].

예를 들면 양산 소국은 미추이사금의 순행을 받고 내부 문제에 대해 간섭을 당했다. 이는 기존 거점성주의 통제를 기반으로 한 것이었다. 소국 단위 통치거점이 확보된 지역에서는 내부 문제에 대한 성주의 간섭이 본격화되었음을 알 수 있다.

그러나 간층의 세력은 여전히 인정되었다. 이는 당시의 고분들을 통해 확인된다. 예를 들면 달벌성 인근에서는 4세기 초에 목곽묘가 축조되고서[71] 4세기 후반 이후에는 비산동·내당동 고분군이 몇 개의 군(群)으로 나뉘어 구축되었다[72]. 그 사이의 집단별 계승은 구체적으로 알 수 없으나, 간집단이 연립적 구조로 재편되었을 가능성은 확인된다.

---

69) 사료 다-3), 다-4), 다-15)
70) 소국들을 군(郡)으로 삼았다는 것은 의례적 복속 관계를 좀 더 항구적으로 유지해 가려는 신라의 의지를 반영한다고 설명된 바 있다[강봉룡, 1994 앞글, p.20]. 국(國) 지역과의 관계에서는 이러한 설명이 타당할 것이다. 반면 이들과 차별적으로 편성된 성(城) 지역은 의례적 복속 이상의 통제를 받았을 것이다.
71) 영남대학교박물관, 「달성고분 발굴조사」, 『경산 임당지역 고분군』VI, 2002.
72) 대구직할시·경북대학교박물관, 『대구의 문화유적 - 선사·고대』, 1990, pp.134~135.
함순섭, 「대구 달성고분군에 대한 소고 - 일제강점기 조사내용의 검토 -」, 『석오윤용진교수정년퇴임기념논총』, 동논총간행위원회, 1996.
이희준, 1998 앞글, pp.212~214.

압독국의 임당유적에서도 G5·6호 직후 단계의 유력묘는 보고되지 않았는데, 4세기 후반 이후에는 임당동, 조영동, 부적동 3고분군 주인공들이 최고 지배집단으로서 연립했다[73]. 이 역시 임당 G5·6호 집단 중심의 지배구조가 다수 집단의 연립상태로 변했음을 보여준다. 압독국의 반란사건에서 제거되지 않은 집단들이 3개 간집단의 연립구조를 이룬 것이다.

이처럼 성지역의 간층은 연립구조로 재편된 상태에서 자치적 기반을 유지했다. 이들이 읍락지역의 생산물이나 외부로부터 들어온 물품에 대해 재분배 기능을 수행한 것은[74] 그 예로 볼 수 있다.

그러나 달벌성의 구축 과정에서 확인되듯이, 소국 내에서 최고 결정권은 이사금의 대리인에 의해 장악되었다. 압독국의 경우에도 반란이 진압된 뒤에는 이러한 인물이 파견되었을 것이다. 달벌성주와 비교할 때, 파견 주기나 지배력은 유동적이었을 가능성도 있다. 그러나 그가 분화된 간집단을 통제할 정도였다면, 최고 지배권은 사실상 그에게 장악되어 갔을 것이다[75]. 압독국을 취해 군을 설치했다는 것은 이상의 과정을 반영한다.

골벌국의 경우 주수가 경주 인근으로 와서 정착하였다. 이 때 그를 따랐다는 무리는 백성이라는 견해도 있지만[76], 주수집단의 상당수가 여기에 포함되었을 것이다. 이들이 본거지로부터 제거될 정도였다면, 이곳 국읍에도 최소한 이사금의 대리인이 파견되어야 했을 것이다. 이후에는 다른 집단의 우두머리가 본거지에 남아 지역세력을 대표했으나[77], 그의 지위는 이사금 대리인의 통치를 받

---

73) 김용성, 1998 앞책, pp.333~335.
　　그는 5세기 이후 임당동고분군, 조영동고분군, 부적동고분군 등 3집단을 각각 복수의 가문으로 구성된 간집단(干集團)으로 보았다. 이 고분집단별로 간이 배출되어 서로 연립 내지 교립(交立)하면서 압독국의 최상부를 구성했다는 것이다[앞책, p.346].
74) 김용성, 1998 앞책, pp.329~330.
75) 사로국의 입장에서는 이러한 인물이 점차 성주와 유사한 존재로 파악되었을 것이다. 미추 23년 이사금이 순행한 국서제성(國西諸城)에는 이러한 인물의 근거지도 포함되었으리라 생각된다.
76) 이영훈, 「《화랑세기》에서의 노(奴)와 비(婢)」, 『역사학보』176, 2002, p.12.

는 위치에 머물게 되었다. 호민 80여가가 이주된 사벌국의 경우도 유사한 통제를 받았다고 볼 수 있다.

이처럼 성지역에서는 특정 집단의 우월성이 해소되면서 간층은 소국의 실질적인 지배자이기보다 집단별로 성주나 이사금 대리인의 통치에 협조하는 존재로 변해 갔다. 그러나 이들의 자치적 질서가 인정된 상황에서 성주가 이들을 체계적인 조직으로 편성하지는 못했다. 다만 성주의 지배 대상이 주수를 넘어 간층 내 다수 집단으로 확산된 것이다.

이러한 지배력을 행사하기 위해서는 소국집단의 반발을 지속적으로 억제할 수 있는 장치가 요구되었다. 예를 들면 달벌성주는 일정한 군단을 통솔했을 가능성이 있으나, 구체적인 규모는 알 수 없다. 여기서 봉산성(烽山城)의 사례는 다소나마 참고가 될 수 있다. 미추 5년 백제군이 이곳에 침입하자 성주 직선(直宣)은 장사(壯士) 200인으로 격퇴한 바 있다78). 당시 성주들이 거느린 군단의 규모는 대체로 이를 크게 벗어나지 않았을 것이다. 그러나 모든 성주들이 이 정도의 군단을 거느렸는지는 회의적이다. 이미 내해대부터 국가적인 차원의 전투에서는 경주 인근지역의 군사력이 동원된 바 있으나, 평상시 경주에서 파견되는 군사력은 극히 제한적이었을 것이다. 그렇다면 성주 직선이 거느린 장사들에는 인근 읍락인들도 포함되었을 가능성이 크다. 당시의 성주들은 평소에는 소규모 군단을 거느리다가 필요시에는 인근 소국인들을 통솔한 것이다. 이사금 대리인의 위상에 따라 그 규모는 다양했을 것이다.

그런데 성을 통한 지배는 읍락집단에 대한 그것과도 연관되었을 가능성이 크다. 예를 들면 사도성으로 이주된 사벌국 호민

---

77) 이종욱은 토착세력이 존속해 이들을 통해 지방통치가 이루어지고 군이 설치되었다고 보았다[1982 앞책, p.248]. 여기서 말하는 토착세력은 소국집단의 일부를 가리킨다. 그는 피정복 소국왕을 비롯한 지배세력이 대개 제거되었다고 보았기 때문이다[1993 앞글, pp.59~63]. 필자의 검토로 볼 때, 군의 설치는 정복활동 이후의 점진적인 과정을 통해 실현되었다고 생각된다.
78) 『삼국사기』 권제2 신라본기 미추이사금 5년.

80여가(餘家)가 모두 국읍 출신이었다고 보기는 어렵다. 적어도 일부는 간층을 매개로 읍락지역에서 동원되었을 것이다. 읍락집단에 대한 지배가 적극화되지 않았다면, 이는 불가능한 일이었다. 달벌성처럼 대규모의 성을 구축하는 데에도 읍락인들의 동원이 요구되었다. 그 과정에서도 간층이 매개 역할을 했을 것이다. 그렇다면 성주는 사안에 따라 간층을 매개로 읍락집단에 대한 지배력을 확보한 셈이다. 다만 이사금 대리인의 위상이 낮은 지역에서는 간층의 역할이 상대적으로 컸다고 볼 수 있다.

그러면 국(國)과 성(城)의 차이가 경제적 수탈방식에는 어떻게 반영되었는지 파악해 보자. 예를 들면 조분 13년의 고타(古陀) 지역과 유례 11년의 다사(多沙) 지역은 각각 가화(嘉禾)를 바쳤는데, 그 주체는 성주가 아니라 기존 소국 주수였다. 주수가 형식적 복속의 상징으로서 공물을 바치는 수취 형태는 새로운 것이 아니다. 다만 이는 국지역 중에서도 지배력이 약했던 곳의 사례일 뿐이다.

미추 11년에 이사금이 농사를 방해하지 말도록 명령한 것도[79] 외형상 기존 이사금의 그것과[80] 크게 다르지 않다. 그런데 그 명령의 대상은 각 지의 성주들로 생각된다. 농사 문제가 이들에게 전달된 것은 농업생산물에 대한 수취가 그를 통해 이루어졌음을 의미한다. 또한 성지역에서는 간층이 집단별로 성주의 통제를 받았는데, 이것이 공물의 수취과정에서만 예외였다고 보기는 어렵다. 그렇다면 공물 납부의 주체는 주수로부터 간층 내 집단들로 변화한 것이다. 기존 주수의 공물에 비해 이는 공납적 수취에 가까운 것이었다. 미추이사금이 농사의 중요성을 강조한 것도 이러한 수취를 전제로 했다. 결국 성지역에서는 주수의 공물이 간층의 자치적 질서를 매개로 한 공납적 수취로 변해 간 것이다.

여기에 새로운 형태의 수탈방식이 동반되었을 가능성도 확인된다. 첨해 7년 우로(于老)가 왜왕을 염노(鹽奴)로 삼겠다고 호언한

---

79) 『삼국사기』 권제2 신라본기 미추이사금 11년.
80) 『삼국사기』 권제2 신라본기 벌휴이사금 4년.

것이 그것이다81). 이는 경주의 동해안에서 염노들이 동원되어 소금을 생산했음을 알려준다82). 이 말을 언급한 주체 때문에 그 생산시설은 우로에 의해 사적(私的)으로 소유되었다고 이해되었다83). 그런데 우로의 호언은 사신을 접대하는 이사금의 대리인으로서 이루어진 것이지 개인적인 자격으로 이루어진 것은 아니다. 그 직후 왜의 공격도 우로 개인이 아닌 신라를 대상으로 이루어졌다. 그렇다면 염노를 동원한 주체는 신라였다고 생각된다.

우로의 말로 볼 때, 염노들은 정복 소국인들이나 반란집단으로 충원되었다고 생각된다. 그렇다면 국·성의 편성과정에서 피정복 소국인들이 제염과 같은 사업에 집단적으로 동원되어 노동력을 수탈당한 것이다. 왜의 경우 중심세력이 소금을 구워 각 국(國)에 수여한 사례가 있다84). 양지역을 서로 비교하기는 어렵지만, 신라도 염노를 통해 생산한 소금을 각 지역으로 유통시켜 이익을 취했을 것이다.

이상과 같이 국성체제는 공납적 수취, 집단적 노동력의 수탈, 생산물의 유통을 통해 경제적 이익을 증대시키는 수단으로 이용되었다. 이러한 시기에 국가적으로 수레가 제작된 것은[다-5] 이를 효과적으로 수행하기 위한 조처였다고 판단된다.

이는 국가기구를 정비하는 바탕이 되었다. 예를 들면 첨해 5년에 물장고(物藏庫)가 설치된 것은85) 수취물에 대한 관리가 정청(政廳)의 형태로 분화되어 갔음을 보여준다. 이를 통해 기존의 남당(南堂)에 이어 관부의 분화가 촉진된 것이다. 장빙고(藏氷庫)의

---

81) 『삼국사기』 권제45 열전 제5 석우로(昔于老).
82) 10세기 중엽 이전의 제염은 해수직자식(海水直煮式)에 의존했다고 한다[박남수, 『신라수공업사』, 1996, p.87]. 조선시대의 경우 염은 흥해, 기장, 장기, 영일로부터 동래, 거제, 칠원, 웅천 등에 걸쳐서 생산되었다[『신증동국여지승람』 경상도 ; 신지현, 「염업」, 『한국사』24, 국사편찬위원회, 1994, p.373]. 이러한 상황이 4세기 전반의 동해안에서도 적용될 가능성은 있지만, 아직은 구체적으로 말할 수 없다.
83) 조법종, 「한국고대노비의 발생 및 존재양태에 대한 고찰」, 『백제문화』22, 1992, p.40.
84) 『일본서기』 응신천황 31년.
85) 『삼국사기』 권제2 신라본기 첨해이사금 5년.

설치도[다-5] 이러한 변화를 기반으로 했던 것이다. 결국 신라 국가는 수취원의 확보와 수취과정에 적극적으로 개입할 뿐만 아니라 수취물의 관리와 분배과정을 체계화했다고 볼 수 있다.

5. 국성체제의 성격

본장에서 필자는 4세기 초 이후 거점성이 확대되면서 국성체제가 편성되었음을 정리했다. 그러면 이것이 지방통치체제의 편성에서 가지는 의미를 파악함으로써 본장를 마치려 한다.

성(城) 지역의 거점성주가 일정한 방면을 통제한 것은 기존과 같다. 그러나 특정 소국에 대한 지배의 비중이 컸다는 점에서 이는 소국단위 지방관의 초기 형태를 보여준다. 또한 성주의 지배대상은 주수뿐만 아니라 간(干) 집단 전체로 확대되었다. 읍락지역에 대해서도 간접적으로나마 지배력이 확보되었다. 이를 통해 소국 내에 침투하는 지배력의 수준이 상승하면서 직접지배적 요소가 처음으로 실현되었다고 볼 수 있다. 이와 함께 그 지배의 지속성이 고정화되었으며, 복속 초기까지 일정 부분 인정되었던 소국의 독립성은 거의 소멸되었다. 이런 점에서 사로국의 영역지배는 한 단계 진전되었던 것이다.

그러나 그 지배의 수준은 지역에 따라 적지 않은 차이를 보였다. 성주가 읍락집단의 통제에 개입할 수 있었던 사벌국이나 다벌국의 경우는 영역지배가 진전된 전형적인 사례로 볼 수 있다. 무력으로 정복되고[86] 주수가 본거지에서 제거된 골벌국의 경우도 크게 다르지 않았다. 반면 압독국에 파견된 이사금의 대리인은 그 지배의 수준이 훨씬 낮았다. 이외에도 거칠산국처럼 성주가 파견되지 않은 지역에서는 여전히 특정 집단을 매개로 간접지배가 이루어졌다. 기존 소국의 세력기반이 그대로 유지된 채 형식적으로 복속한 경우도 있었다. 비지국처럼 낙동강 동안에 위치하면서 아직 독립소국으로 남은 경우도 확인된다. 그 만큼 국성체제는 지배

---

86) 『삼국사기』 권제34 지리1 양주 임고군.

형태의 제일성(齊一性)을 확보하지 못한 것이다.

이러한 한계는 대상 계층에서도 지적될 수 있다. 예를 들면 국읍 간층 아래의 계층이나 읍락집단에 대해서는 간층을 매개로 간접지배가 이루어졌다. 이에 신라의 영역지배는 대상 계층과 공간적 범위의 측면에서 아직 일반화되지 못한 것이다.

이러한 상황에서 신라의 소국 지배는 간층의 자치적 질서를 인정하고 조정, 통제하는 수준에 머물렀다. 이것이 제도적 틀을 갖추지 못했음은 물론이다. 그러나 직접지배적 요소의 실현은 신라의 지방통치에서 커다란 변화이다. 향후 이러한 통치형태의 확산은 사로국의 지방통치가 새로운 단계에 집입할 가능성을 예고하는 것이다.

4 성[촌]제의 편성과 운영

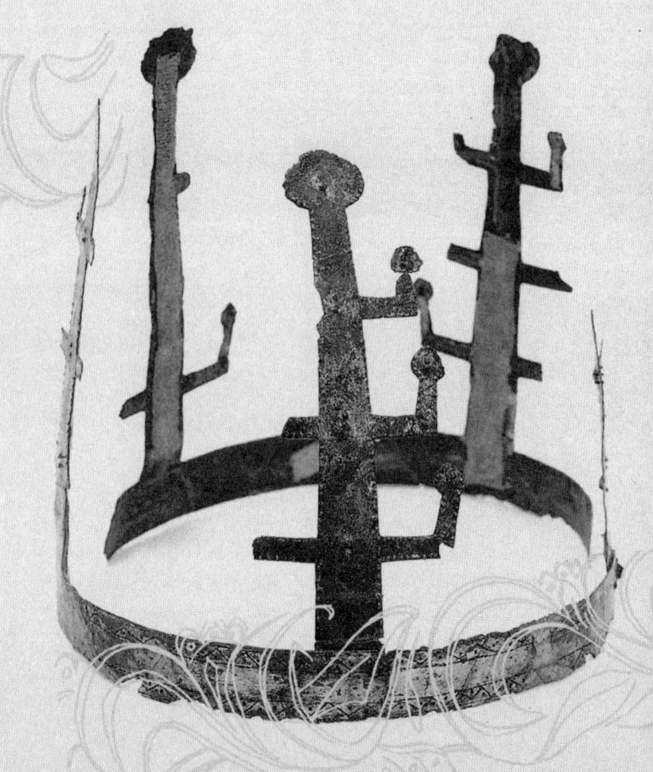

제4장

성[촌]제의 편성과 운영

앞서 언급한 국성체제는 일종의 이원적인 통치체제로서 영역 지배의 측면에서는 여전히 많은 한계를 안고 있었다. 이러한 상황에서 4세기 후반 이후에는 신라의 성장과 관련하여 새로운 현상이 확인된다. 내물대(奈勿代)[356~402]부터 왕호가 이사금(尼師今)에서 마립간(麻立干)으로 바뀔 뿐만[1] 아니라, 신라는 중국의 시대 변혁(時代變革), 명호개역(名號改易)에 해당하는 변화를 겪었다[2]. 이는 최고권자의 위상과 지방통치에 적지 않은 변화의 가능성을 보여주고 있다.

기존 연구에서도 이 시기는 신라 국가의 형성과 관련하여 적지 않게 주목을 받아 왔다. 내물 마립간대를 전후하여 신라는 진한 소국의 복속을 받거나[3] 연맹왕국으로 성장했다는 견해가[4] 널리 인정되었다. 반면 다수 군(郡)을 포괄하는 지배체제가 편성되었다는 견해도 제출되었다[5]. 일단 제 3장까지의 검토로 보아 당시의 지방통치는 적어도 연맹체 주도권 이상의 수준에서 이루어졌다고

---

1) 『삼국유사』 권제1 왕력.
2) 『삼국사기』 권제3 신라본기 내물이사금 26년.
3) 머리말에 인용된 주보돈, 전덕재, 최병현, 김용성, 이희준 등의 견해가 이러한 범주에 속한다.
4) 이기백·이기동, 1982 앞책, p.149.
5) 이종욱, 1993 앞글, p.64.

판단된다. 이는 기존의 국성체제의 한계를 극복하는 방향으로 전개되었을 것이다.

그 가능성은 우선 세력권의 확대과정에서 드러난다. 4세기 후반까지 신라는 비지국(比只國)[창녕]을 장악하는[6] 한편 동해안 방면에서는 실직국[삼척]까지 세력권에 넣었다[7]. 이를 통해 진한지역에서 독립 소국은 소멸했다. 이는 소국지배의 이원성을 극복하는 데 유리한 상황을 조성했다. 그렇다면 내물대의 '시대변혁'은 단순히 상징적인 표현은 아닐 것이며, 기존 국성체제도 일정하게 변화했을 가능성이 크다. 본장은 이를 검토하기 위해 설정되었다. 이를 위해 4세기 후반 이후 소국집단의 동향과 지역편제, 성주의 통치조직 그리고 이에 대한 운영 실태를 다루려 한다.

1. 간층(干層)의 재편과 호민층의 분화

4세기 후반의 '시대변혁'이 신라의 지방통치와 일정한 관련이 있었다면, 이를 초래할만한 동기가 전제되었을 것이다. 진한지역에서 독립 소국이 소멸한 것만으로는 이를 충분히 설명하기 어렵다. 기존 간층의 자치권이 유지되는 상황에서 이들의 세력기반도 무시될 수는 없었다. 신라 국가는 이들의 동향을 이용하면서 효과적인 지배를 도모했으리라 짐작된다. 그렇다면 당시 지역세력의 동향은 지방통치 방식의 변화를 파악하는 데 중요한 요소가 될 것이다.

이와 관련하여 소국왕의 혈족과 토착세력이 군족(郡族)을 형성했다는 견해가 있다[8]. 소국 간층이 대부분 잔존했다는 점에서 이는 타당하다고 볼 수 있으나, 이들의 실상은 구체적으로 다루어지지 않았다. 이에 4~6세기경의 계층분화를 군·성[촌]의 성립 배

---

6) 369년경 비지국은 가야 7국의 하나로 등장한다[『일본서기』 신공황후 섭정 49년]. 그런데 광개토왕비의 경자년(庚子年)[400] 기사에서 신라·가야는 낙동강 중하류를 사이에 두고 대치하는 상황을 보여주고 있다. 적어도 이 상황에서는 비지국이 신라에 편입되었다고 보아야 할 것이다.

7) 북변(北邊)에 침입한 말갈을 실직(悉直)에서 물리친 사실이[『삼국사기』 권제3 신라본기 내물이사금 40년] 이를 말해준다.

8) 이종욱, 1982 앞책, p.246. p.248.

경으로 강조한 것은9) 중요한 지적으로 볼 수 있다. 다만 이는 거
시적인 변화를 설명하는 데 치중하여 단계적인 변화를 설명하는
데는 미흡했다고 생각된다. 이에 본장에서는 4세기 후반 내지 5세
기 초에 한정하여 소국집단의 동향을 검토하고 그 의미를 파악하
려 한다.

4세기 중엽 이후 지역세력의 동향과 관련하여 우선 기림 13
년 내외(內外) 죄수에 대한 사면이 주목된다10). 이는 이사금의 병
환이 치유되기를 염원하는 차원에서 이루어졌다고 한다. 그런데
이는 진한지역에 대한 장악이 거의 완료되는 시점을 기록했으므로
소국집단의 상황과 무관하지 않을 것이다. '내외죄수' 중에는 신라
의 지배에 반발하는 세력도 존재했을 것이다. 신라는 이들에 대해
'사면'을 실시했다고 한다. 그렇다면 신라는 이러한 집단에 대해 억
압적인 방법과 회유를 적절히 사용하여 소국집단을 재편해 갔다고
볼 수 있다. 이는 다음 사료에서 보다 구체적으로 확인된다.

라-1) 봄에 사신을 보내 환과고독(鰥寡孤獨)을 위문하고 각자
곡식 3곡(斛)을 주고, 효제(孝悌)를 행함에 남다른 자에게는 직(職)을 1
급(級)씩 주었다[『삼국사기』 권제3 신라본기 내물이사금 2년].

위에 의하면, 내물 2년[357] 각지에 사신을 파견하여 효제(孝
悌)가 남다른 자에게 직(職)을 1급(級)씩 주었다고 한다. 직의 구체
적인 성격은 다음 절에서 다루어지겠지만, 일단 신라 국가가 지역
세력을 차별적으로 재편한 점이 확인된다. 기존 연구처럼 그 토대
는 경제적 변화와 무관하지 않을 것이다.

예를 들면 대외교역은 당시에도 중시되었으나11) 지역세력을
재편할 정도의 영향력을 미쳤다고 보기는 어렵다. 이와 관련하여

---

9) 머리말의 전덕재, 김재홍, 강봉룡 글 인용과 같음.
10) 『삼국사기』 권제2 신라본기 해당조.
　　사료상으로 내외죄수의 사면은 내해 31년 이후 중단되었다가 이 때 다시
　등장한다. 그런데 내해대까지는 신라의 지배력이 소국 내부까지 침투하지
　못한 상태였다. 사면 기사가 실질적 의미를 가지는 것은 기림대부터라고
　생각된다.
11) 머리말의 주보돈, 이희준, 이한상, 김용성 인용과 같음.

신라가 금공품의 유통을 장악함으로써 지역세력을 통제했다는 견해가 있다[12]. 경주의 금공품이 절대적으로 우세한 점으로 볼 때, 이는 결과론적으로는 타당하다고 여겨진다. 그러나 기존 소국 내에서 각 집단의 위상을 결정하는 요인은 실질적인 비중이 큰 재화나 잉여생산물의 확보에 있었을 것이다. 철제 농기구의 보급 상황은 이를 파악하는 근거가 될 수 있다[13].

우선 개간과 기경(起耕)에 효율적인 가래날은 경산 조영 EⅢ-2·5·6호, CⅡ-1호, 창녕 교동 3호 정도에서만 확인된다. 쇠스랑이 조사된 묘곽도 조영 EⅢ-2호 정도이다. 금동관을 출토한 조영 EⅢ-8호, 탑리 1곽, 복천동 10·11호 등에서도 농기구는 부, 겸, 도자 몇 점에 불과하다. 그러나 철정(鐵鋌) 77매를 부장한 복천동 10·11호 주인공<사진 41>, 철정 100매를 부장한 복천동 1호 주인공, 철부 24점을 부장한 계남 1호의 주인공은 적어도 최고급 농기구를 보유할 능력이 있었다[14]. 그럼에도 불구하고 간층 묘곽에서 가래, 쇠스랑 등의 출토가 미미한 것은 농기구가 위세품으로서의 기능을 더욱 상실하고 그 자리를 금은 제품에 넘겨주었기 때문이다. 적어도 간층은 철정과 철제 농기구를 중심으로 지역 내의 철기 보급을 주도했을 것이다.

그러면 이를 토대로 한 집단별 위상이 어떠했는지 살펴보자. 이들간의 차이는 일단 묘곽들에 반영되었을 것이다. 경산지역에서는 4세기 후반경부터 '임당고분군'[15]<사진 42>, 조영 C지구고분군, E지구고분군이 각각 최고의 묘역을 형성했다<그림 3>. 이 중에서 조영 C지구와 E지구 고분군은 임당 ⅠA지구에 인접하므로 이로부터 분화되었을 가능성이 있으나, 확실히 말하기는 어렵다. 반면 '임당 고분군'은 기존의 간층 묘역과 별개의 묘역을 이루었

---

12) 주보돈, 1996 『영남고고학』19 앞글, pp.21~22.

13) 이하 설명의 근거는 <별표 6>의 인용자료와 같다.

14) 이는 경주의 적석목곽묘에도 적용될 수 있다. 황남대총에서는 1296점의 철정과 295점의 철부가 부장되었는데, 가래날과 삽날의 숫자는 극히 적은 편이다[문화재관리국 문화재연구소, 『황남대총(남분)』, 1994].

15) 이는 임당유적 전체 중에서 사적 300호 일대의 '임당'고분만을 가리키는 표현이다.

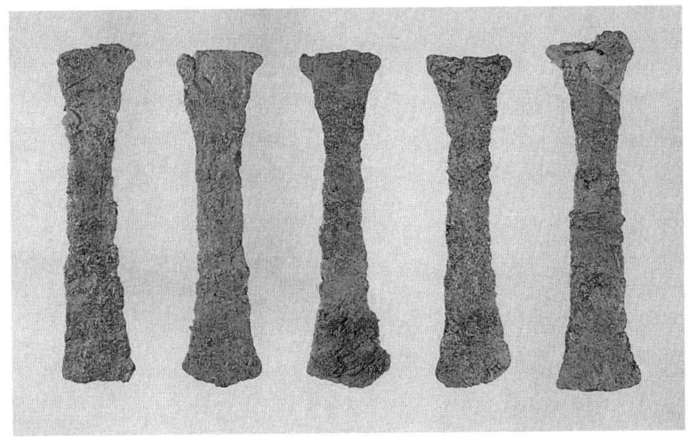

<사진 41> 복천동 11호 철정

다. 그렇다면 새로운 집단이 최고의 위치에 오르면서, 압독국 간
층은 세 군(群) 정도의 우세 집단으로 재편된 것이다.

　　부산 복천동 고분군의 10·11호 집단과 그 서남쪽 사면의[16]
1호[동아대 조사] 집단에서도 유사한 현상이 발견된다. 이외에 대
구 달성고분군이나<그림 4>, 의성 탑리고분군<그림 5><사진
21>, 성주 성산동고분군[17] 등에서도 각 집단의 묘역이 개별적으

<사진 42> 사적 300호 임당동고분군

16) 그 위치에 대해서는 부산대학교박물관, 『동래복천동고분군』 I 본문편, 1983,
　　p.7을 참조함.
17) 계명대학교박물관, 『성주성산동고분 특별전도록』, 1988, p.83.

로 형성되었다.

　이처럼 주수집단의 우월성이 해소되는 과정은 이미 4세기 전반경 성(城) 지역부터 진행되어 왔다. 4세기 후반까지 이러한 추세가 계속되면서 간층의 연립적 구조가 점차 보편화된 것이다. 이는 철기 보급과 잉여생산물의 확보에서도 특정집단의 우월성이 해소되었음을 보여주는 것이다.

　간층 묘역을 벗어난 호민층의 묘곽에는 농기구가 부, 겸, 도자를 합해 몇 점 이내에 불과하다. 다만 복천동고분군 동사면의 118호에서는 가래날 1점, 쇠스랑 1점이 출토되어[18] 대부분의 간층 묘곽보다 우세한 농기구를 보여준다. 이것이 일반적인 현상이었는지는 의문이지만, 호민층이 최고급 농기구를 보유한 점은 주목된다.

　임당 E-98호, 131호에서는 금장(金裝) 세환이식이 조사되었는데[19]<사진 43>, 이식은 지배층을 나타내는 최소한의 적극적 표지로 이해되고 있다[20]. 재갈, 교구 등이 조사된 임당 E-16호[21]<사진 43> 외에 금은장구(金銀裝具)나 마구류를 부장한 상주 신흥리 나-37호, 38호, 39호<사진 44>, 40호[22], 부산 복천동고분군

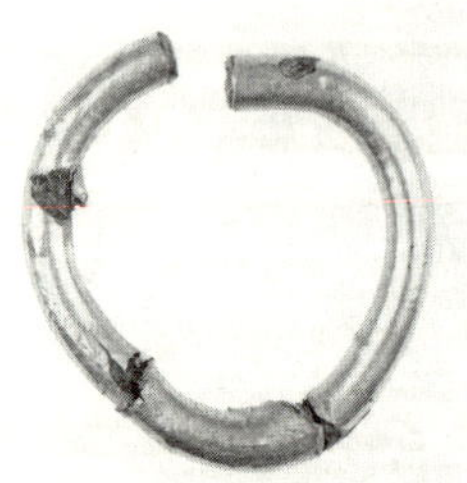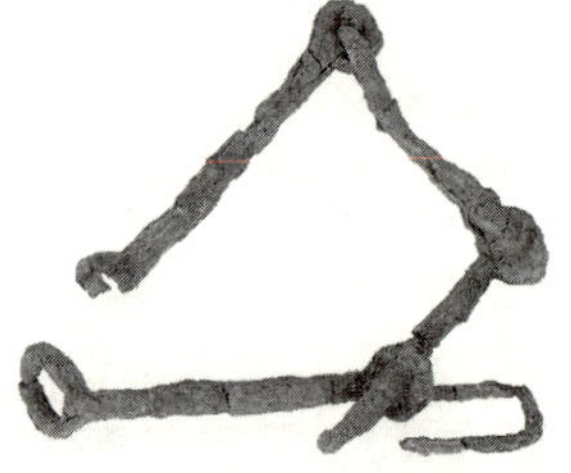

〈사진 43〉 임당 E-131호 금장세환이식 및 임당 E-16호 마구

---

18) 송계현 외 1995 앞글, p.14.

19) 한국토지공사·한국문화재보호재단,『경산 임당유적』Ⅵ, 1998, p.255, p.340.

20) 이희준,「4~5세기 신라 고분 피장자의 복식품 착장 정형」,『한국고고학보』 47, 2002, p.85.

21) 한국토지공사·한국문화재보호재단, 1998 앞책, p.35. 이 묘곽은 상당 부분이 파괴되었다.

22) 한국문화재보호재단, 1998 앞책.

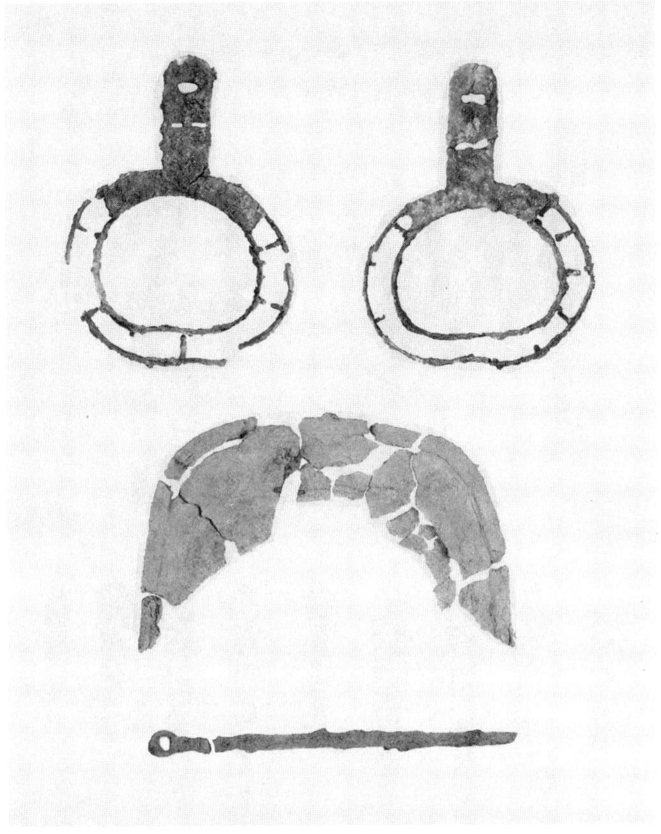

〈사진 44〉 신흥리 나-39호 등자, 전교(前橋), 환두대도

동사면의[<그림 2>의 **다** 부분] 일부 묘곽들도 주목된다. 그 주인 공들은 일반 민보다 우세한 집단이지만 위 간층보다는 훨씬 떨어지는 유물상을 보여준다. 이들도 유례 10년에 보이는 호민층을 계승했을 것이다. 그 만큼 일부 호민층의 경제적 능력이 향상된 것이다. 이러한 묘곽들은 배타적 묘역을 형성하지는 않았다. 그러나 몇몇 묘곽이 군집한 점으로 보아 가계집단별 결속이 점차 강화되었음을 알 수 있다.

반면 개간구나 수획구 외에 철모, 철촉, 단검 등 약간의 무기류를 부장한 묘곽들도 증가한다<사진 45>[23]. 이러한 무기를 소

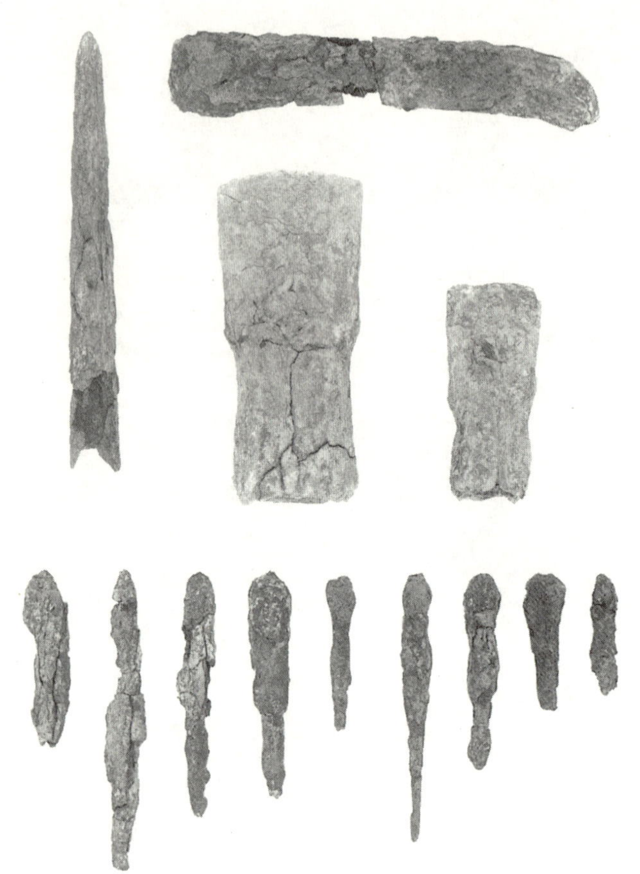

〈사진 45〉임당 E-54호 철모, 겸, 철부, 철촉

지하기 위해서는 그 주인공들도 재생산에 필요한 수준 이상으로
경제력을 확보해야 했다. 이들도 일종의 호민층으로 볼 수 있
다24). 다만 위에서 언급한 주인공들이 상층 호민이라면, 이들은

---

23) 그 사례로 임당 E-50호, E-54호[한국토지공사·한국문화재보호재단, 1998
    앞책], 복천동 100호, 105호, 106호[부산광역시립박물관, 1997 앞책], 신흥리
    가-55호[한국문화재보호재단,『상주 신흥리고분군』Ⅰ, 1998] 등을 들 수 있
    다.
24) 김재홍은 이러한 부류를 하호에서 성장한 계층으로 보았는데, 이 역시 호

하층 호민에 해당한다. 그렇다면 4세기 후반 이후 호민층은 숫적으로 증가하면서 상·하층으로 분화되어 간 것이다.

읍락지역에서는 상주 성동리 102호처럼 따비가 조사된 일부 사례를[25] 제외하면, 철제 농기구는 적은 편이다. 예를 들면 안동 사의동유적에서는 6호의 도자 1점을 제외하면 철기가 없는 묘곽들이 대부분이다[26]. 상주 청리에서도 도자, 겸을 합해 몇 점 정도 부장한 경우도 있지만, 철기를 전혀 부장하지 못한 경우가 많다[27]. 부산 괴정동[28] 울산 조일리[29] 등에서도 철제 농기구는 부, 겸, 도자를 합해 몇 점씩 부장된 정도이다. 이 중에는 위의 하층 호민형과 유사한 사례도 있는데, 전체적으로는 철기가 부장되지 않은 묘곽의 비중이 높은 편이다.

그런데 경산 북사리 3호에서는 은장마구(銀裝馬具)와 금제이식이 보이고<별표 6>, 안동 사의동 6호에서도 금동이식이 조사되었다. 그 부장자들은 기존의 읍락 간층을 계승했을 것이다. 다만 읍락지역에서는 이러한 유물이 드문 편이고, 부장유물의 차이도 크지 않다. 그 만큼 읍락 간층에서는 집단별 경쟁이나 우열의 차가 상대적으로 적었음을 알 수 있다.

그러나 영일 냉수리비(冷水里碑)[503]가 전하는 상황은 다른 측면을 보여준다<사진 17·46>. 이에 의하면 진이마촌(珍而麻村)의 절거리(節居利) 집단은 실성대(實聖代)부터 왕교(王敎)를 통해 재(財)의[30] 소유권을 인정 받았다[31]. 이들은 촌주와 별개의 집단이

민층의 성장을 염두에 둔 결과이다[『신라 중고기 촌제의 성립과 지방사회구조』, 서울대학교 박사학위논문, 2001, p.63].

25) 한국문화재보호재단·한국도로공사, 『상주 성동리고분군』-본문-, 1999, p.236.

26) 안동대학박물관, 『임하·사의지구발굴조사보고서』, 1989.

27) 한국문화재보호재단·한진중공업, 『상주 청리유적』Ⅶ·Ⅷ, 1998.

28) 정징원, 「부산괴정동고분군발굴조사개요」, 『박물관연구논집』1, 부산직할시립박물관, 1992.

29) 울산대학교박물관, 『울산 조일리 고분군』Ⅰ, 2001.

30) 이 재에 대해서는 조세 수취를 관장하는 권리, 광산에 대한 권리, 진이마촌에 대한 포괄적 대표권 혹은 토지, 노비 등으로 보는 견해가 있다[강봉룡, 1994 앞글, pp.39~42]. 그런데 이는 절거리 집단과 말추(末鄒) 집단 사이에 장기간 다툼의 대상이 되었으므로, 동산(動産)보다는 경작지와 같은 부동산(不動産)일 가능성이 크다고 생각된다. 또한 이에 대해 국가적인 관심이 컸

면서 상당한 경제력을 확보했으므로 새로 부각된 상층 호민으로 생각된다. 여기에 앞서 언급한 하층 호민형 유물을 고려하면 읍락 단위에서도 상·하층 호민의 분화가 진행되었다고 볼 수 있다.

이상에서 살펴본 간층의 연립화와 호민층의 확대·분화는 신라 국가의 통제 하에 진행되었다. 위 사료에서 지역세력을 차별적으로 개편한 것은 바로 이를 바탕으로 한 것이다. 이러한 상황에서 지역세력을 통제하는 장치는 보다 체계화될 필요가 있었다. 이는 4세기 후반 이후 새로운 통치형태가 출현할 가능성을 보여주는 것이다.

〈사진 46〉 냉수리비 전경

던 점으로 볼 때, 이는 다수 읍락민들을 통해 경작되는 대규모 경작지였을 것이다.

31) 한국고대사회연구소 편, 『역주 한국고대금석문』 제2권, 1992, p.7.

2. 성[촌]제의 편성

4세기 후반 지역세력의 변화가 지방통치에 영향을 주었다면, 이는 통치구역의 편성, 지방관의 위상, 그 지배수단 등에 반영되었을 것이다. 본절에서는 이를 통해 기존 국성체제가 극복되는 상황을 검토하려 한다.

(1) 성주와 자치성주

4세기 전반까지 성주의 파견은 진한 소국의 일부에 한정되었다. 그런데 진한지역에 대한 정복이 완료되고 지역세력의 연립적 구조가 보편화되면, 성주의 파견도 확대되었을 가능성이 크다. 여기서는 그 과정과 이들의 위상이 어떠했는지 검토해 보자.

우선 지방관이 파견되지 않았던 지역이 군(郡)으로 등장하는 사례가 주목된다. 내물 21년[376] 1각(角) 사슴을 바쳤다는 부사군(夫沙郡)이나 눌지대(訥祗代)에 묵호자가 머물렀다는 일선군(一善郡)[선산]이32) 그것이다. 진한지역의 독립소국이 소멸했다고 하지만, 이들 '군'이 주수를 가리키는지 아니면 지방관을 가리키는지는 불분명하다. 기존 소국 주수도 군주(郡主)로 기록된 사례가 있기 때문이다. 이를 가리는 것은 당시 지방통치의 실상을 파악하는 데 대단히 중요한 문제이다. 이를 해결하는 데 다음 사료가 참고될 수 있다.

> 라-2) 박제상(朴堤上)은 혹은 모말(毛末)이라고 한다. 시조 혁거세(赫居世)의 후손으로서 파사이사금의 5세손이다. 조(祖)는 아도갈문왕(阿道葛文王)이며, 부(父)는 물품파진찬(勿品波珍飡)이다. 제상이 벼슬하여 삽량주간(歃良州干)이 되었는데 …… 눌지왕이 즉위함에 이르러 변사(辯士)를 구해 가서 [두 아우를] 맞이해 오려고 생각했다. 이에 수주촌간(水酒村干) 벌보말(伐寶靺,) 일리촌간(一利村干) 구리내(仇里迺), 이이촌간(利伊村干) 파로(波老) 등 세 사람이 어질고 지혜로움을 듣고서 불러 말했다 "내 두 동생이 왜와 고구려 두 나라에 인질로 갔

---

32) 이상 『삼국사기』 권제3 신라본기 해당조.

는데 여러 해가 지나도 돌아오지 않았다. 형제인 연유로 사념을 그칠 수 없으니, [이들이] 살아 돌아오기를 바라는데, 이를 어찌하면 좋겠는가?" 세 사람이 같이 대답하기를 "저희가 듣건데, 삽량주간(歃良州干) 제상이 강용(剛勇)하고 모략이 있다고 하니, 전하의 근심을 풀어 드릴 수 있을 것입니다"[『삼국사기』 권제45 열전 제5].

라-3) [눌지왕] 10년 을축에 이르러 왕이 군신(群臣)과 국중호협(國中豪俠)을 소집하여 친히 연회를 베풀었다 …… 이 때 백관이 모두 아뢰어 말했다. "이 일은 진정 쉽지 않으니 지용(智勇)이 있어야만 가능할 것입니다. 저희들은 삽량군태수(歃良郡太守) 제상(堤上)이 가능할 것으로 생각합니다". 이에 왕이 [제상을] 불러 물으니, 제상이 재배하고 대답해 말하기를 …… 미해(美海)가 바다를 건너오면서 강구려(康仇麗)로하여금 먼저 국중(國中)에 고하게 했다. 왕이 놀라 기뻐하며 백관에 명해 굴헐역(屈歇驛)에서 맞이하게 하고, 왕과 친제(親弟) 보해(寶海)가 남교(南郊)에서 맞이했다[『삼국유사』 권제1 기이 제1 내물왕 김<박>제상].

위에 등장하는 박제상(朴堤上)은 파사이사금의 후손으로서 나마(奈麻)를 칭하였으므로[33] 지역세력일 가능성은[34] 희박하다[35]. 그는 삽량(歃良)의 주간(州干) 혹은 군태수(郡太守)로 기록되었는데, 이는 거도와 같은 거점성주를 계승해 기존 성(城) 지역에 파견된 인물이었다. 이는 기존 성주의 위상에 일정한 변화를 시사해 준다. 즉 기존 거점성주가 물금이라는 전략적 요충지에 주재했다면, 삽량의 '주간' '군태수'는 양산 소국의 국읍 주변에 주재했을 것이다. 그 만큼 기존 성(城) 지역에서는 개별 소국에 대한 지방관적 기능이 확대된 셈이다.

그러면 기존에 성주가 파견되지 않은 지역의 사정은 어떠했을까. 이와 관련하여 눌지 1년[417]에 보이는[36] 수주촌[예천][37]간

---

33) 『삼국사기』 권제3 신라본기 눌지마립간 2년.
34) 井上秀雄, 『新羅史基礎研究』, 東出版株式會社, 1974, p.224.
35) 그를 석씨왕대에 지방으로 방출된 뒤 이곳에 정착한 집단의 구성원으로 보기도 한다[주보돈, 1998 앞글, pp.14~17].
36) 위 사료에는 구체적인 연대가 생략되었다. 그러나 복호(卜好)는 눌지 2년[418] 정월 고구려로부터 돌아왔으므로[『삼국사기』 권제3 신라본기 해당조], 위 사료는 눌지 1년의 사실을 기록한 것이다.

벌보말(伐寶靺), 일리촌[성주]38)간 구리내(仇里迺), 이이촌간 파로(波老)가 주목된다[라-2]. 이들에 대해서는 소국 주수나39) 지배자라는 견해와40) 지방관이라는 견해가 있다41). 그 근거지가 거의 국읍지역이므로, 이들이 읍락 단위의 촌주(村主)는 아니었을 것이다. 그렇더라도 지방관에 대한 표현은 성주, 군주(郡主), 주주(州主), 주간(州干), 군태수(郡太守), 변관(邊官) 등으로 다양한데, 이들을 굳이 촌간(村干)으로 기록한 것은 그 위상이 '군태수' 박제상과는 근본적으로 달랐음을 보여준다.

우선 이들이 촌을 관칭(冠稱)한 사실이 주목된다. 국읍지역도 넓은 의미에서는 일종의 읍락으로 볼 수 있으므로, 촌간(村干)은 그 대표성이 옛 소국 전체가 아니라 국읍지역에 한정되었음을 의미한다. 그렇다고해서 당시 신라가 국읍과 읍락마다 별도로 지방관을 파견하지는 못했다. 그렇다면 촌간은 국읍지역을 대표하는 토착세력이었을 것이다. 즉 이들은 기존 간층을 대표하는 인물이었던 것이다.

이들의 권위가 국읍지역에 한정되었던 만큼, 읍락지역에 대한 대표성은 별도의 인물에 의해 행사되었을 것이다. 개별 읍락에 대해서는 읍락 간이 이러한 역할을 했다. 반면 토착세력 중에서는 소국 전체를 대표하는 인물이 확인되지 않는다. 여기에 성주의 파견이 확대되는 추세를 고려한다면, 소국 전체를 대표하는 인물은 경주로부터 파견된 '군태수' 즉 성주였을 것이다.

---

37) 이병도 역주, 『삼국사기』하, 을유문화사, 1983, p.181.

38) 성산군(星山郡)이 원래 일리군(一利郡)이었다하고『삼국사기』권제34 지리1 성산군], 후삼국시대의 선산 동쪽에도 일리천(一利川)이 보인다『삼국사기』권제50 열전 제10 견훤]. 그런데 본문 사료의 촌간들이 거의 후대의 군(郡) 중심부 출신이므로 일리(一利) 지역도 옛 소국의 중심부일 가능성이 크다. 그렇다면 '일리촌'은 성주지역을 가리킬 것이다.

39) 山尾幸久, 1974 앞글, p.178.

40) 주보돈, 「신라 중고기 촌락구조에 대하여」(1), 『경북사학』9, 1986, p.9. 이상의 견해는 간이라는 칭호 자체에 비중을 두고 있다.

41) 강종훈, 2000 앞책, p.192 전미희, 『신라 골품제의 성립과 운영』, 서강대학교 박사학위논문, 1997, p.89. 이는 간이 '군태수'나 '백관'의 범주에 포함된 점을 중시한 결과이다.

　　그런데 위 사료에서 촌간(村干)이 보이는 지역들은 원래 성주가 파견되지 않았던 곳이다. 이를 고려한다면 앞서 언급한 부사군이나 일선군도 사실상 신라 국가가 파견한 성주를 가리킬 것이다. 적어도 5세기 초까지는 대부분의 소국에 성주가 파견된 것이다.

　　이러한 상황에서 양산 성주는 '군태수' 혹은 '주간'으로 기록되었다. 또한 앞서 언급한 삽량군, 일선군, 부사군을 고려하면, 이미 5세기 초경 군(郡)의 편성 가능성을 고려할 수도 있다. 이것이 지증왕(智證王) 3년에 보이는 군주(郡主)의[42] 기원이 되었다고 볼 수도 있다. 그런데 군주(郡主)에 대한 기록은 일찍부터 보이며, 이들은 사실상 거점성주였다. 이에 4세기 후반 이후 소국들에 파견된 성주들이 실제로 군주(郡主)를 칭했는지 궁금해진다.

　　이를 인정하기 위해서는 신라 군(郡)의 특징을 파악하고 그 요건이 당시에도 마련되었는지 확인해야 한다. 중고기(中古期)의 경우, 군(郡)은 당주(幢主)가 성〔촌〕의 도사(道使)를 지휘해 소국을 통치하는 구역으로서[43] 소성(小城)들을 통솔하는 중심거점이었다[44]. 그런데 당주가 파견된 것은 적어도 5세기 후반 이후이며, 5세기 초까지는 도사도 파견되지 않았다. 이로 보아 당시까지는 군제(郡制)를 전제로 한 군주(郡主)의 파견은 이루어지지 않았다고 판단된다.

　　그럼에도 불구하고 사료상으로 군이 강조된 것은 무엇 때문일까. 이와 관련하여 성주의 위상이 다시 주목된다. 성주가 파견된 성과 별개로 읍락지역에는 원래 자치성이 존재하고 있었다. 문헌사료에서는 이러한 성들이 거의 확인되지 않는다. 다만 경주 주변에서는 성〔촌〕의 편성 이전부터 읍락집단에 대한 통치거점으로서의 성이 확인된다[45]. 성주의 파견이 확대되면, 이러한 사례는 점차 증가했을 가능성이 있다. 이에 성주들간의 관계는 보다 복잡

---

42) 『삼국사기』 신라본기 해당조.

43) 이종욱, 1974 앞글, pp.37~46, pp.50~51.

44) 이는 대성군(大城郡)이 구도성(仇刀城)과 그 경역 내의 여러 성〔현〕으로 구성된 사례를『삼국사기』 권제34, 지리1 양주] 통해서도 확인된다.

45) 이에 대해서는 제 3장 2절의 서술을 참조.

해졌을 것이다. 이와 관련하여 다음 사료가 주목된다.

> 라-4) 百殘新羅 舊是屬民 由來朝貢. 而倭以辛卯年 來渡( )破百殘( )( )(新)羅以爲臣民 …… 九年己(亥) …… 百殘違誓與倭和通 王巡下平穰. 而新羅遣使白王云 "倭人滿其<ㄱ>國境 潰破城池 以奴客爲民 歸王請命". 太王(恩慈)矜其忠(誠)( )遣使還告以( )計. 十年 庚子 敎遣步騎五萬 往救新羅. <ㄴ>從男居城至新羅城 倭滿其中. 官軍方至 倭賊退. ( )( )背急追至任羅加羅從拔城 城卽歸服. 安羅人戍兵( ) <ㄷ>新(羅)城( ) 城 倭(寇大)潰. 城 ( )( )( ) 盡( )( )( ) 安羅人戍兵(新)( )( )( )( )(其) …… 言 …… 辭 …… 潰( )( )( )( )安羅人戍兵. 昔新羅寐錦 未有身來(論事) ( )國岡上廣)開土境好太王 ( )( )( )( )寐(錦)( )( )(僕)勾( )( )( )( )朝貢 …… [한국고대사회연구소 편, 『역주 한국고대금석문』1, 1992, pp.9-12].

위에서는 경주로 추정되는 신라성(新羅城) 외에도 다수의 성이 보인다. 이 중 기해년(己亥年)[399] 왜인의 공격을 받은 국경 성지(城池)는<ㄱ> 다른 성들과 달리 고유한 명칭을 동반하지 않다. 이는 성지(城池)가 낙동강 하구 방면의 여러 곳에 걸쳐 있었음을 보여준다. 일단 이는 양산성과 주변의 몇몇 성을 가리킬 것이다. 경자년(庚子年)[400]의 남거성(男居城)은 임나가라(任那加羅)에 대한 공격과 관련하여 등장하는데, 이는 김해 방면에 위치했을 가능성이 크다46). 어느 쪽이든 이 성으로부터 신라성(新羅城)의 사이에는['其中'] 왜인이 가득 차 있었다고 한다<ㄴ>. 그 대상은 일반 읍락들 외에 성들을 포함했을 것이다. 반면 <ㄷ>의 신라성(新羅城) 뒤에 보이는 성들은 안라인수병(安羅人戍兵)과의 전투와 관련되었으므로, 밀양이나 창녕 방면에 위치했을 가능성이 크다.

그런데 양산과 경주를 잇는 지구대 사이에는 별다른 소국이 확인되지 않는다. 이에 해당 지역에는 국읍성 외의 읍락성이나 방어용 성들이 존재했다고 볼 수 있다. 앞서 언급한 순지리토성 등

---

46) 이에 대해서는 김해설과 고령설이 있다[한국고대사회연구소 편, 1992 앞책, p.27]. 그런데 5세기 초 이전의 신라·가야 관련 기사들은 주로 낙동강 하구를 무대로 서술되어 있다. 또한 초기 임나(任那)의 위치가 북으로 바다와 격(隔)했다는 점으로 보아[『일본서기』 숭신기 65년] 김해 쪽이 타당할 것이다.

이 이에 해당한다. 경주 인근에서는 최소한 4세기 중엽부터 읍락 지역에 성이 확보되어 있었다. 이를 고려할 때, 위 성들 중 최소한 일부에는 성주가 파견되었을 것이다. 다만 사료상으로 지역세력은 대부분 국읍 단위로 부각되었다. 이에 읍락성에 대한 성주의 파견은 아직 미미했다고 판단된다. 이러한 상태에서도 읍락성들은 신라의 지휘체계 내에 편입되어 있었다. 그렇다면 읍락성의 상당 부분은 그 지배권이 읍락 간에게 위임된 채 자치성으로 남았다고 볼 수 있다. 다만 경주 인근이나 변경지역의 전략적 요충지에 예외적으로 읍락 단위 성주가 파견된 것이다. 이러한 상황에서 자치성주도 경주로부터 파견된 성주의 통제권 아래로 편입된 것이다.

여기서 성주는 자치성주들을 거느리고 옛 소국을 지배했다. 일부 성주는 읍락 단위에 파견된 성주들을 거느리기도 했다. 이는 후대 군주(郡主)와 기본적으로 같은 역할이지만 일부 지역에 한정되었다. 이러한 상황에서 그의 역할이 군주(郡主)로 제도화되었다고 단정할 수는 없을 것이다. 다만 중심 성주로서의 기능이 강조되면서 명목상 군주(郡主)의 칭호가 생겼다고 볼 수 있다.

(2) 성사조직(城司組織) 편성과 간층(干層)의 역할

성주가 옛 소국 내의 연립적인 간층(干層)과 자치성(自治城)을 통솔하기 위해서는 보다 체계적인 수단을 필요로 했다. 적어도 이는 간층의 자치적 질서를 조정, 통제하는 데 머물렀던 기존의 통치방식과 차별성을 보였을 것이다. 본 소절에서는 그 구체적인 형태가 무엇이었는지 검토하려 한다.

이와 관련하여 우선 내물 2년에 하사했다는 직(職)이 주목된다[라-1]. 고구려의 성들에 관사(官司)가 설치되었던 것처럼[47], 이는 신라의 성주도 일정한 통치조직을 갖췄음을 보여준다. 직(職)은 바로 이를 구성하는 직임이었을 것이다. 이 중에는 성주를 수행하

---

47) 『주서(周書)』 이역열전(異域列傳) 고구려.

는 왕경인이 포함되었으리라 짐작되지만, 구체적인 인물은 찾아지지 않는다. 그런데 직의 수여 대상은 효제(孝悌)가 남다른 자였다고 한다. 당시 성주들의 파견시 노부모는 동반되지 않았으므로[48], 직(職)의 수여 대상은 지역세력이었을 것이다. 이는 지역세력이 성주의 지배체제로 흡수되는 과정을 함축적으로 보여준다. 이에 직의 실제 수여 범위와 성격이 궁금해진다.

당시 이 직(職)은 1급(級) 씩 올려 수여되었다고 한다. 적어도 이는 일종의 위계조직을 이룬 것이다. 여기에 참여한 인물 중 대표적인 예가 앞서 언급한 촌간(村干)들이다. 이들은 성주 아래에서 국읍 간층(干層)을 대표하는 인물로 인식되었다. 그렇다면 이들은 성주의 통치조직 내에서 최고의 위계를 이루었다고 볼 수 있다.

원래 간(干)은 단위정치체의 대표자인데, 주수의 지배력이 확대되는 과정에서 그 신료에게도 수여되었다[49]. 이미 이사금대 초기부터 간위(干位)는 신료적 성격이 강화되고 서열화하면서 점차 분화하기 시작했다[50]. 후대의 외위나 가야국 지배집단의 위호도 한기(旱岐), 차한기(次旱岐), 하한기(下旱岐) 등 간(干)을 중심으로 분화했다[51]. 진한 소국에서도 주수 이하의 간층은 간(干)으로 대표되는 위호를 칭했을 것이다. 그렇다면 촌간은 성주로부터 기존 간위를 승인받은 인물로 볼 수 있다. 다만 문헌상으로는 이를 칭한 범위나 그 성격을 파악하기 어렵다.

이와 관련하여 필자는 지역세력의 금은(金銀) 위세품(威勢品)에 주목하려 한다. 금공품의 보유에 대해 국가적인 규제가 엄격했던 점으로 볼 때[52], 지역세력의 금은 위세품은 지방통치와 무관하지 않았을 것이기 때문이다.

---

48) 『삼국사기』 신라본기에 의하면, 지방관이 가족들을 데리고 부임하는 것은 법흥왕 25년[538]에야 허용되었다.
49) 서의식, 1994 앞글, pp.16~23, pp.27~28.
50) 이부오, 「이사금대 초기 사로국 간위(干位)의 성립과 분화」, 『한국상고사학보』36, 2002, pp.68~75.
51) 『일본서기』 흠명천황 2년.
52) 『삼국사기』 권제1 신라본기 일성이사금 11년.

그 중에서도 정치적 상징성이 가장 큰 것은 금동관(金銅冠)이다. 진한지역 금동관에서 출자형(出字形)이나 초화형(草火形) 입식(立飾)이 경주의 영향이라는 점은 잘 알려져 왔다. 이에 금동관은 경주의 맹주적 위치나[53] 소국 주수의 복속[54] 혹은 신라의 영역지배를 알려주는 상징물로 해석되었다[55]. 이러한 해석은 넓은 의미에서는 타당하다고 생각된다. 다만 경주에서는 주로 금관이 출토되며, 지역세력과 수준이 같은 금동관은 황오리 34호분같이 비교적 소형묘에서 조사되었다[56]. 또한 마립간 무덤이 보여주는 거대한 봉토와 막대한 유물은 지역세력에 대한 통제가 단순한 복속관계 이상이었음을 보여준다. 그러면서도 금은 위세품의 착장은 수장층을 나타내는 상징성을 가지고 있었다[57]. 그렇다면 금은 위세품은 두 가지 요소를 서로 보완하는 차원에서 기능했을 것이다.

이를 좀 더 구체적으로 검토하기 위해서는 신라 금공품에 영향을 미친 지역에서 그 기능이 어떠했는지 파악될 필요가 있다. 신라 금공품의 원류에 대해서는 북아시아 기원설과[58] 고구려 기원설이 있다[59]. 이와 관련하여 필자는 마립간대 이후 고구려의 영향이 컸던 점을 고려해 후자를 중시하려 한다. 고구려에서 왕은 백라제(白羅製) 관(冠)과 백피제(白皮製) 소대(小帶)를 만들고서 이를 모두 금으로 장식했다. 이외에 관위가 높은 자들은 청라(靑羅), 비라(緋羅) 등으로 관을 만들고서 두 개의 조우(鳥羽)를 꽂고 금은으로 장식했다[60]. 이처럼 고구려에서는 왕 이하 귀족들이 금은으로 만든 관을 썼으며 위계별로 재료를 달리했다. 백제에서 6품·이

---

53) 최종규, 1983 앞글, p.32, p.35.
54) 이희준, 1998 앞글, p.65.
55) 전덕재, 1990 앞글, p.44.
56) 朝鮮總督府, 「慶州邑皇吾里古墳の調査」, 『昭和11年度古蹟調査報告』 圖版 第45.
   이종선, 「고신라 삼산관(三山冠) - 고신라의 정치구조와 관련하여 -」, 『제18회 한국상고사학회 학술발표회』, 1997, pp.69~73.
57) 이희준, 2002 앞글, p.87.
58) 최병현, 1992 앞책, pp.410~411.
59) 최종규, 1983 앞글, p.9.
60) 『구당서』 권제199 상 열전 동이 고려.

상이 은화관(銀花冠)을 착용한 것도 이러한 경향과 부합된다[61]. 그렇다면 신라의 금관이나 금동관도 정치적 위계와 연관되었을 가능성이 크다.

경주에서 금관이나 금동관을 보유한 주인공은 대릉원에 묻힌 마립간과 그 가계집단의 유력자들이 대표적이다. 계림(鷄林) 서남편의 교동 64호분 금동관[62] 부장자는 마립간과는 다른 가계집단에 속했을 것이다. 인근의 전 내물왕릉 등의 고분들도 마찬가지이다<사진 47>. 훨씬 남쪽에 위치한 오릉(五陵)도 대형 봉토분으로 보아 금동관을 부장했을 가능성이 있다<사진 48>. 이처럼 금동관은 다수의 유력집단에 의해 보유되었으므로 일단 해당 집단의 권위를 상징했을 것이다. 금관이나 금동관이 마립간의 댓수보다 많다든가 부부에게 모두 부장된 것도[63] 이를 전제로 한다.

그런데 순금제 관은 대체로 황남대총과 금관총의 사이에서

〈사진 47〉 전 내물왕릉 주변 고분군

---

61) 『삼국사기』 권제24 백제본기 고이왕 27년.
62) 국립경주박물관, 『신라인의 무덤』, 1996, 사진75.
63) 박보현, 『위세품으로 본 고신라사회의 구조』, 경북대학교 박사학위논문, 1995, p.20.

〈사진 48〉 오릉

출토되며[64], 이로부터 멀어질수록 최고 위세품은 금동관, 금은제 관모(冠帽), 과대(銙帶)의 순으로 등급이 낮아지고 있다. 이에 금관은 마립간집단의 신분을 배타적으로 드러내기 위한 위세품으로 볼 수 있다[65]. 이는 금은 위세품이 가계집단 자체뿐만 아니라 마립간 이하 국정 참여자들의 정치적 위계를 기준으로 수여되었음을 보여준다. 신라의 금은 위세품은 국정에 참여하는 개인과 그 가계집단의 권위를 복합적으로 상징하는 위세품이었던 것이다. 이는 소국 간층의 경우에도 크게 다르지 않다. 다만 그 재질로 보아 이들은 마립간집단보다 한 단계 낮은 위계로 편성되었음을 알 수 있다.

이와 관련하여 유력한 재지세력의 상징으로서 금동관이 수여되었다는 견해가 제시되었다[66]. 또한 소국 주수가 복속의 상징으로 금은 위세품과 의복을 하사받았다고 보기도 한다[67]. 예컨대 6

---

64) 이종욱, 『신라골품제연구』, 일조각, 1999, p.77.
65) 이한상, 「신라관(新羅冠) 연구를 위한 일시론」, 『고고학지』11, 2000, p.127.
66) 주보돈, 1995 앞글, p.35.
67) 이한상, 「금공품을 통해 본 5~6세기 신라의 집권화과정」, 『제1회 동원학술 전국대회』, 1998.10.31~11.1, pp.40~41.

세기에 안라(安羅)의 마도(麻都)가 착용한 신라의 나마례관(奈麻禮冠)과 의복은[68] 이러한 상징으로 이해될 수 있다.

다만 이것이 단위 소국을 지배하는 주수의 상징물이었다면 적어도 일정한 시기에는 한 개인에게만 보유되어야 합리적이다. 그런데 경산지역에서는<그림 3>[69] 금동관이 임당 7A호와 그 자녀의 묘곽인 임당 7C호[70]<사진 49> 외에 다른 집단의 묘곽인 조영 CⅡ-1호에서도 조사되었다[이하 <별표 6> 참조]. 다른 집단의 조영 EⅢ-8호 및 그 윗세대인 조영 EⅢ-3호도 마찬가지이다. 이처럼 한 지역 내에서도 다수 집단의 유력자가 동시에 금동관을 보유했으며, 그 권위가 대를 이어 계승되었다. 이들간에 재질상의 현격한 차이도 발견되지 않는다. 복천동고분군에서도 복수의 간(干) 집단이 금동관을 보유했다<사진 12·50>. 그렇다면 금동관은 단위 소국을 독자적으로 지배하는 주수의 상징물은 아니었다고 판단된다[71].

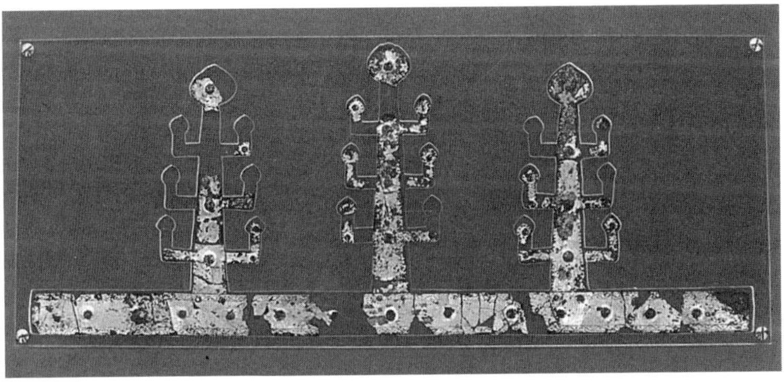

〈사진 49〉 임당 7C호 금동관

68) 『일본서기』 흠명기 5년.
69) 이하 그림에서 출자형 금동관이 출토된 묘곽은 '出'로, 금은제 관모가 출토된 경우는 '↓'로, 금은제 과대가 출토된 경우는 '⇓'로 표시되었다. 다만 이 표시는 해당 묘곽에서 출토된 최고의 위세품에 한정했다.
70) 김용성, 1998 앞책, p.376.
71) 간층의 금동관을 시조묘 분사(分祀)의 결과로 이해하기도 하지만[이종욱, 1993 앞글, p.64], 이 경우에도 금동관이 소국 내 다수집단에게 동시에 수여되었을 가능성은 희박할 것이다.

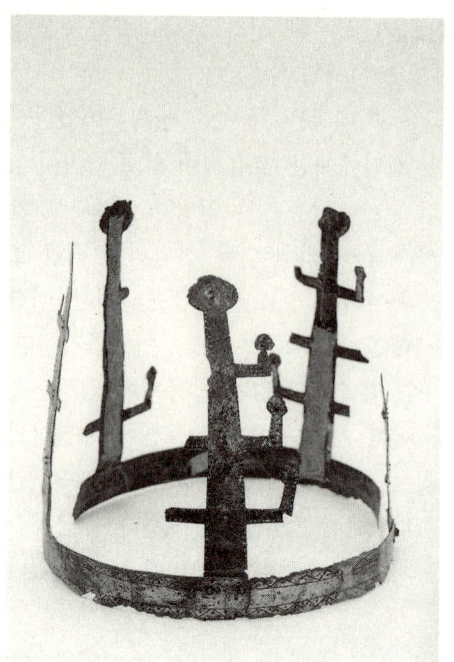

〈사진 50〉 복천동 1호 금동관

그런데 이 시기의 창녕 계성에서는 계남리 1호에서만 금동관이 확인되었고, 의성에서는 탑리 1곽에서만 조사되었다<사진 11>. 이는 조사 보고의 불충분에 기인할 가능성도 있다. 그러나 성주 성산동고분군처럼 간층의 대형분이 상당 부분 조사되었으면서도 금동관이 확인되지 않은 경우에는 그 보급 자체가 미흡했을 가능성이 크다. 반대로 계남리 1호 금동관처럼 읍락집단의 것은 오랫동안 가야 세력권으로 남았던 지역을 보다 확고히 장악하려는 의도에서 수여되었을 것이다.

전체적으로는 성주의 파견이 이른 곳에서는 금동관의 보급이 많았고, 반대의 경우에는 미미했다. 그렇다면 금동관은 성주의 통치가 본격화되면서 간층에게 수여되었다고 볼 수 있다. 이들은 세대를 이어 새로운 금동관을 보유했다. 이는 그들의 자치적 권위가 여전히 유지되었음을 보여준다. 그런데 앞서 언급한 직(職)은 바로 이 과정에서 간층에게 수여되었다. 그렇다면 금동관은 간층이 성주의 통치를 위한 직(職)에 참여하는 대신 자치적 기반을 인정받는 상징물이었던 것이다. 앞의 촌간은 이러한 존재 중에서도 최고의 급(級)에 해당한다. 여기서는 촌간이 지역별로 한 명씩만 보인다[라-2]. 그러나 금동관의 보유자가 분산된 점으로 보아 실제로는 두 세명 전후의 간(干)이 존재했을 것이다.

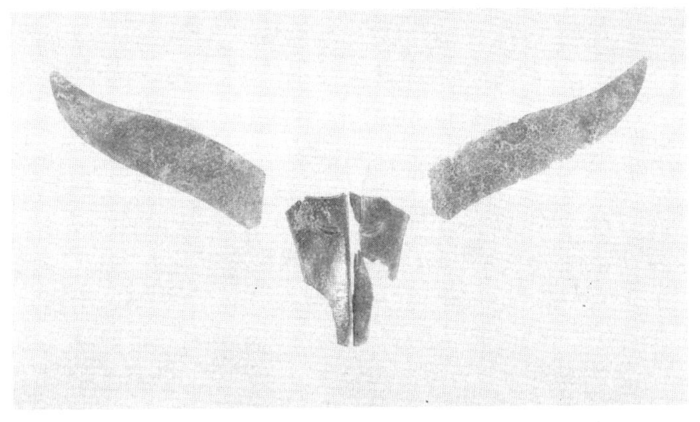

〈사진 51〉 조영 CⅠ-1곽 관식

　이에 비해 경산 조영 CⅠ-1호<사진 51>, 대구 달서 51-2 곽, 탑리고분 2곽에서는 금동제 관모가 최고 위세품으로 부장되었 다. 금은 과대(銙帶)는 도굴 피해를 입은 조영 EⅢ-2호에서만 최 고 위세품으로 부장되었으며, 달서 51-2곽처럼 대부분 보다 상위 위세품과 동반되었다<사진 52>. 금은장 대도(大刀)도 이와 유사 한 경향을 보인다<별표 6>. 그 부장자들은 금동관 부장자보다 한 단계 낮은 직(職)을 부여받았을 것이다. 철제 대도를 최고 위세품 으로 하는 주인공의 위계는 더욱 낮았을 것이다.

　이상의 유물은 주로 간층의 묘곽에서 출토되었다. 그렇다면 이들의 직은 간층 내의 자치적 위계에 따라 수여되었다고 볼 수 있다. 기존 간위가 분화된 추세로 보아 이들도 '··간(干)'을 칭했을 것이다[72].

　반면 호민층의 위세품은 대체로 직(職)을 상징할 정도에는 미 치지 못하고 있다. 또한 이들에 대한 기록이 전무한 점을 고려할 때, 이들은 성주의 통치조직 내에는 공식적으로 편성되지 않았다 고 생각된다. 마구류나 금은장(金銀裝) 성시구(盛矢具) 등을 보유한

---

72) 유력한 재지세력이 간(干)을 사여받았다는 견해는 이미 제시되었다[주보돈, 1995, 앞글, p.35]. 이는 그들의 지배권을 강조한 것인데, 구체적인 수여범위 는 명시되지 않았다.

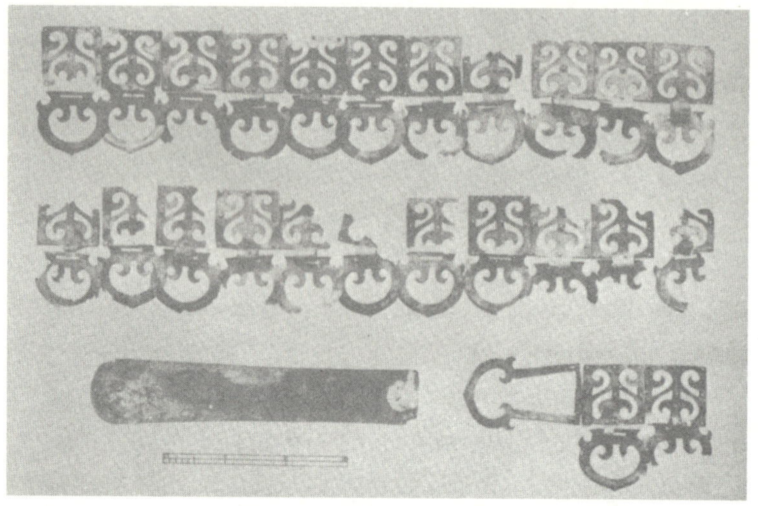

〈사진 52〉 달서 51-2곽 은제과대

상층 호민은 이 통치조직에 협조했을 가능성이 있지만, 이것만으로는 성주의 직접적인 통제를 상정하기 어렵다. 이들은 간층을 통해 간접적으로 통제되었을 가능성이 크다.

이처럼 5세기 초까지 기존 소국의 간층은 성주의 통치에 협조한 대가로 위계화된 직(職)을 부여받았다. 이는 기존에 분화된 간위를 승인 받는 형태로 이루어졌다. 간층 이하에 대해서는 이들의 통제권이 용인되었다. 후대의 외위(外位)와 달리, 이는 자치적 위계질서 내의 위상을 통치조직으로 흡수한 셈이다. 이것이 성주의 통치에 이용되면서 일종의 성사조직(城司組織)을 구성한 것이다.

그 중에서도 금공품의 수여가 많았던 지역에서는 성사조직의 편성이 비교적 빨랐을 것이다. 반면 금공품의 수여가 미미한 지역에서는 그 편성도 늦었다고 볼 수 있다. 이러한 지역에서는 간층의 자치적 성격이 상대적으로 강했던 것이다.

(3) 촌의 편성

성주가 파견된 성은 중앙정부와 읍락들을 연결하는 거점이기도 했다. 그런데 읍락집단은 이미 4세기 전반부터 성주의 간접통제를 받기 시작했다[73]. 이에 성사조직이 편성되는 과정에서 이러한 통제가 어떻게 변화했는지 주목된다.

앞서 언급했듯이, 4세기 후반 이후 경주 인근을 중심으로 읍락지역에서도 계층분화가 진전되었다. 이 과정에서 일부 읍락 간층은 은장마구(銀裝馬具) 같은 위세품을 보유할 수 있었다. 국읍 간층의 위세품과 비교할 때, 이는 공식적인 간위와는 거리를 두었을 것이다. 다만 금은 위세품의 정치적 상징성으로 볼 때, 여기에는 성주의 통치에 대한 협조가 전제되었을 가능성이 크다. 이에 읍락집단도 일정한 편제의 대상이 되었는지 궁금해진다.

이와 관련하여 백제의 상황이 주목된다. 광개토왕비에 의하면, 고구려·백제에서는 최소한 4세기 말 이전부터 성 주변의 읍락들이 촌(村)으로 편제되었다. 기존 연구에서 이는 대체로 인정되고 있다[74]. 고구려의 영향권 하에 있었던 신라도 위 읍락들을 유사하게 편성했을 개연성은 있다. 그러나 이를 판단하기 위해서는 보다 적극적인 근거가 요구된다.

예를 들면 5세기 초 예천, 성주 등의 촌간(村干)들은 일정한 시사점을 제공할 수 있다. 이들 국읍 간층에게 촌(村)이 관칭(冠稱)되었다면, 당시의 국읍은 하나의 촌처럼 인식된 셈이다. 동시에 국읍과 읍락이 고립적으로 인식되면서 양 지역은 옛 소국단계의 수직적 연계를 상실했다고 볼 수 있다. 즉 읍락집단에 대한 국읍 집단의 지배력이 거의 상실된 것이다. 이러한 상황에서 국읍지역이 촌으로도 인식되었다면, 읍락지역에서도 이와 유사한 편제가 이루어졌을 것이다. 적어도 당시까지는 변경의 일부 읍락이 촌으로 편성된 것이다.

경주 인근의 상황은 영일 냉수리비(冷水里碑)[503]를 통해 파악될 수 있다<사진 46>. 이에 의하면 촌주(村主)들의 협조 하에 진이마촌(珍而麻村)의 재(財) 문제가 처리되었는데, 이 재(財)는 이미 실성대(實聖代)[402~417]·눌지대(訥祇代)[417~458]의 왕교(王

---

73) 이에 대해서는 3장의 서술을 참조.
74) 김영심, 「백제의 성, 촌과 지방통치」, 『백제연구』28, 1998, pp.193~194.

敎)를 통해 절거리(節居利) 집단의 소유로 인정된 바 있다. 당시 왕교의 대상이 절거리만은 아니었다[75]. 그렇다면 5세기 초까지는 마립간이 읍락 내 소유권 문제에 대해 결정권을 행사할 정도의 지배력을 확보한 것이다. 이는 읍락 단위 통치구역의 편성을 전제로 하지 않으면 납득하기 어려운 현상이다. 최소한 당시까지는 진이마촌이 편성되었다고 보아야 할 것이다. 이외에 사도성 인근 읍락들처럼 원래부터 성의 통제를 받던 경우도 촌의 편성이 빨랐을 것이다.

이처럼 촌은 경주 인근으로부터 시작해 5세기 초까지는 변경지역까지 확대되었다. 그러나 성주가 촌인들에게 일정한 직(職)을 수여한 사례는 발견되지 않는다. 이는 촌의 지배구조가 거의 읍락간(干)의 자치조직으로 이루어졌음을 보여준다. 다만 성주는 그 간을 촌주(村主)로 승인하고 읍락을 촌으로 편성한 것이다.

그런데 자치성(自治城)에 속한 읍락들은 이러한 편제에 포함되었는지 불분명하다. 일단 당시 촌을 상정해 주는 기록은 경주 인근지역이나 성주가 파견된 지역에 한정되고 있다. 이러한 상황에서 성주가 자치성 하부의 읍락들을 행정적으로 편성했다고 보기는 어렵다. 적어도 자치성에 속한 읍락들은 촌의 편성에서 뒤졌음을 알 수 있다. 그렇다면 5세기 초까지는 신라 국가에 의해 촌으로 편성된 읍락과 자치성주에 예속된 읍락이 공존한 것이다.

3. 초기 성[촌]제의 운영

성[촌]제의 편성은 옛 소국지역을 보다 체계적으로 지배하기 위한 조처였는데, 앞절에서 다룬 것은 주로 외형적 틀이었다. 실질적인 지배형태를 알기 위해서는 그 운영이 어떠했는지 파악되어야 한다. 이에 본절에서는 성[촌]제의 운영이 기존 국성체제의

---

75) 이와 관련하여 실성왕과 눌지왕이 사유재산 보호에 대한 교(敎)를 내렸다는 견해도 있다[이종욱, 「영일냉수리비를 통하여 본 신라의 통치체제」, 『이기백선생고희기념한국사학논총』상 −고대편·고려시대편−, 일조각, 1994, p.113].

그것과 어떻게 다른지 살펴보려 한다.

우선 성에 대한 관리의 측면을 보자. 마립간은 내물 2년, 17년에 각 지로 사신을 보내 직(職)의 수여와 진휼을 관리했다[76]. 이는 이미 정청(政廳)의 업무로 취급되었던 지방통치 기능이 더욱 중시되었음을 의미한다. 동시에 성주들에 대해 보다 효율적인 관리체계가 요구되었음을 알 수 있다.

여기서 사료 라-3)의 굴헐역(屈歇驛)이 주목된다. 이는 동해안에 한정된 자료이지만, 성[촌]제가 편성된 시기에 출현한 역(驛)이 단순히 상징적인 의미로만 받아들여질 수는 없다. 이와 관련하여 실제 역(驛)의 설치를 상정하기도 한다[77]. 그러나 신라에서 역이 정비된 것은 훨씬 후대의 일이다. 다만 '굴헐역'은 사실상 목책(木柵)이나 성으로서 동해안 방면으로의 연락기능을 했을 것이다. 또한 4세기 말경 왜가 낙동강 하구 방면으로 침입했을 때, 이 방면의 성들은 거의 하나의 전략적 권역으로 인식되었다[라-4]. 이러한 상황에서 성간(城間)의 연결체계가 마련되어야 했을 것이다.

마립간의 명령이 지역세력에 대해 관철되는 과정도 유사한 현상을 보여준다. 예를 들면 각 방면의 촌간(村干)들을 불러들이는 명령이 즉시 전달된 바 있다[라-2]. 이것 자체는 '사신'의 파견을 통해 이루어졌을 것이다. 다만 이는 성주들에 대해서도 위와 같은 관리체계가 갖춰졌음을 전제로 한다. 그렇다면 적어도 성들 사이에는 중앙의 명령을 전달하는 체계가 갖춰진 것이다. 전략적 요충지를 중심으로 이루어졌던 기존 거점성간의 연계가 주변 소국 지역으로 확산된 것이다.

그런데 성 단위에서 신라 국가의 지배력을 행사하는 실질적인 수단은 성사조직(城司組織)이었다. 예를 들면 촌간들은 이 조직에 편입되어 성주의 통제를 받았다. 이를 기반으로 읍락지역에서는 마립간이 재(財)의 소유권을 결정할 수 있었다. 성이 설치된 국읍에서는 성주가 그 이상의 결정권을 행사했을 것이다. 그렇다면

---

76) 『삼국사기』 신라본기 해당조.
77) 서영일, 1999 앞책, p.61.

국읍 간층은 기존의 자치적인 중요 사안에 대해서도 결정권을 상실한 것이다.

이러한 조건에서 간층은 성사조직의 직(職)을 수여 받았다. 국성체제에서는 성주의 통치가 간층의 자치적 질서를 조정, 통제하는 수준에 머물렀었다. 이제 간층은 지방통치조직의 구성원으로서 성주의 지배대상으로 격하된 것이다. 당시 간층(干層)이 군신(群臣)과 국중호협(國中豪俠)에 포함된 것도 이와 무관하지 않다. 이들이 성사조직에 흡수되면서 중앙정부 차원에서도 신라 국가의 구성원으로 인식된 것이다.

그러나 이들의 자치권이 완전히 상실된 것은 아니었다. 성사조직의 구성에서 간 집단의 위계질서가 그대로 이용된 점이 이를 말해준다. 또한 호민 이하 계층에 대해서는 성주나 신라 국가가 직접 통제했다는 근거가 찾아지지 않는다. 그렇다면 이들에 대한 통제는 간 집단을 매개로 이루어졌을 것이다. 이런 점에서 성사조직은 성주의 통치조직과 간층의 자치조직이라는 성격을 동시에 띠었다고 볼 수 있다.

그 조직은 국읍지역 뿐만 아니라 읍락지역을 통제하기 위한 것이기도 했다. 이는 촌주를 매개로 했다는 점에서 일종의 간접지배로 볼 수 있다. 그러나 촌주의 재량권에는 한계가 있었다. 이러한 상황에서 촌내의 중요 사안에 대해서는 성주가 결정권을 행사했다. 촌주는 일상적인 사안에 대해서만 자치권을 행사한 것이다. 다음 사료는 이러한 변화가 민(民)에 대한 통제와도 무관하지 않았음을 보여주고 있다.

라-5) 봄 여름에 크게 가물어 흉년이 들고 백성들이 굶주려 유망(流亡)하는 자가 많았다. 이에 사신을 보내어 창름(倉廩)을 열어 진휼했다『삼국사기』 권제3 신라본기 내물이사금 17년].

라-6) 백제 독산성주(禿山城主)가 300인을 거느리고 항복해 오니, 왕이 이를 받아들여 6부(部)에 분거(分居)시켰다. 백제왕이 글을 보내 말했다. "양국이 우호를 맺고 형제가 되기를 약속했는데, 대왕이 우리의 도망한 백성들을 받아들이니 [이는] 화친의 뜻에 심히 어긋납니다. [이는] 대왕에게 바라던 바가 아니니 이들을 돌려보내기를 청합니다". [신라왕이] 답해 말했다. "백성은 상심(常心)이 없으므로, 생각이 나면 오고 싫으면 떠나는 것이 진실로 당연합니다. 대왕은 백성들의 불안을 근심하지 않고 과인을 책하니 어찌 그리 심할 수가 있습니까?" 백제가 이를 듣고 다시 말하지 않았다(『삼국사기』 권제3 신라본기 내물이사금 18년).

사료 라-5)에 의하면 가뭄으로 흉년이 들어 진휼이 이루어졌다고 한다. 백성들에 대한 진휼 기사는 이미 파사 2년부터 자주 보이지만[78], 이것이 백성들의 유망(流亡)과 연관지어 언급된 것은 처음이다. 농업생산력의 수준이 낮았던 당시 사회에서 인민의 기근이나 유망은 흔한 현상이었다. 그럼에도 불구하고 이 문제가 심각하게 인식된 것은 역설적으로 민호(民戶)를 확보하려는 국가적인 의지가 크게 확대되었음을 의미한다.

이러한 관심은 라-6)에서 더욱 잘 드러난다. 내물 18년 백제 독산성주(禿山城主)가 그 휘하의 300인과 함께 항복해 오자, 왕은 이를 6부(部)에 분거시켰다. 이들의 대부분은 원래 성의 통제를 받던 백성들이었을 것이다. 마립간은 백제와의 마찰을 감수하면서까지 이들을 받아들였다. 그 만큼 인민의 확보와 통제에 많은 노력을 기울인 것이다. 그러나 당시 개별 민호에 대한 직접지배가 이루어졌다고 보기는 어렵다[79]. 이에 민호에 대한 통제가 실제로 어떠했는지 궁금해진다.

일단 4세기 중엽 이후 민호들은 읍락 단위로 성에 소속되었다. 백제인 300인도 부별(部別)로 분거되었다고 하므로, 당시의 민호도 읍락 단위로 통제되었을 가능성이 크다. 또한 사도성의 경우처럼 성 인근의 민호들은 읍락 단위로 성을 운영하기 위한 인적·물적 부담을 졌으리라 짐작된다. 예를 들면 안라인수병(安羅人戍

---

78) 『삼국사기』 신라본기 파사이사금 2년, 27년, 일성이사금 12년, 내해이사금 15년, 31년, 미추이사금 3년, 흘해이사금 4년.
79) 제 5장에서 다루듯이, 개별 연(烟)을 성에 긴박시키는 체제는 6세기에 가서야 확인된다.

兵)과[라-4] 유사한 수병은 신라의 변경에도 존재했을 것인데, 이들이 경주 출신만으로 충원되었다고 보기는 어렵다. 주변 읍락의 민호들도 여기에 동원되었을 것이다.

이처럼 성주는 민호들을 읍락별로 성에 소속시켜 그 인적·물적 자원으로 삼았다. 이러한 체제를 유지하기 위해 개별 민호의 유망이 정책적으로 억제된 것이다.

그런데 이상의 변화는 옛 소국지역에서 경제적 수탈을 안정적으로 증대시키기 위한 노력이기도 했다. 이와 관련하여 내물 42년[397] 하슬라(何瑟羅)의 1년 조조(租調)를 면제시킨 사실이 주목된다80). 기존에도 공납적 수취가 이루어진 사실은 앞서 지적되었다. 다만 특정 지역의 수취를 일시적으로 면제한 것은 처음으로 보인다. 이는 공납적 수취가 옛 소국 단위를 중심으로 확산되면서 징수 시기도 정례화되었음을 보여준다. 일부 지역에 한정되었던 공납적 수취가 이제 변경지역까지 확대되는 한편 그 주기도 정례화된 것이다.

노역 동원에서도 일정한 변화가 확인된다. 눌지 13년[429] 시제(矢堤)의 구축이 이를 말해준다81). 대규모 수리시설에 대해 국가적인 관심이 표명되었다면, 이를 구축한 주체는 신라 국가였을 것이다. 이 과정에서 지역민들이 동원되었을 것이라는 점은 쉽게 짐작된다82). 물론 소국인들의 동원은 기존 거점성의 구축에서도 이루어졌다. 그런데 이는 자치권을 유지한 간층의 협조를 통한 것이었다. 이와 비교할 때, 수리시설의 구축은 수취 확대라는 정책적인 차원에서 이루어졌다. 그 만큼 대규모 노역 동원에서 국가의 임의성이 확대된 것이다. 여기에도 간층의 협조는 필요했으나, 이는 성사조직의 차원에서 이루어졌다. 이를 통해 노역동원도 일종

---

80) 『삼국사기』 권제3 신라본기 해당조.
81) 『삼국사기』 권제3 신라본기 해당조.
82) 『삼국사기』 백제본기에 의하면 진사왕 2년[386] 15세 이상 되는 자들이 징발되어 관문을 건설했고, 전지왕 13년[417]에도 같은 방법으로 성을 구축한 바 있다. 그렇다면 당시 신라와 백제의 노역동원이 유사한 수준에서 이루어졌을 가능성이 크다.

의 수취 형태로 변화한 것이다.

4. 초기 성[촌]제의 특징

이상에서 살폈듯이, 성[촌]제 하에서 간층은 자신의 세력기반을 유지한 채 성사조직에 참여했다. 이러한 역할은 일종의 직(職)으로 설정되었다. 성주는 이를 이용해 지역세력을 지배했다. 읍락지역에 대해서도 촌의 중요 사안을 통제할 정도의 지배력이 확보되었다. 이를 통해 공납적 수취가 변경지역까지 확대되는 한편, 수취 주기도 정례화되었다. 소국인들에 대한 노역 동원도 수취의 형태를 띠게 되었다.

그 결과 신라 국가는 대부분의 국읍과 읍락 단위에 대해 실질적인 지배력을 행사할 수 있었다. 또한 통치구역과 통치조직의 측면에서 신라의 지방통치는 점차 제도화의 단계에 진입했다. 이를 기반으로 일부 성주는 명목상 군주(郡主)를 칭하게 되었다. 앞서 언급한 시대변혁(時代變革)과 명호개역(名號改易)은 이러한 변화가 상당히 진행되었음을 반영하는 것이다.

그런데 이러한 변화는 경주 인근으로부터 점차 확산된 결과 지역별로 차이가 있었다. 호민층 이하에 대해서는 여전히 간층이 매개 역할을 했다. 또한 자치성에 대한 통제는 읍락 간을 매개로 이루어졌다. 대상 범위의 측면에서 신라 국가의 지배력은 아직도 불완전했다고 볼 수 있다. 자연히 성[촌]의 제도적 편성도 미숙할 수 밖에 없었다. 이런 점에서 5세기 초까지의 성[촌]제는 기존 성주의 통치가 제도화하는 과도기적 성격을 띤 것이다.

5 군·성[촌]제의 정비와 그 의미

제5장

군·성[촌]제의 정비와 그 의미

5세기 초까지 신라의 성[촌]제는 지역세력의 자치적 기반을 승인한 상태에서 운영되었다. 이를 통한 지배대상은 여전히 제한적이었으며, 지배형태에서도 한계가 적지 않았다. 그렇다면 신라국가가 이를 어떻게 극복했으며 이에 대한 지역세력의 대응은 어떠했는지 파악될 필요가 있다.

이와 관련하여 지증왕(智證王) 6년[505] '주군현(州郡縣)'의 편성과 실직주(悉直州)의 설치가 주목되어 왔다[1]. 이에 대해서는 주군제(州郡制)의 실시를 받아들이는 쪽과 주(州)의 설치만을 인정하는 쪽이 대립되어 왔다[2]. 일단 주군현(州郡縣)의 편성을 액면 그대로 받아들일 수는 없다[3]. 다만 대상 지역이 '국내(國內)'에 걸쳤다는 점으로 볼 때, 6세기 초까지 국가적인 차원에서 보다 일원적인 지역편제가 시도되었을 가능성이 확인된다.

그런데 이러한 시도는 지증왕대 초기에 돌발적으로 이루어졌다기보다 기존의 지역편제를 기반으로 했을 것이다. 이런 점에서 5세기경 군·성[촌]의 편성 가능성이 상정된 것은[4] 타당하다고 생각된다. 그러나 소국집단이 여기로 흡수되는 과정이나 실질적인

---

1) 『삼국사기』 권제4 신라본기 지증마립간 6년.
2) 이에 대해서는 머리말의 1절을 참조.
3) 현제(縣制)는 삼국통일 이후에 편성되었다[이종욱, 1974 앞글, p.28].
4) 전덕재, 1990 앞글, pp.45~55.

운영방식에 대해서는 설명이 미흡한 형편이다. 이와 관련하여 4장의 검토를 인정할 수 있다면, 지증왕의 '주군현' 편성은 기존의 성[촌]제가 보다 체계화된 결과로 보아도 좋을 것이다.

이와 관련하여 필자는 5세기 중엽부터 집중적으로 나타나는 성들을 중시했다. 여기에는 지방통치 방식의 변화가 내포되었을 가능성이 크기 때문이다. 본장에서는 성주의 위상 변화와 그 통치조직의 정비 및 운영을 통해 이 문제에 접근하려 한다. 이를 밝힌다면, 신라 국가의 영역지배가 제도적으로 정비되는 과정도 해명될 수 있을 것이다.

1. 계층분화의 진전과 읍락집단의 분화

기존 성[촌]제는 소국 간층이 연립적 구조로 재편되고 호민층이 분화하는 과정에서 편성되었다. 주군제의 성립 이전부터 기존 성[촌]제의 재편이 시도되었다면, 이것 역시 5세기 중후반경 지역 세력의 동향과 밀접히 연관되었으리라 짐작된다. 본절에서는 이들의 동향을 통해 기존 성[촌]제가 재편될 가능성을 탐색해 보려 한다.

유감스럽게도 이에 대한 상황을 직접적적으로 전하는 자료는 없다. 다만 다음 사료를 통해 대체적인 방향성을 짐작할 수 있을 뿐이다.

마-1) 봄 2월 사물현(史勿縣)이 장미백치(長尾白雉)를 바치니, 왕이 이를 기쁘게 여겨 현리(縣吏)에게 곡식을 하사했다『삼국사기』권제3 신라본기 눌지마립간 25년].

마-2) 봄 정월 말갈이 대대적으로 북경(北境)에 들어와 이민(吏民)을 죽이고 잡아갔다. 가을 7월 또 대령책(大嶺柵)을 습격하고 이하(泥河)를 지나니, 왕이 백제에 글을 보내 구해주기를 청했다. 백제왕이 다섯 장군을 보내 이를 도우니, 적이 듣고서 물러갔다『삼국사기』권제1 신라본기 지마이사금 14년].

사료 마-1)에 의하면 눌지 25년[441] 사물현(史勿縣)이 장미백치(長尾白雉)를 바친 뒤 그 현리(縣吏)들이 곡식을 하사 받았다. 후대의 현은 국읍지역을 대상으로 한 경우도 있으나[5] 일반적으로는 기존 국읍 사이의 대읍락에 편성되었다. 이에 위 사료의 현리들은 읍락지역 성주에 소속된 관리였을 가능성이 크다. 내물대부터 직(職)이 지역세력에게 수여된 점을 고려하면, '현리'의 대부분도 지역세력이었을 것이다[6]. 이들의 편성은 읍락집단에 대해서도 일정한 재편을 필요로 했을 것이다.

사료 마-2)에서는 지마(祇摩) 14년[125] 말갈이 북경(北境)에 들어와 이민(吏民)을 죽이고 잡아갔다고 한다. 여기서 북경은 이하(泥河)나 그 북쪽의 대령책(大嶺柵) 주변일 것이다. 그러나 신라가 하슬라 이북으로 진출한 것은 4세기 말 이후이므로, 이 전투는 지마대에 일어났다고 보기 어렵다. 신라·백제가 연합하여 고구려에 대항하는 현상은 고구려의 남하가 본격화된 5세기 말경에 주로 확인된다. 그러므로 이 사료는 5세기 말 전후의 사실을 반영할 것이다.

여기서 이민(吏民)은 지배계층과 피지배계층을 지칭한다[7]. 사전적인 의미에서 이들은 변경지역의 토착 하급관리와 백성으로 볼 수 있다. 그 의미에 대해서는 다음 절에서 다루겠지만, 일단 이는 지역세력에 대한 재편이 변경지역과 하위 계층으로 확산되었을 가능성을 보여준다.

이처럼 5세기 중후반경 지역세력의 재편은 공간적인 측면에서는 변경과 읍락 단위로, 계층적인 측면에서는 하위 지배집단으로 확산되어 갔다. 그러면 당시의 고분자료를 통해 그 내용을 좀 더 구체적으로 살펴보자.

먼저 <별표 7>에 인용된 간 집단을 살펴보자. 달서 55호의 도자 20점과 철부 20점, 복천동 53호의 도자 33점과 철부 13점 등

---

5) 『삼국사기』 권제34 지리1 임고군.
6) 주보돈, 「신라의 촌락구조와 그 변화」, 『국사관논총』35, 1992, p.67.
7) 홍승기, 「1~3세기 민의 존재형태에 대한 일고찰」, 『역사학보』63, 1974, p.23.

에서 보듯이, 간층은 농기구의 보급에서 여전히 우세한 위치를 차지했다. 그러나 금동관을 부장한 양산 부부총이나 금조총, 경산 임당 2북호, 5B1호, 조영 EⅡ-1호, 대구 달서 37호, 부산 연산동 4호 등에서도 농기구는 부, 겸, 도자를 합해 몇 점 정도만 부장되었다. 기경구인 가래류는 조영 EⅡ-2호 외에 의성 대리 3호 2곽, 교동 1호 정도에서만 보인다. 철기를 통해 권위를 과시하려는 의도가 더욱 약화되었음을 알 수 있다.

반면 금은 위세품이나 묘곽배치에서는 무시할 수 없는 변화가 확인된다[8]. 간층이 금동관 등의 위세품을 부장한 것은 이전과 같다. 그런데 양산에서는 금동관이 부장된 신기리 1호 주변에 철기 몇 점 정도를 부장한 묘곽들이 많다<그림 6>. 인근 북정리고분군에서도 금동관이 부장된 묘곽들 주변의 5·7·9·17·19·22호에는 철기가 전혀 부장되지 않았다<사진 53>. 조영 EⅡ·Ⅲ지구의 주변부 묘곽들처럼 5세기 중엽 이후 기존 간층의 우세집단 묘곽이 소형화되기도 했다[9]. 반대로 복천동고분군의 39호, 47호, 49호, 53호처럼[<그림 2>의 **나** 및 **다** 남쪽부분], 기존 간층 묘역으로부터 떨어진 곳에 대형묘들이 분산적으로 분포하는 경우도 보인다. 신흥리고분군에서는 기존의 우세집단 묘역이 아닌 라지구 정상부에 1호가 위치하여 은제과대 등을 부장하였다.

이처럼 5세기 중후반에는 간층의 개별집단 내에서도 위세품에 차등이 커질 뿐만 아니라 소집단의 부침과 탈락이 심화되었다. 이는 개별집단의 자치적 기반보다 소가계집단의 비중이 상대적으로 커졌음을 의미할 것이다.

국읍 호민층의 경우는 어떠했을까. 우선 임당 E-11·28·72·73·74·112호처럼 도자 혹은 철겸에 철촉 내지 [금박]이식 정도를 부장한 사람들을 주목해 보자[10]. 이를 획득하기 위해서는 재

---

8) 금은 위세품은 다음 절에서 정리될 것이지만, 여기서는 계층별 보유 범위에 한정하여 정리하기로 한다. 이하의 설명은 <별표 7>의 참고문헌에 의함.

9) 영남대학교박물관·한국토지개발공사경북지사, 『경산 임당지역 고분군』Ⅱ, 1994, 도면31·41.

〈사진 53〉 양산 북정리고분군 전경

생산에 필요한 것 이상의 경제력이 요구되었을 것이다. 그러나 이 정도의 유물은 차별적인 권위를 표현하기에는 미흡하다고 볼 수 있다. 그 주인공들은 대체로 하층 호민이었을 것이다.

이에 비해 임당 E-79호처럼 금동장구(金銅裝具), 철탁, 교구 등을 부장한 사람들은11) 상층 호민이었을 것이다. 복천동 학소대 2구 1호처럼 살포를 부장하거나<사진 54> 복천동고분군 **가**지역 서사면의 108호처럼 쇠스랑, 보습을 부장한 인물들도 비슷했을 것이다<사진 55>. **다**지역 동사면에 위치한 묘곽들처럼<그림 2>, 환두대도나 마구류, 다수의 철정을 부장한 경우도12) 마찬가지이다.

또한 묘역의 확대 현상이 주목된다. 임당 E지구에서 호민층의 묘역은 남쪽으로 확장되는 경향을 보이며, 6세기 초까지 임당C-Ⅰ지구, D-Ⅰ · Ⅱ지구로 확산된다. 동래지역 간층의 묘역이 연산동고분군으로 옮겨간 뒤 복천동고분군 동사면(東斜面) 등에 구

---

10) 한국토지공사 · 한국문화재보호재단, 『경산 임당유적』Ⅵ, 1998.
11) 앞책, p.191.
12) 부산광역시립박물관, 1997 앞책, pp.26~28.

〈사진 54〉 학소대 2구 1호 살포, 철부, 도자, 철겸

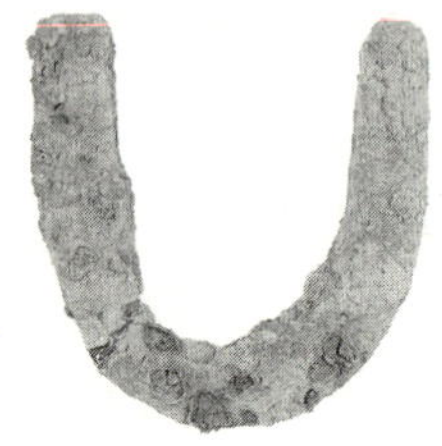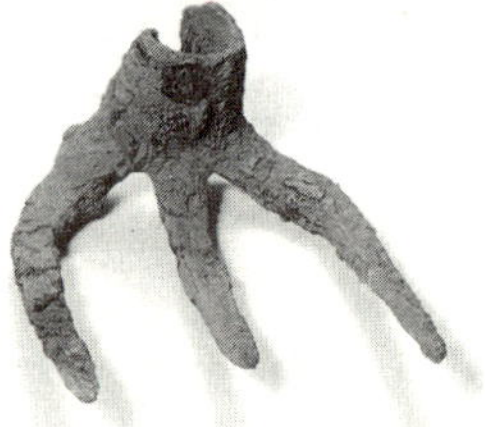

〈사진 55〉 복천동 108호 보습 및 쇠스랑

축된 묘곽들도 이에 포함될 것이다.

이처럼 5세기 중엽 이후 호민층은 숫적으로 더욱 증가했다. 금동 이식의 보급이 크게 보급된 것도 이와 무관하지 않을 것이다. 다만 두드러진 유물상은 일부 묘곽에 한정되며, 하층 호민형의 비중이 절대적이다. 이는 호민층 내의 계층분화가 더욱 심화되었음을 보여준다.

읍락집단의 묘곽은 대부분 철기를 몇 점 정도 부장하거나 전혀 부장하지 못했다. 자연히 철제 농기구를 부장하지 않은 묘곽들의 비중도 여전히 높은 편이다. 이 점은 기존과 같지만, 두 가지 측면에서 중요한 변화가 확인된다.

첫째 기존 고분군 사이에 소규모 고분군이 크게 증가하면서 중형(中形) 고분군과 자연촌 단위의 소형 군집분이 위계화되어 갔다[13]. 이러한 속에서 일부 읍락에서는 철제 내지 금동장(金銅裝) 마구류의 부장이 확대된다. 대구 시지동 158호 석곽[14], 부산 괴정동고분군[15], 임석 5호[16], 청리 E-2호[17], 안동 조탑동 1단계의 1-1호[18] 등이 그것이다. 이러한 묘곽의 비중은 매우 낮으므로, 그 주인공들은 기존 읍락 간층에서 부각된 인물로 생각된다. 그 만큼 읍락지역에서도 간층의 분화가 진전된 것이다.

또한 경산 교촌리고분군이나[19] 안동 조탑동고분군 1단계[20],

---

13) 이성주, 1998 앞글, pp.212~215.
　　달성 문산리 7호에서는 은제 관모가 출토되었는데, 이 고분군은 중소형 고분으로 구성된 문양리고분군을 거느리고 있다[영남문화재연구원, 『달성 문양리고분군 발굴조사』Ⅱ<현장설명회자료>, 2001.3 ; 경상북도문화재연구원, 『대구광역시 상수도 제5차 확장사업 문산리 취·정수장 건립부지내 고분』, 2002.5]. 이들 사이의 종속관계는 중심읍락과 자연부락 사이의 위계화가 진전되는 상황을 보여준다.
14) 영남매장문화재연구원, 『대구 시지동 고분군 발굴조사』, 1997.4, p.5.
15) 정징원, 1992 앞글, p.256.
16) 부산직할시립박물관, 『부산 두구동 임석유적』, 1990, pp.43~46.
17) 한국문화재보호재단·(주)한진중공업, 『상주 청리유적』Ⅷ, 1998, p.344.
18) 경북대학교박물관, 『안동 조탑리고분군('94)』Ⅱ(본문), p.26.
19) 경산대학교박물관, 1996.8 앞글.
20) 경북대학교박물관, 『대구-춘천간 고속도로 건설구간내 안동 조탑리고분군』2('94)(본문), 1996.

수곡2동고분군[21], 상주 청리 E-2호처럼[22] 읍락 단위에서도 금동세환이식의 부장이 크게 증가한다. 철촉과 같은 무기류는 대구 시지동 생활유적처럼 읍락 단위 거주지에서도 발견된다[23]. 이는 읍락 단위에서도 호민층이 크게 증가했음을 보여준다. 그 중에서도 503년 이전부터 재(財)를 두고 다툰 영일 진이마촌(珍而麻村)의 호민들은 상층 호민층에 해당할 것이다.

둘째 읍락지역에서도 두드러진 고분군이 증가한다. 이 중에는 양산 조일리, 칠곡 구암동, 황상동, 대구 불로동<사진 56>, 가천동, 성산고분, 안동 지동, 영일 냉수리처럼<사진 57> 금동관, 금은제 관식, 과대가 부장된 사례가 많다<별표 7>. 구체적인 내용과 의미에 대해서는 뒤에서 다루겠지만, 이는 일부 읍락에서 기존 간층의 분화가 두드러졌음을 의미한다. 여기에는 간층의 특정 인물이 부각될만한 이유가 있었을 것이다. 특히 소읍락 및 호민층의 증가는 읍락내 최고위자의 위상을 높였다고 볼 수 있다.

이상과 같이 5세기 중후반경 철제 농기구의 질적 개선은 두드러지지 않았으나, 소읍락과 호민층의 증가는 그 보급이 양적으로 더욱 확대되었음을 보여준다. 이는 대읍락의 중심지 기능을 강화하는 토대가 되었다. 5세기 말~6세기 초경 대구 시지동 생활유적에서 이루어진 단야작업은[24] 이와 무관하지 않다. 이곳 간층은 철소재로 완제품를 제작해 소읍락으로의 유통을 확대시켰을 것이기 때문이다. 이것이 시지읍락의 중심지 기능을 강화시켰음은 물론이다.

그런데 5세기 후반경부터 밀양 사촌 등지에서는 대규모 제련공정이 운영되었으며, 엄격한 규정 하에 국가적인 관리와 경영이

---

21) 안동군·안동대학박물관·경북대학교박물관, 『임하댐수몰지역 문화유적 발굴조사보고서』Ⅱ, 1989.
22) 한국문화재보호재단·한진중공업, 『상주 청리유적』Ⅷ, 1998, p.344.
23) 영남문화재연구원·대구광역시도시개발공사, 『대구 시지지구 생활유적』Ⅱ, 2000, p.250.
　　위책Ⅲ, p.272.
　　위책Ⅳ, p.118.
24) 영남문화재연구원·대구광역시도시개발공사, 『대구 시지지구 생활유적』Ⅰ, 1999, p.205, p.529.

〈사진 56〉 대구 불로동고분군

〈사진 57〉 영일 냉수리고분

이루어졌다25). 철소재의 생산과 유통에서 신라 국가의 지배력이 그 만큼 강화된 것이다. 그렇다면 당시 철제 농기구의 보급 확대도 신라 국가의 주도 하에 진행되었다고 볼 수 있다.

중요 재화의 유통에 대한 국가적인 관심은 다른 측면에서도 확인된다. 이미 눌지(訥祇) 13년에는 시제(矢堤)의 구축이 강조된 바 있고26), 동 22년에는 인민들이 우차(牛車)의 법을 배웠다고 한다27). 그 만큼 농업생산력의 증대와 생산물의 유통에서 국가적인 역할이 커진 것이다.

이처럼 5세기 중후반에는 간층 내 소가계집단의 부침이 심화되는 한편, 읍락 간층과 호민층의 분화가 심화되었다. 그 과정에서 대읍락 집단이 부각되기 시작했다. 여기에는 철기 보급의 양적 확대와 이에 대한 신라 국가의 통제가 동반되었다. 이러한 상황에서 기존 성[촌]제는 지역세력을 충분히 통제하는 데 일정한 한계에 봉착했을 것이다. 이에 대한 대응은 다음 절에서 다루어질 것이다.

2. 군·성[촌]제의 정비

(1) 5세기 중후반의 축성활동과 도사[당주]

5세기 초까지 소국지역에 대한 성주의 파견이 본격화되었으나, 읍락지역에 대한 지방관의 파견은 극히 제한적이었다. 그런데 5세기 후반에는 여기에 적지 않은 변화가 확인된다. 본 소절에서는 그 과정을 통해 성주들의 위상에 초래된 변화를 파악하려 한다.

우선 당시 지방관 파견과 관련하여 다음 사료가 주목된다.

마-3) 3월 주군주(州郡主)가 농사를 권하도록 각각 명령(分命)했다『삼국사기』권제4 신라본기 지증마립간 3년].

---

25) 국립김해박물관, 『밀양 사촌 제철유적』, 2001, pp.153~158.
26) 『삼국사기』 신라본기 해당조.
27) 『삼국사기』 신라본기 해당조.

위 사료에서 지증마립간은 주주(州主)·군주(郡主)에게 농사를 권하도록 명령했다. 그런데 당시 주군제는 실시되지 않았으므로, '주주·군주'는 실제로는 성주일 것이다. 다만 왕이 이들에게 '분명(分命)'했다는 점은 주목된다. 이는 성주의 파견이 지속적으로 확대될 뿐만 아니라 이들에 대한 명령계통도 점차 체계화되었음을 시사하기 때문이다.

또한 5세기 후반에는 '군주(郡主)'와 연관시킬만한 사례가 적지 않게 확인된다. 예를 들면 『일본서기(日本書紀)』 웅략기(雄略紀) 9년[465]에는 왜가 신라의 '방군(傍郡)'을 침략했다고 한다. 이외에 자비(慈悲) 12년[469] 수해 시 마립간이 순행한 '국서주군(國西州郡)', 소지(炤知) 10년[488]에 순행한 일선군(一善郡)과 귀환 도중에 지난 '주군', 소지 22년[500]에 순행한 날이군(捺己郡), 고타군(古陀郡) 등이 주목된다28). 이상의 군(郡)은 상징적인 표현일 수도 있으나, 기존 성이 실제로 새롭게 재편되었을 가능성도 확인된다. 그러나 이것만으로는 성이 상대적으로 증가한 것인지, 아니면 군(郡)이 실제로 편성된 것인지 판단하기 어렵다.

여기서 축성활동은 성주가 파견되는 상황을 파악하는 데 직접적인 자료가 될 수 있다. 특히 자비마립간대(慈悲麻立干代)[458~479] 이후에는 축성활동이 집중적으로 기록되어 일찍부터 주목을 받아 왔다. 이를 좀 더 체계적으로 분석하면 성주들이 파견되는 경향이나 그들의 위상도 파악할 수 있을 것이다. 먼저 자비대 초기의 변경 지역을 보자[이하 <그림 1> 참조].

마-4) 봄 고구려와 말갈이 북변(北邊) 실직성(悉直城)을 습격했다. 가을 9월 하슬라인(何瑟羅人)으로서 나이 15세 이상인 자를 징발하여 이하(泥河)에 [이하는 일명 이천(泥川)임] 성을 쌓았다『삼국사기』 권제3 신라본기 자비마립간 11년].

마-5) 봄 2월 왜인이 삽량성(歃良城)에 침입하여 이기지 못하고 돌아갔다. 왕이 벌지(伐智)·덕지(德智)에게 명하여 병사들을 거느리고

---

28) 이상 『일본서기』 및 『삼국사기』 신라본기 해당조.

길목에서 숨어 기다리다 이를 요격(要擊)하여 대패시키도록 했다. 왕은 왜인이 영토를 누차 침입하는 것을 이유로 연변(緣邊)의 2성을 쌓게 했다[『삼국사기』 권제3 신라본기 자비마립간 6년].

사료 마-4)에 의하면, 고구려와 말갈이 실직성(悉直城)을 습격한 뒤 신라는 하슬라인(何瑟羅人)을 징발해 이하성(泥河城)을 구축했다. 전후 사정으로 보아 이 성은 일단 실직성의 군사적 기능을 보강했을 것이다. 그런데 해당 지역에는 이미 눌지 34년[450]에 하슬라성이 보인다[29]. 이 성과 실직성은 옛 소국 지역을 대표하는 동시에 군사적 거점의 역할도 했다. 그렇다면 이하성은 중심성인 하슬라성을 보조하는 한편 인근 읍락을 통제하기 위해 구축된 것이다.

자비 6년[463]에는 왜인의 삽량성(歃良城) 침입에 대비하기 위해 연변(緣邊) 2성이 구축되었다[마-5]. 자비 22년[479] 왜병이 '양주(梁州) 2성'을 포위 공격한 점으로 볼 때[30], 연변 2성은 삽량성 인근에 위치했을 것이다. 이 성들도 중심성의 통솔 하에 읍락지역에서 방어기능을 수행한 것이다.

소백산맥 방면의 성들은 좀 더 다양한 기능을 보여준다. 다음 사료를 보자.

마-6) 삼년산성(三年山城)을 쌓았다. [삼년이라는 것은 역(役)을 일으키고서 끝날 때까지 3년이 걸렸기 때문에 이름 붙여졌다][『삼국사기』 권제3 신라본기 자비마립간 13년].

마-7) 봄 2월 모로성(芼老城)을 쌓았다[상동 자비마립간 14년].

마-8) 일모(一牟)·사시(沙尸)·광석(廣石)·답달(沓達)·구례(仇禮)·좌라성(坐羅城)을 쌓았다[상동 자비마립간 17년].

위 사료들은 470년대에 와서 신라가 소백산맥 너머로 적극

---

29) 『삼국사기』 신라본기 해당조.
30) 『삼국유사』 권제1 왕력.

진출하는 과정을 보여주고 있다. 당시 백제와 고구려의 대립이 격화되면서 신라는 이 방면으로 세력을 확대하는 데 좋은 기회를 맞이했다. 이에 자비 17년[474]까지 소백산맥 너머와 그 인근 지역에는 삼년산성[보은]<사진 13·58>, 모로성(芼老城)[군위군 효령], 일모성(一牟城)[청원군 문의], 사시성(沙尸城)[옥천], 광석성(廣石城)[영동읍], 구례성(仇禮城)[옥천읍], 좌라성(坐羅城)[영동군 황간] 등이 확보되었다[31].

〈사진 58〉 삼년산성 전경

그런데 신라의 북변이 고정된 것은 아니었다. 최근 조사된 청원 남산골성에서는 고구려 토루가 조사되었는데[32]<사진 59>, 이는 고구려 세력권이 청주 이남까지 미쳤음을 보여준다. 다만 이용 기간이 짧아 고구려가 이를 장악한 기간은 길지 않았다고 판단된

---

31) 이상 지명비정은 다음을 참고함.
   서영일, 1999 앞책, pp.80~81.
   양기석, 「신라의 청주지역 진출」, 『신라 서원소경 연구』, 서경, 2001, pp.17~18.
32) 충북대학교박물관, 『청원 I.C.-부용간 도로확장 및 포장공사구간 충북 청원 부용리 남성골 유적』, 2002.

①

②

다. 그 뒤에는 삼년산성, 일모성, 답달성 등이 고구려가 장악한 안성, 진천, 괴산의 선[33] 남쪽에서 일렬로 늘어선 형세를 보이게 되었다.

　이 점만 고려하면 당시의 축성활동은 변경지역의 방어에만 목적을 둔 것처럼 보인다. 그런데 이들 중에는 상호 유기적인 관계도 확인된다. 삼년산성은 진흥왕 15년 이전에 삼년산군(三年山郡)으로 편성되었는데[34], 구

〈사진 59〉 ① 남산골토성 전경, ② 남산골토성 출토 고구려계 흑색 장동호

33) 『삼국사기』 권제35 지리2 한주 괴양군, 백성군, 흑양군.
34) 『삼국사기』 신라본기 해당조.

체적인 시기는 전하지 않는다. 다만 이 방면에서는 이미 와산성(蛙山城)[보은]이 구축되어 세력거점의 역할을 했으며, 이곳을 둘러싸고 백제와 치열한 공방전이 벌어졌다. 이는 1·2세기의 사실로 기록되었으나[35] 실제로는 신라가 이 방면에 진출해 가는 상황을 보여줄 것이다. 이러한 상황에서 3년이나 걸려 성을 구축한 것은 단순한 영역확대 이상의 의미를 가진다. 삼년산성은 기존 와산성의 기능을 강화하기 위해 구축되었을 것이다. 즉 기존 전략적 거점의 역할과 함께 보은지역에 대한 통치를 겸했다고 볼 수 있다. 그 결과 와산성이 삼년산성을 보완하는 기능을 했을 것이다.

　　비슷한 시기에 구축된 매곡산성(昧谷山城)[보은군 회북면 중앙리]은 삼년산성과 일모성의 중간 지점에 위치한다[36] <사진 60>. 이 성 역시 삼년산성의 통솔 하에 주변 읍락들을 통솔했다고 볼 수 있다. 이처럼 읍락성들을 통솔하는 기능은 신라 군치성(郡治城)의 그것과 거의 부합하고 있다. 그렇다면 삼년산성이 군치의 역할을 수행한 것은 늦어도 5세기 말부터였을 것이다.

〈사진 60〉 매곡산성 전경

35) 『삼국사기』 신라본기 탈해이사금, 벌휴이사금.
36) 충북대학교 중원문화연구소, 『보은 매곡산성 지표조사 보고서』, 1998, p.155.

나머지 성들은 대체로 후대의 군(郡) 지역마다 하나씩 보이지만, 이것 자체가 군치성이었는지는 확인되지 않는다. 예를 들면 모로성(芼老城)은 경주로부터 삼년산성으로 통하는 요충지에 위치하는데, 이 방면에는 이미 3세기경 부곡성[군위군 부계]이 확보되어 있었다. 이 성이 주로 낙동강 상류 방면을 통제하는 데 이용되었다면, 모로성은 경주와 삼년산성을 연결하는 중간거점의 역할을 했다고 볼 수 있다. 이러한 기능은 사벌국과 삼년산성 사이에 위치한 답달성[상주시 화서]에서도 크게 다르지 않을 것이다[37].

소지대(炤知代)[479~500]에도 신라의 축성활동은 활발하게 이어졌다. 소지 7년에 구축된 구벌성(仇伐城)[의성군 남광면?], 동 10년에 구축된 도나성(刀那城)[상주시 모서면 도안리?], 동 12년에 중축된 비라성(鄙羅城)[안강읍?] 등이 그것이다[38]. 이 성들의 위치가 불분명하여 그 의미를 정확히 설명하기는 어렵다.

그렇더라도 전체적인 경향을 파악하는 것은 어렵지 않다. 소지 8년에는 삼년산성과 인근의 굴산성(屈山城)[옥천군 청산]이[39] 수축(修築)되었다고 하는데[40], 굴산성은 삼년산성과 일선(一善) 지역을 연결하는 요충지에 위치했다. 소지 16년 이전까지는 모산성(母山城)[진천]과[41] <사진 61> 견아성(犬牙城)[괴산 청천면]이 구축되어 군사적 거점의 역할을 했다[42]. 이러한 성들은 기존의 통치거점을 보강하기 위한 것이었다

---

37) 5세기 후반부터 이용되었을 것으로 추정되는 순흥 비봉산성(飛鳳山城)은[국립문화재연구소, 『순흥 비봉산성 발굴조사보고서』, 1998, p.95] 『삼국사기』 지리지 기록상 군치(郡治)에 해당한다. 그런데 위치상으로 보아<그림 1> 5세기 후반경에는 군사적 거점의 비중이 컸을 것이다.

38) 『삼국사기』 신라본기 해당조.

39) 이 위치가 정확한 것인지는 의문이다. 그러나 이곳이 삼년산성뿐만 아니라 당시 정부(丁夫)들을 동원한 일선계와 가까우므로, 적어도 굴산성(屈山城)이 이 주변인 점은 인정될 수 있다.

40) 『삼국사기』 신라본기 해당조.

41) 『삼국사기』 권제3 신라본기 소지마립간 6년.
충북대학교 호서문화연구소, 『진천 대모산성 지표조사 보고서』, 1996, p.22.

42) 『삼국사기』 권제3 신라본기 소지마립간 16년.

〈사진 61〉 진천 대모산성

　　동해안 방면에서는 소지 3년 고구려와 말갈이 북변(北邊)에
침입해 호명성(狐鳴城) 등 7성을 취하고 미질부(彌秩夫)[흥해]로
<사진 62> 진군했다고 한다. 변경지역에 이처럼 많은 성들이 설
치되었다면, 이는 소국 중심부 뿐만 아니라 읍락지역의 요충지에
도 위치했을 것이다. 삼년산성이나 삽량성의 사례로 보아 실직성
과 하슬라성이 다른 성들을 통솔했다고 판단된다. 반대로 위 호명
성이나 소지 18년 이하 주변에서 확인되는 우산성(牛山城)은[43] 중
심 성의 통솔을 받는 읍락 단위성으로 볼 수 있다.

　　이처럼 5세기 말까지 변경지역에서는 군치성과 읍락성의 분
화가 확인되는 데 비해 내지에서는 이러한 기록이 거의 전하지
않는다. 이 때문에 신라의 지방통치체제는 변경지역으로부터 편성
되었다고 이해되어 왔다[44]. 그런데 내지에서는 주군제 실시 단계
까지도 축성기사 자체가 드문 편이다. 고구려의 침입을 받은 동해
안의 7성 중에도 하슬라 이남인 실직, 울진 등지의 성이 포함되었

---

43) 『삼국사기』 권제3 신라본기 소지마립간 18년, 19년.
44) 전덕재, 1990 앞글, p.46.

지만, 이들의 축성 기사도 전하지 않는다. 또한 5세기 초까지 소국 단위 성주의 파견이 확대된 점을 고려할 때, 위와 같은 축성활동이 변경지역에 한정되었다고 보기는 어렵다. 더욱이 5세기 초 광개토왕의 남정(南征) 이후 고구려가 신라 북변을 차지하는 상황에서 신라는 지역세력의 통제에 노력했을 가능성이 크다. 그렇다면 내지의 축성기사가 드문 이유는 다른 데서 찾아야 한다.

위 축성기사의 성들은 주로 백제·고구려와 대결하는 데 중요한 거점으로서, 신라의 대외적 발전을 드러낸다는 점에서 중시되었을 것이다. 반면 5세기 중엽까지는 고구려와 우호적인 관계가 유지되는 속에서 내지 성들이 부각될 가능성은 희박했다. 기존 자치성에 성주가 파견될 경우에는 축성기사가 기록되지 않는 것이 오히려 당연한 일이다. 여기에 앞서 언급한 자비대 이후의 축성과정으로 볼 때, 위 축성기사들은 적어도 5세기 중엽 이후 내지로부터 확보되어 온 성들이 변경지역으로 확산되는 상황을 보여 줄 것이다.

이상과 같이 5세기 말까지는 내지와 변경지역을 막론하고 중심성과 읍락성에 대한 성주의 파견이 크게 확산되었다. 성들 사이에는 점차 통솔관계도 성립했다. 이는 성주들의 위상에 일정한 차별성을 가져왔다. 그 결과 6세기에는 군치와 읍락의 성주가 당주–도사의 위계를 이루었다. 문제는 그 이전의 상황을 직접적으로 전하는 자료가 없다는 점이다.

〈사진 62〉 흥해 남미질부성 내부 전경

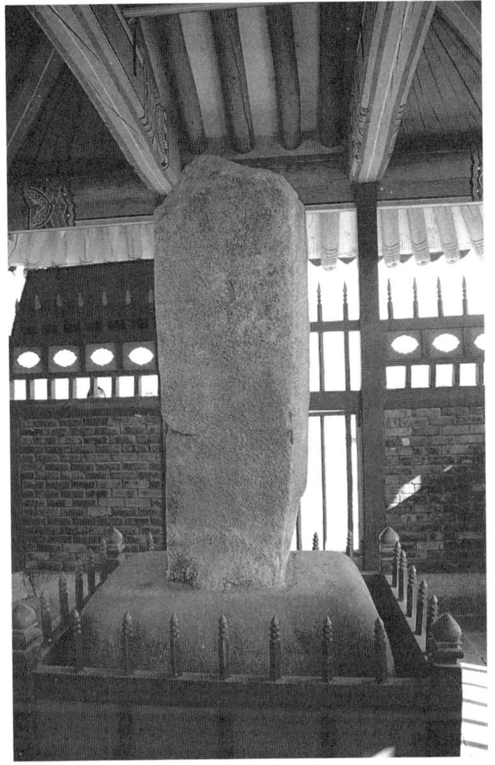

〈사진 63〉 중원고구려비

여기서 4세기말 이후 고구려의 영향력이 주목된다. 이는 지방통치체제에도 적용될 가능성이 있기 때문이다[45]. 광개토왕의 남정 이후 영주, 안동, 임하, 청송 안덕, 영일 청하의 선 이북은 고구려의 세력권으로 편입되었다[46]. 이 일대는 고구려의 군과 현으로 편성되었다고 전하지만[47], 이를 그대로 받아들일 수는 없다. 일단 충주 지역이 국원성(國原城)으로 편성된 것처럼[48], 대부분의 지역은 성으로 편제되었을 것이다. 또한 5세기

말경의[49] 중원고구려비에서 보듯이<사진 63>, 주요 거점에는 당주(幢主)가 파견되었다.

고구려에서 대당주(大幢主)는 대성(大城)의 욕살(褥薩)이나 제성(諸城)의 도사(道使), 성의 누초(婁肖) 등에 딸린 무관이었으며, 말약(末若)[군두(郡頭)]보다[50] 한 단계 높은 위치에 있었다[51]. 여기서 당주가 대성(大城)에 딸린 것은 신라지역의 당주가 국원성에

---

45) 기존 연구에서는 5세기 말의 도사(道使)[주보돈, 1995 앞글, p.67], 6세기 초의 당주(幢主)에 대해 고구려의 영향이 강조되었다[앞글, pp.85~86]. 그런데 5세기 중엽 이후 신라의 영토회복 과정을 고려할 때, 이러한 제도가 반드시 위 시기에 도입되었는지에 대해서는 의문이 있다. 이와 과련하여 신라의 도사가 나제동맹(羅濟同盟)에 따라 백제의 영향을 받았다는 견해도 있다[이종욱, 1974 앞글, pp.37~39]. 그러나 신라에 끼친 정치적 영향의 정도로 볼 때, 여기에는 고구려의 영향이 컸을 것이다. 한편 5세기 초 고구려의 영향으로 신라의 성[촌]이 편성되었다는 견해가 있으나[김재홍, 1991 앞글, pp.3~10], 4세기 말 백제에 성[촌]이 광범위하게 편성된 점으로 보아 그 편성 시기가 반드시 5세기 이후로 한정될 수는 없다. 또한 이것이 반드시 변경 지역부터 실시되었는지도 의문이다.

46) 『삼국사기』 지리지에 의하면, 이곳은 옛 고구려 땅이었다고 전한다. 또한 고구려의 세력권은 직산, 진천, 안성, 음성, 괴산의 선까지 연장되었다고 한다.

47) 이를 군급(郡級) 행정구역 아래의 현급(縣級) 행정구역으로 파악하기도 한다[김현숙, 「4~6세기경 소백산맥 이동지역의 영역향방」, 『한국고대사연구』26, 2002, p.93].

48) 『삼국사기』 권제35 잡지2 지리2 중원경.

49) 중원고구려비의 건립연대에 대해서는 대체로 449년설과[임창순, 「중원고구려고비 소고」, 『사학지』13, 1979, p.57] 481년설이[변태섭, 「중원고구려비의 내용과 연대에 대한 검토」, 『사학지』13, 1979, p.50] 대립되어 왔다. 이중 전자가 대체로 우세한 편이었으나 최근에는 450년 이전설이 주목받고 있다. 이 견해는 본비에서 고구려, 신라의 우호관계가 강조된 반면 『삼국사기』에서는 450년 이후 양국간의 마찰이 심화된 점을 고려하고 있다[이용현, 「중원고구려비와 신라의 제비(諸碑)」, 『고구려연구』10, 2000, pp.468~469]. 그런데 양국이 실직원에서 마찰한 450년 이후 수십년동안 이러한 관계가 고정되었다고 보기는 어려울 것이다. 또한 5세기 중엽에 고구려가 남한강 상류의 중원[충주] 지역을 차지하고 있었다면, 백제로서는 엄청난 위협을 느꼈을 것이다. 그러나 백제가 이에 대비한 흔적은 찾아지지 않는다. 오히려 백제는 북쪽에 대해 관심을 집중시키고 있다[『삼국사기』 권제25 백제본기 개로왕 15년]. 이에 필자는 481년설을 받아들이기로 한다.

50) 이것이 대당주(大幢主) 다음에 나오는 점을 들어 말약(末若)을 당주로 보는 견해도 있다[주보돈, 1995 앞글, pp.85~86]

51) 『한원(翰苑)』 고려.

딸렸던 점과 유사하다. 중원고구려비에 기록된 당주의 숫자로 보아 이들의 파견은 소국 단위 지배거점에 한정되었다고 생각된다. 고구려의 '현'으로 편성되었다는 대읍락에는 당주 휘하의 소성주(小城主)가 파견되었을 가능성도 있지만 구체적인 근거는 없다. 이에 대부분의 읍락에서는 간(干)이 당주의 통제 하에 자치성을 유지했을 것이다.

5세기 중엽 이후 성들간의 위계화가 본격화되면, 신라도 이러한 영향과 무관하지 않았을 것이다. 이에 읍락 단위 성들을 통솔하는 중심 성주는 당주나 도사였을 가능성이 있다. 이 중 당주는 5세기 후반경 '신라토내(新羅土內)'의 소국지역에도 파견되었으나, 중심 성주보다는 소성주의 기능을 수행했다. 또한 이는 금석문상으로 도사보다 47년이나 늦게 출현한다[52]. 이에 5세기 후반경 신라에서 당주가 파견되었을 가능성은 희박하다.

그런데 고구려에서는 도사가 교통로상의 전략적 요충지에 파견되어[53] 소성(小城)들을 거느리면서[54] 당주를 통솔했다. 이는 5세기 중엽 이후 신라의 중심 성주와 유사한 기능이다. 그렇다면 당시 중심성에 파견된 성주는 도사로 보는 편이 옳을 것이다. 적어도 당시부터는 신라에서도 도사가 파견되기 시작한 것이다[55]. 이들이 읍락 단위 성주를 통솔하면서 중심성과 읍락성 사이에는 '도

---

52) 이는 503에 건립된 냉수리비의 도사와 550년에 건립된 단양 적성비의 당주를 고려한 것이다.
53) 여호규, 『1~4세기 고구려 정치체제 연구』, 서울대학교 박사학위논문, 1997, p.194.
54) 임기환, 「지방·군사제도」, 『한국사』5 – 삼국의 정치와 사회1 – 고구려, 1996, p.175.
55) 초기의 도사가 관도의 주요 거점에 파견된 사자 내지 관리로서, 왕명과 정령을 지방민에게 전달하고 조세를 수취했다고 보기도 한다[주보돈, 1995 앞글, p.42 ; 김재홍, 「신라 중고기의 저습지 개발과 촌락구조의 재편」, 『한국고대사논총』7, 1995, p.89]. 이러한 기능 자체는 인정될 수 있을 것이다. 다만 도사는 기존 성주에 비해 통치기능이 보다 확대된 지방관으로 판단된다. 한편 도사가 마립간 시기 후반에 새롭게 파견된 민정관(民政官)이라는 견해도 있다[강종훈, 2000 앞책, pp.190~191]. 그러나 당시의 지방관은 기본적으로 군정관(軍政官)의 성격이 강했으므로, 초기 도사에 대해 양자를 구분하기는 어려울 것이다.

사–성주’ 체제가 성립한 것이다.

그런데 고구려에 편입된 지역 중에서 동해안 방면은 5세기 중엽까지[56], 낙동강 상류지역은 5세기 말까지 각각 회복되었다[57]. 앞서 지적했듯이 이곳의 요충지에는 당주가 파견되었는데, 그 지위는 이제 신라에 의해 장악되었다. 이들은 갑자기 도사로 불리우기보다 그대로 당주를 칭했을 가능성이 크다. 신라 금석문에서 당주는 6세기 중엽에 출현하지만, 그 연원은 여기에 있었을 것이다. 그 결과 5세기 말경에는 기존의 도사와 변경지역의 당주가 각각 중심성주의 역할을 했다고 볼 수 있다[58].

이상과 같이 5세기 말까지 신라가 파견한 성주들은 ‘도사[당주]–성주’ 체제를 이루었다. 이들의 파견은 대체로 군치–읍락성을 위주로 했다. 그러나 축성활동에서 확인되듯이, 성들이 반드시 옛 국읍과 읍락의 위계에 따라 확보된 것은 아니었다. ‘당주[도사]–성주’의 위계는 주군제가 시행되기까지 점진적으로 정비되었다고 볼 수 있다.

---

56) 이는 눌지 34년[450] 하슬라성주(何瑟羅城主)의 존재를 통해 알 수 있다. 이 때 하슬라성주가 고구려 변장(邊將)을 죽이자 고구려는 신라의 서변을 공격하였다. 또 눌지 38년[454]에는 고구려가 북변을 침입하고 있다[『삼국사기』 신라본기 해당조].

57) 이 방면을 실질적으로 회복한 시기에 대해서는 6세기 초 이후[김정배, 「고구려와 신라의 영역문제–순흥지역의 고고학자료와 관련하여–」, 『한국사연구』61 · 62, 1988, p.25] 혹은 481년이라는 견해가 있다[이도학, 「고구려의 낙동강유역 진출과 신라 · 가야경영」, 『국학연구』2, 1988, p.111]. 일단 중원고구려비에 보이는 신라토내(新羅土內) 당주(幢主) 3~~4명은[한국고대사회연구소 편, 『역주 한국고대금석문』제1권, 1992, p.44] 소백산맥 이남에 주둔했을 것이다. 고구려 군현으로 전하는 순흥, 영주, 안동 등지가 이에 해당한다. 이 지역은 대체로 중원고구려비가 건립된 481년까지는 고구려의 통제를 받은 것이다. 해당 지역이 신라에 회복된 시기는 날이군에 대한 순행이 이루어진 소지22년[500] 이전으로 볼 수 있다. 그렇다면 신라는 5세기 말까지는 낙동강 상류방면을 회복한 것이다.

58) 당주–도사의 관등 경계선은 나마(奈麻)와 대나마(大奈麻)였다고 한다[주보돈, 1979 앞글, p.9]. 금석문 자료로 보아<표 1 · 2 · 3> 이는 대체로 인정될 수 있을 것이다.

(2) 군사(郡司)·성사조직(城司組織)의 정비와 외위의 성립

앞서 다루었듯이 5세기 후반까지 성들간의 위계가 편성되면서 신라의 세력권은 '신라토내(新羅土內)'로 인식되었다. 이러한 상황에서 간(干) 집단의 자치적 질서를 바탕으로 했던 기존의 성사조직도 일정한 변화를 겪었을 것이다.

우선 말갈의 침입으로 죽임을 당했다는 이민(吏民)이나[마-2] 눌지 25년 곡식을 하사받은 '현리(縣吏)'가 주목된다[마-1]. 앞서 언급했듯이 이들은 대부분 지역세력으로서 도사나 일반 성주의 통치조직을 구성했다. 또한 이민(吏民)의 존재는 그 하위자가 점차 분화되어 갔음을 보여준다.

또한 중원고구려비에 의하면, 5세기 말경 고구려는 마립간 이하의 제위(諸位)에게 상하의복(上下衣服)을 내렸다고 한다. 이로 보아 기존 성사조직도 복식이 동반된 위계를 갖추었을 가능성이 있다. 특히 삼년산성을 구축하는 데 3년동안이나 노역을 동원했다면, 성사조직은 최소한 이를 효율적으로 수행할 정도로 정비되어야 했을 것이다. 소지 9년 관도(官道)를 수리했다는 소사(所司)는[59] 이러한 통치조직을 가리킨다. 여기서 6세기 초 금석문에 나타나는 성사조직(城司組織)은<표 1> 이를 구체적으로 파악하는 데 중요한 시사점을 제공할 것이다.

524년 거벌모라(居伐牟羅) 지역을 대표해 봉평비<사진 64> 건립에 참여한 인물에는 하간지(下干支)[7등]가 보인다. 장(杖) 60의 처분을 받은 인물에는 일벌(一伐)[8등]과 ·· 지[7등 이상]가 있었다<표 1>. 그 이전부터 간층은 이미 분화된 외위를 수여 받았으며, 간위 이하의 외위도 출현했음을 알 수 있다. 또한 냉수리비가 건립된 503년 이전부터 촌주는 간지[7등]와 일금지를 수여받았다<표 2>.

이처럼 6세기 초 이전부터 성[촌]의 외위가 차별적으로 수여되었다. 자연히 군치에서는 훨씬 분화된 외위가 운영되었을 것이

---

59) 『삼국사기』 신라본기 해당조.

〈사진 64〉 울진 봉평비

다. 앞의 사료에서 성사조직의 분화가 시사되는 점도 이와 부합하고 있다. 그렇다면 외위 자체는 적어도 5세기 후반경에는 성립했다고 볼 수 있다.

〈표 1〉 6세기 초 성사조직(城司組織) 정리표

시기	道使〔京位〕	京位 城司員〔京位〕	外位 城司員〔外位〕
冷水里碑 [503]	〔典事人〕 喙 耽須道使 心訾公	〔典事人〕 〔喙〕 沙夫, 那斯利 〔沙喙〕 蘇那支	
鳳坪碑 [524]	居伐牟羅道使 卒洗小舍帝智[13] 悉支道使 烏婁次小舍帝智 [13] 〔이상 事大人임〕	牟珍斯利公吉之智[14] 沙喙 部若文吉之智新人 [14] 喙部 述刀小烏帝智 [16] 沙喙部 牟利智小烏帝智 [16] 〔이상 모두 書人임. 단 悉支道使 소속인도 포함〕	居伐牟羅 尼牟利一伐[8] 彌宜智波旦X只[7?] 斯利一X智(7?) 阿大兮村使人 奈尒利 〔이상 杖 60〕 葛尸X村使人 奈X利居X尺 [9?,11?] 男彌只村使人 異X 〔이상 杖 100〕 於卽斤利〔杖 100〕 居伐牟羅 異知巴下干支[7] 辛日智一尺[9] 〔이상 입비 참여인〕

〈표 2〉 중고기 촌사조직 정리표

시기	村主	村司員
冷水里碑 [503]	臾支干支[7] 須支壹今智	
塢作碑 [578]		道尺 辰X生之XX村…… 夫作村 芼令一伐[8] 奈生一伐 居毛村 代丁一伐 另冬里村 沙木乙一伐 珎淂所利村 也淂失利一伐 塢珎此只村 XXX一尺[9] XX一尺[9] 另所X一伐[8] 伊此木利一尺[9] X助只彼日[10] 文作人 壹利兮一尺[9]

　　사료상으로는 그 실상을 구체적으로 파악할 수 없다. 다만 금은(金銀) 위세품은 이 시기에도 간층의 정치적 위상을 나타내는 상징으로 이용되었을 것이다. 이를 확인하기 위해 5세기 중엽~6세기 초의 금은 위세품을 <별표 7>로 정리했다. 그 구성 자체는 이전과 같다. 그러나 구체적인 내용에서는 변화도 적지 않았다.

　　우선 금동관의 부장 양상을 보자. 양산 북정리고분군<그림 6>에서 이를 부장한 부부총<사진 65>, 북정리 3호는 능선 정상으로부터 내려오면서 거의 일렬로 구축된 무리에 속해 있다. 그 주인공은 간층 내 최고집단의 직계후손으로 볼 수 있다. 이 열로부터 다소 벗어나 묻힌 금조총의 주인공도 크게 다르지 않았을 것이다. 이 집단은 그 아랫편의 중소형 고분들과 뒤섞인 북정리 23호까지 거의 유지되었다. 그런데 별개의 집단인 신기리 1호에서도 금동관이 출토되었다[60]<그림 6>. 이처럼 양산에서는 금동관이 처음으로 등장하면서도 출토량이 많은 편이다. 이는 신라 중앙

---

60) 이 고분군은 기존 북정리집단에서 이탈해 형성된 새로운 집단의 것으로 이해되고 있다[홍보식, 『신라후기 고분문화 연구』, 춘추각, 2003, p.260].

<사진 65> 양산 부부총 주인 금동관 및 부인 보관(寶冠)

정부가 후원한 결과로 보인다[61]. 그 과정에서 개별 집단 내에서 소집단별 우열이 심화되고 세력 부침이 있었음을 알 수 있다.

경산 임당유적<그림 3>에서는 금동관이 기존의 임당 7호에 이어 임당 5B-1호, 5D-2호에도 부장되었다. 조영 EⅢ-3호, 8호를 이은 조영EⅡ-1호, 2호도 마찬가지이다. 조영 C지구에서는 조영 CⅡ-1호에 이어 조영 E지구 쪽 능선의 남사면에 위치한 조영 1A-1호가 중소형 묘곽들과 뒤섞인 속에서 금동관을 부장했다.

대구지역에서는 달서 37호 1곽과 55호에 금동관이 부장되었다<그림 4>. 이는 달성 서남편에 열지어 구축된 고분군에서 조사되었으므로, 간층 내 최고 집단의 것이었다고 생각된다. 다만 금동관의 부장 여부는 봉분의 크기와 반드시 부합하지 않는다. 이로 보아 금동관의 수여는 기존 세력의 크기와 반드시 일치하지 않았을 것이다.

5세기 말 이후에는 읍락집단의 금동관이 크게 확대된다[이하 <별표 7> 참조]. 창녕 계성 A1-1관의 것은 기존에 금동관을 부

---

61) 홍보식, 2003 앞책, p.258.

장한 계남리 1호와<그림 7> 다른 고분군의 정상부에서 출토되었
다. 여기서도 금동관의 보유자가 새로 부각된 집단으로 교체되었
음을 알 수 있다. 이외에 울산 조일리 5-2곽, 35호, 49-2호<그림
8><사진 66>, 칠곡 구암동 56호 북분, 경산 가천동[62] 168호, 안
동 지동 2호<사진 67>와 9호<그림 9>, 강릉 초당동 B16호처럼
소형 묘곽에서도 금동관이 출토되었다.

　　이처럼 당시의 금동관은 기존의 유력 간(干) 외에 새로이 부
각된 가계집단 대표에 의해서도 보유되었다. 조영 EⅡ-2곽이나

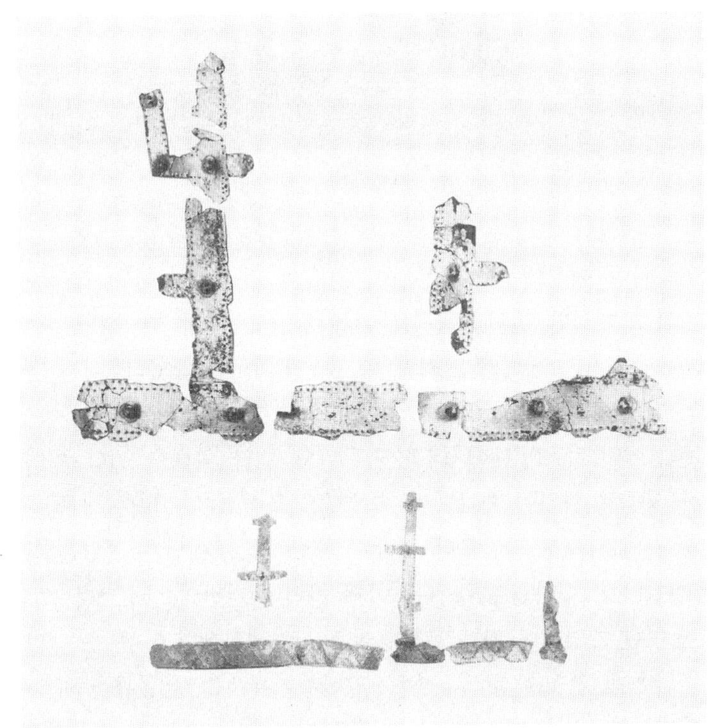

〈사진 66〉 울산 조일리 49-2호 금동관

---

62) 가천동은 현재 대구광역시 수성구에 속한다. 그런데 이곳은 옛 다벌국과
　　압독국의 경계지대로 추정되는 형제봉, 모봉, 다티고개 이동에 위치한다.
　　이에 가천동고분군 집단은 옛 압독국에 속한 읍락집단으로 볼 수 있다.

〈사진 67〉 안동 지동 2호 금동관

금조총처럼 여성에게도 금동관이 보유된 점으로 보아[63] 금동관은
여전히 가계집단 전체의 권위를 상징했다고 생각된다. 다만 그 보
유 여부는 기존 세력의 크기와 반드시 일치하지 않았다. 이는 금동
관의 보유에서 신라 국가 내지 성주의 영향력이 더욱 커졌음을 보
여준다. 대읍락 간(干)에 대한 금동관의 보급 확대도 해당 지역에
대한 성주의 파견이 확대되는 속에서 이루어졌다. 이러한 금동관도
읍락 간의 자치적 기반보다 신라 국가로부터 부여받은 권위을 상징
할 것이다. 그렇다면 금동관은 이제 자치적 기반의 상징보다 직(職)
에 참여한 개인이나 가계집단의 상징으로 변화했다고 볼 수 있다.

　　금은제 관모(冠帽)의 경우, 양산지역에서는 금동관을 부장한
묘곽에서만 조사되었다[이하 <별표 7> 및 <그림 2~5> 참조].
경산 조영 EⅠ-1호와 의성 탑리 3곽<사진 68>, 대구 달서 59호
의 금동제 관모나 달서 34호, 창녕 교동 1호, 11호의 금은제 관모도
모두 금동관 부장자와 같은 가계집단에 의해 보유되었다. 읍락지

---

63) <별표 7> 및 김용성, 1998 앞책, p.368, p.377.

<사진 68> 탑리 3곽 관모장식

역에서는 화원 성산고분의 은제 조익형(鳥翼形) 관식, 달성 문산리 7호 관모, 강릉 초당동 C1호의 금동제 관모, 영일 냉수리 석실분의 금동제 관모가 확인된다.

금은제 과대(銙帶)를 최고 위세품으로 하는 묘곽은 5세기 초까지는 조영 EⅢ-2호뿐이었으나, 5세기 중엽 이후에는 그 숫자가 크게 늘어난다. 그 부장 범위는 여전히 간층을 위주로 하고 있다 <사진 69>. 그러나 의성 대리고분, 학미리고분이나 상주 신흥리 라-1호처럼, 새로운 집단이 이를 보유하거나 청동과대를 부장한 경우도 있다. 읍락지역의 화원 성산고분, 신지동 7호, 북사리 1호, 냉수리 석실에서도 금은제 과대가 조사되었다. 이외에 금은장(金銀裝) 대도를 최고 위세품으로 하는 묘곽도 많으나, 그 범위는 과대의 경우와 크게 다르지 않다.

여기서 금은제 관모를 최고 위세품으로 하는 인물들은 금동관 부장자보다 한 단계 낮은 지위를 부여 받았을 것이다. 이보다 보유 범위가 훨씬 넓은 과대 부장자들은 더욱 낮은 지위를 인정

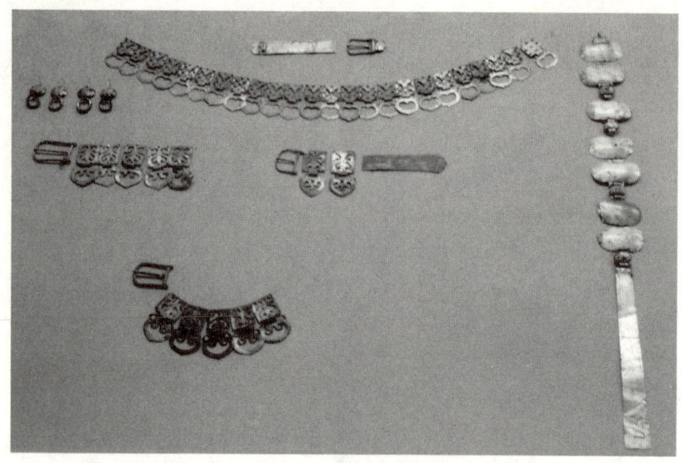

〈사진 69〉 조영 EⅡ-4호, 임당 2호, 북사리1호, 계성 은제과대

받은 것이다. 이것들 역시 새로운 집단에게 수여되는 경우가 많았
다. 여기에도 성주의 선택권이 작용했다고 볼 수 있다. 또한 그
대상자가 크게 증가한 것은 성주의 통치에 협조하는 간층의 숫자
가 증가했음을 의미한다.

　　이처럼 간층이 위계화된 지위를 부여받은 것은 6세기 초까지
간위(干位)가 외위로 분화했던 경향과 부합하고 있다. 간층은 금은
위세품을 매개로 도사[당주]와 그 하부 성주의 통치조직에 편입된
것이다. 예를 들면 냉수리비의 간지(干支)는 기존 간위(干位)가 그
대로 유지된 경우이다. 일금지(壹今智)는 간지 뒤에 쓰였으므로 이
와 별개의 외위일 것이다<표 2>. 앞의 '일' 발음을 중시해 이를
일벌(一伐)[8등]이나 일척(一尺)[9등]으로 볼 수도 있다. 그러나 다
른 촌주들의 외위로 보아 일금지는 이들보다 간지에 가까운 외위
로 생각된다. 이는 촌 단위의 외위이므로 군치의 외위는 보다 일
찍 분화되었을 것이다. 그렇다면 봉평비의 하간지(下干支)나 ……
지(只), ……지(智)도<표 1> 반드시 6세기 초에 출현했다고 보기
는 어렵다. 적어도 5세기 말까지는 기존 간위가 간지 외에 하간지
혹은 상간지 등으로 분화했다고 볼 수 있다. 간층의 위세품에 보
이는 차이는 이를 반영하는 것이다.

〈표 3〉 6세기 중후반 군사조직(郡司組織) 정리표

시기	幢主〔京位〕	京位郡司員〔京位〕	外位 郡司員〔外位〕	비고
赤城碑 [550]	鄒文村幢主 沙喙部 導設智 及干支[9] 勿思伐城幢主 喙部 助黑夫智 及干支[9]	[大舍 뒤] 鄒文村‥‥	公兄 鄒文村 巴旦婁下干支[7] 勿思伐城 幢主使人 那利村‥‥ ‥‥人 勿支次阿尺[11] 赤城 烏礼兮撰干支[5] 別官을 女 小子 등 5인에게 줌	公兄‥‥ 는 赤城烟 으로 옮김
明活山城碑[551]		上人邏頭 本波部 伊皮尒 利吉之[14]	郡中上人 烏大谷仇智支下干支[7] 匠人　比智休波日[10] 工人　抽兮下干支[7] 무리 　　　文叱兮一伐[8] 무리 　　　XX利波日[10] 무리 書寫人　源欣利阿尺[11]	‘匠人― 抽兮‘는 한 무리
昌寧碑 [561]			村主 ?聰智述干[2] 麻叱智述干[2]	
塢作碑 [578]			大工尺 仇利支村 壹利力兮貴干支 [4] X上X壹X利干[7]	
南山新城碑[591]		阿良邏頭 沙喙 音乃古大舍[12]	郡上村主 阿良村 今知撰干[5] 匠尺　　阿良村 末丁次干[7] 城使上　阿良 沒奈生 上X[6] 文尺　X文知阿尺[11] X尺　　阿北x次干[7] 文尺　　竹生次一伐[8] 面捉上 珎XX 面捉上 知礼?次 첨捉上 首尒次 小石捉上 辱X次XX	1비 [文尺　　X 文知阿尺 이하는 ＜표4〉의 奴함村·營沽村·柒吐村人 포함]
			郡中上人 沙刀城 平西利之貴干[4] 匠尺　　沙戶城 可沙里知上干[6] 文尺　　美叱X之一伐[8] 工?尺 可尸X之一伐[8] 文尺 得毛也之一尺[9] 回石捉人 首叱兮之一尺[9] X石捉人　乙安尒之彼日[10] 小石捉人 丁利之彼日	2비 [文尺 美叱X之一伐 이하는 아대혜촌·구리성·답대지촌인 포함]

그런데 봉평비에 의하면, 적어도 6세기 초까지 거벌모라에는 일벌(一伐)[8등], 일척(一尺)[9등] 등 비간(非干) 외위가 분화되어 있었다<표 1>. 이는 적어도 6세기 초 이전부터 간(干) 아래의 하급 외위가 분화되어 왔음을 보여준다. 이후 명활산성비의 장인(匠人)인 피일(波日)[10등], 서사인(書寫人)인 아척[11등], 남산신성비의 공척(工尺)인 일벌[8등], 문척(文尺)인 일척[9등], 회석착인(回石捉人)인 일척·피일, 문척(文尺)인 아척(阿尺)[11등], 일벌[8등]에서 보듯이, 중고기까지 하급 외위는 더욱 세분되었다<표 3>. 이들은 축성활동에서 소규모 실무를 담당했으므로 간층보다는 호민층이었을 가능성이 크다. 봉평비 이전의 하급 외위자들도 예외가 아니었을 것이다.

앞서 언급했듯이, 5세기 중후반경에는 호민들의 금동장구(金銅裝具), 마구, 환두대도의 부장이 증가한다<사진 70>. 이는 과대 이상의 위세품보다 떨어지며, 독자적 상징으로서의 성격이 약한 편이다. 그러면서도 일정한 정치적 위상을 보여주는 것은 사실이다. 바로 이 시기에 간(干) 이하의 직이 점차 분화되어 갔다. 그렇다면 일척[9등]이나 …… 척 등 봉평비에서 확인되는 비간(非干) 외위의 적어도 일부는 대체로 5세기 말까지는 편성되었을 것이다. 이 과정에서 호민층의 일부가 외위로 편입된 것이다.

이상과 같이 5세기 말까지 당주·도사는 간층 외에 호민층의 일부를 외위로 흡수했다. 동시에 이들은 읍락 단위 성들을 통솔하면서 군성주(郡城主)와 같은 역할을 했다. 그렇다면 본 소절에서 확인된 통치조직은 일종의 군사조직(郡司組織)을 이룬 셈이다. 기존의 성사조직이 이제 군사조직(郡司組織)으로 정비된 것이다. 읍락 단위의 성주도 유사한 방식으로 성사조직(城司組織)을 편성했다. 다만 해당 지역의 위세품이 상대적으로 떨어지는 점으로 보아 그 규모는 훨씬 작았다고 생각된다. 자연히 성사조직의 외위도 상대적으로 미숙했을 것이다. 중고기 성사조직의 외위 분화가 군사조직보다 미숙했던 것도[제 5장 3절 (2)소절의 <표 4>] 이 때문이다.

①

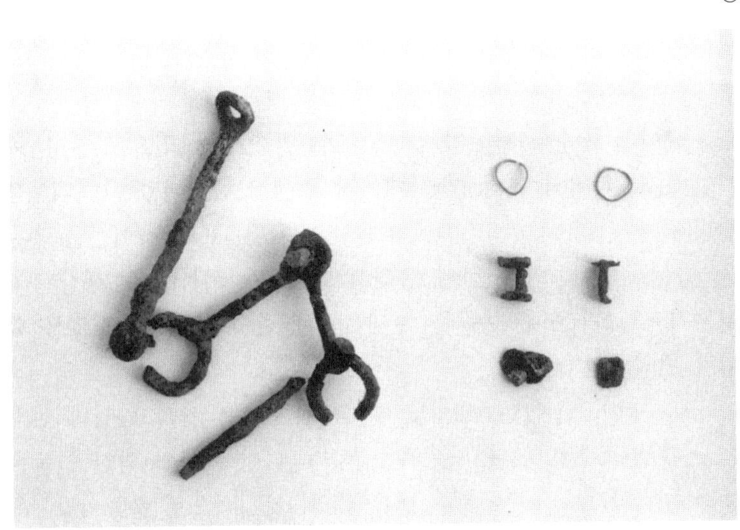

②

〈사진 70〉 ① 임당 E-79호 철지(鐵地) 금동장구 및 철탁, ② 청리 E-2호 재갈,
        금제이식, 등자편

(3) 촌제의 확산과 촌사조직 편성

앞서 언급한 군·성사조직이 당주[도사]나 그 하위 성주의 주둔지만을 염두에 둔 것은 아니었다. 이는 주변 읍락들에 대한 통제를 전제로 했기 때문이다. 그렇다면 기존 촌의 편성 범위나 이에 대한 지배형태도 일정한 변화를 겪었을 것이다.

이 문제와 관련하여 6세기 초까지 도사가 파견되지 않은 아대혜촌, 갈시?촌, 남미지촌이 주목된다<표 1>. 이는 적어도 그 이전에 촌제가 변경지역의 대부분에 확산되었음을 보여주기 때문이다. 냉수리비의 진이마촌 같은 촌도 영일지역에 한정되는 않았을 것이다. 또한 성주의 파견 과정을 고려할 때, 적어도 5세기 말까지는 촌제가 내지와 변경지역에 광범위하게 확산되었다고 볼 수 있다.

이 과정에서 촌주들에게는 간지[7등]나 일금지 등의 외위가 수여되었다<표 2>. 이는 중고기 군사원(郡司員)이나 성사원(城司員)의 외위 중 비교적 낮은 것과 비슷한데, 촌이 성의 하부단위라는 점에서 이는 자연스런 현상이다. 자연부락들을 통솔하는 행정촌주는 대체로 간지 정도의 외위를 수여받은 것이다. 다만 촌주 사이에도 외위의 차등이 있었음을 알 수 있다. 이는 읍락 간(干)들을 차별화하여 효율적인 지배를 도모한 결과로 볼 수 있다.

그런데 촌주도 자신의 업무를 보조할 인물을 필요로 했다. 예를 들면 오작비의 도척(道尺)들은 각 촌에서 동원되었는데 대부분 일벌[8등], 일척[9등], 피일[10등] 등을 칭했다<표 2>. 이들은 촌민을 이끌고 오(塢)의 건설에 동원된 촌사원(村司員)들로 생각된다. 이처럼 중고기 이후 촌주를 보좌하는 인물들은 촌사원으로서 외위로 편입되었다.

냉수리비 단계[503]에서도 절거리의 재(財) 처리나 입비 과정을 촌주 단독으로 했다고 볼 수는 없다. 다만 그를 보좌한 인물은 등장하지 않는다. 이는 촌주 보좌인들이 자치적으로 운영되었음을 의미한다.

그런데 봉평비의 촌사인(村使人)들은 원래 행정촌 내에서 촌주의 업무를 보좌했을 것이다. 이들 중 아대혜촌사인과 남미지촌사인은 외위를 칭하지 않았으나, 갈시··촌사인은 '··척(尺)'을 칭했다. 이는 일척(一尺)[9등]이나 아척(阿尺)[11등]일 것이다. 적어도 6세기 초부터는 촌주의 보좌들이 비간(非干) 외위를 칭한 셈이다. 이는 변경지역의 사례이므로, 대체로 5세기 말까지는 촌주 보좌인에게도 외위의 수여가 확산되었을 것이다.

행정촌 아래에는 다수의 자연촌(自然村)이 있었다. 소지마립간이 행차한 남산 동록(東麓)의 피촌(避村)이 이에 해당된다. 5세기 중후반경 소형 군집분이 증가하는 현상과 함께 이는 행정촌 주변의 자연촌이 크게 증가했음을 보여준다. 앞서 언급한 것처럼 이는 철제 농기구의 보급과 경작지의 확대를 전제로 했으며, 이 과정에서 국가적인 통제가 동반되었다. 이러한 상황에서 촌제가 확산되면, 자연촌에 대해서도 어떤 형태로든 성주의 지배력이 행사되었을 것이다. 그러나 성주가 이를 직접 통제한 근거는 찾아지지 않으며, 자연촌 단위의 위세품도 거의 조사되지 않았다. 이에 자연촌의 통제는 촌주를 매개로 이루어질 수밖에 없었을 것이다. 즉 자연촌은 행정촌을 매개로 간접지배를 받은 것이다.

이처럼 읍락 단위에서는 행정촌주를 중심으로 자치적인 촌사조직이 편성되었다. 다만 촌주와 일부 보좌인이 외위를 수여받음으로써 촌사조직은 사실상 군·성사조직의 하부에 편입된 것이다.

3. 군·성[촌]제의 운영

앞절에서 다룬 군·성[촌]의 정비는 제도적 틀에 중점을 둔 것이었다. 그런데 지방통치체제의 측면에서 보다 중요한 것은 그 운영방식이었다. 본절에서는 이 문제를 지방관에 대한 관리, 군·성의 운영, 촌제의 운영 차원으로 나누어 다루려 한다.

(1) '도사[당주]-성주' 체제의 관리

5세기 중후반에 정비된 군·성[촌]을 효과적으로 다스리기 위해서는 지방관들에 대한 관리를 보다 체계화할 필요가 있었다. 기존 성[촌]제에서도 성들은 초보적인 관도(官道)를 통해 관리되었다. 그런데 지방관의 파견이 크게 증가하면, 이들을 관리하는 체계는 좀 더 정비될 필요가 있었다.

우선 통치거점이 크게 증가하면서 이를 유지하기 위한 인적 자원의 수요가 크게 확대되었다. 기존 거점성주는 주로 왕족에서 파견되다가 주변 인물로 그 범위가 확대되어 왔다. 백제에서 왕의 자제와 종족이 담로(檐魯)에 웅거(雄據)한 점을[64] 고려하면, 신라에서도 요충지의 당주나 도사는 주로 왕족에서 충원되었을 가능성이 있다. 그러나 이들만으로 모든 성주들을 충원하기는 불가능했을 것이다. 이와 관련하여 다음 사료가 주목된다.

> 마-9) 가을 7월 가뭄과 누리의 피해가 있었다. 군관(群官)에게 명해 재능이 목민자(牧民者)에 합당한 자를 각자 한 사람씩 천거하도록 했다[『삼국사기』 권제3 신라본기 소지마립간 19년].

위에서 소지 19년[497] 마립간은 군관(群官)에게 목민자(牧民者)를 한 사람씩 천거하도록 명령했다. 이는 가뭄과 누리의 발생에 대처하기 위한 것처럼 되어 있으나, 군·성[촌]제의 정비에 따라 지방관을 재충원하는 과정으로 이해될 수 있다. 여기서 목민자는 당주, 도사, 일반 성주 및 이들을 보좌하는 경위(京位) 군사원(郡司員)·성사원(城司員)을 전반적으로 지칭하고 있다. 조정회의에서 이들의 추천이 이루어진 것은 지방관의 충원이 점차 제도화했음을 보여준다.

여기서 추천된 인물은 재능있는 자로만 표현되었다. 그런데 이 회의에 참여한 인물은 김씨 왕족 외에도 대릉원이나 그 남쪽의 고분군에서 금관이나 금동관, 금동관모 등을 부장한 인물들일 것이다. 이들은 주로 가계집단의 구성원이나 자신와 연계된 하위집단의 인물을 추천했을 것이다. 이를 통해 지방관의 충원 대상이 유력집단의 하위자나 다른 하위집단으로 확산되었다고 볼 수 있

---

64) 『양서』 동이열전 백제.

다.

　그러면 이들을 지원하고 효율적으로 통제하는 장치가 무엇이
었는지 살펴보자. 이와 관련하여 다음 사료는 일정한 시사점을 제
시하고 있다.

　위에 의하면, 소지 9년[487] 사방의 우역(郵驛)이 처음으로 설
치되면서 마립간은 담당 기관[所司]에 명해 관도를 수리하도록 했
다. 사실 관도의 수리는 기존에도 이루어졌을 것이다. 그럼에도
불구하고 이 사실이 특별히 강조된 것은 사방우역의 실시와 관련
되었기 때문이다[65]. 다만 당시에 우역이 체계적으로 정비되었다고
보기는 어렵다. 오히려 이는 각 방면의 도사[당주]-성주에 대한
연락 체계가 체계적으로 정비되었음을 의미할 것이다.

　예를 들면 소백산맥 방면에서는 일선군(一善郡)[선산]의 역부
(役夫)들이 동원되어 삼년산성을 개축했으며, 이 방면에 대해 마립
간의 순행이 자주 이루어졌다. 일선군-삼년산성 방면으로의 루트
가 정비되지 않았다면, 이러한 활동은 거의 불가능했을 것이다.
그렇다면 삼년산성, 일선군성(一善郡城), 그 사이의 도나성(刀那城),
이로부터 경주로 통하는 곳의 모로성(牟老城) 등이 연결되면서 하
나의 관도를 이룬 셈이다<그림 1>. 이외에 소지 22년 왕이 차례
로 순행한 날이군, 고타군 방면에 대해서도 관도가 정비되었다고
보아야 할 것이다. 고구려와의 전투에서 유기적으로 연결되어 나
타나는 동해안 방면의 성들이나 낙동강 하구 방면에서 성들을 연
결하는 통로도 마찬가지이다.

　이상의 관도들에 대한 재정비가 위 사료에서는 사방우역 설
치와 관도수리로 표현되었다. 지증왕이 비(妃)를 구하려 사신을 파

---

65) 이를 우역제의 확대 실시나 법제화로 해석하기도 한다[서영일, 1999 앞책,
　　p.61].

견했던 3도(道)[66] 역시 이러한 관도를 지칭한다. 다만 봉평비가 건립된 6세기 초에도 변경지역의 도로는 험하고 좁았다[道俠阤隘]. 이로 보아 그 수준은 기존의 협소한 도로를 일부 수리하는 데 머물렀을 것이다.

관도의 정비는 지방관을 보다 효율적으로 관리하는 바탕이 되었다. 예를 들면 지증왕 3년[502] 왕은 '주군주(州郡主)'에게 권농(勸農)을 하도록 분명(分命)한 바 있다[67]. 이는 왕명이 각 성주들에게 체계적으로 전달되는 체계가 정비되었음을 보여준다. 동시에 이는 각 방면의 관도가 정비된 결과였다.

그런데 주군제가 시행되지 않은 당시에 주주(州主)가 언급된 이유는 무엇일까. 이는 후대의 군주(軍主)에 어울리는 기능이 일부 지방관에 부여되었을 가능성을 시사해 준다. 즉 각 관도에서 요충지의 일부 도사[당주]가 그 방면의 지방관들에 대해 중앙의 명령을 전달하는 임무를 맡았다고 볼 수 있다. 이를 통해 여러 성들을 효율적으로 통제한 것이다.

(2) 군·성제의 운영

군·성[촌]의 정비는 기존 지방통치조직의 운영방식에도 일정한 변화를 요구했다. 특히 여기에 협조한 인물의 역할이나 군·성 사조직의 성격이 기존 성사조직의 그것과 어떻게 달랐는지 주목된다. 이를 통해 5세기 중후반 군성제의 운영을 파악하는 것이 본 소절의 목적이다.

우선 지역세력의 위상을 보자. 성주의 파견이 확대되면서 기존의 읍락 자치성은 사실상 소멸했다. 그 결과 지역 간층은 상당 부분 군·성사조직에 편입되었다. 이들의 세력기반이 완전히 해체된 것은 아니지만, 외위의 수여에서 그 선택권은 거의 지방관에게 장악되었다. 이는 지역세력의 간위(干位)가 간층의 자치적 위계질서라는 성격을 거의 잃고 지방통치조직의 구성원으로 편입되었음

---

66) 『삼국유사』 권제1 기이제1 지철로왕.
67) 『삼국사기』 신라본기 해당조.

을 의미한다.

그 과정에서 기존 세력을 상실한 집단의 반발도 적지 않았다. 6세기 초에 거벌모라에서 일어난 반란은 그 예가 될 것이다. 해당 세력은 국가적인 차원에서 진압된 뒤 장형(杖刑)에 처해졌으나, 일부 간층은 외위자로서 관련 업무의 처리에 협조했다<표 1>. 소지 4년에 확인되는 '죄수'들의 일부도 유사한 사례와 관련되었을 것이다. 마립간은 이들을 잘 배려하도록 명령을 내렸다[68]. 신라는 일부 집단의 반발을 억제하는 동시에 일부에 대해서는 외위로 임명해 주는 양면정책을 적절히 구사한 것이다.

그 결과 소지 22년 날이군의 유력 간층인 파로(波路)는 날이군인(捺巳郡人)으로 인식되었다. 당시 고타군인(古陀郡人)들은 마립간을 성인(聖人)으로 여기기도 했다[69]. 이는 간층에게 군인(郡人) 내지 신라인으로서의 귀속의식이 본격화되었음을 보여준다.

그러면 군·성사조직에 편입된 인물의 역할을 살펴보자. 봉평비에서 하간지와 일척은 반란사건의 처리와 관련하여 도사의 업무에 참여했다. 반란사건에 연루된 ……지(智)의 경우도 원래 마찬가지였을 것이다. 냉수리비에서도 탐수도사의 업무를 처리한 외위자(外位者)자가 존재했다고 보아야 할 것이다.

6세기 중후반에는 이러한 외위자들의 직무가 비교적 자세히 전하고 있다[이하 <표 3·4> 참조]. 예를 들면 명활산성비와 남산신성비 2비에 보이는 군중상인(郡中上人)은 축성활동에서 군인(郡人)들을 대표했다. 명활산성비의 상인라두(上人邏頭)에서 보듯이, 상인(上人)은 일정한 직책의 상위자를 지칭한다. 이에 군중상인은 특정한 관직보다 동원된 군인(郡人)들의 대표기능을 가리킬 것이다. 남산신성비 1비의 군상촌주(郡上村主)도 그 역할이 유사하다. 외위도 5~6등으로서 군중상인과 크게 다르지 않다. 이들은 군내에서 동원된 촌주 중 최상위자로서, 도사[당주]의 통치에 협조하면서 일정한 직임을 수행한 것이다.

---

68) 『삼국사기』 신라본기 해당조.
69) 『삼국사기』 신라본기 해당조.

그런데 이들과 다른 직임을 가졌으면서도 이에 버금가는 외위를 칭한 자들이 있다. 대구 오작비(塢作碑)에서 구리지촌(仇利支村) 일리력혜는 대공척(大工尺)으로서 귀간지(貴干支)[4등]를 칭했다<표 3>. 아대혜촌(阿大兮村)의 작상인(作上人) 소평지상간(上干)[6등]도 이에 버금가는 외위를 칭하면서 지역인을 대표했다<표 4>[70]. 이상의 인물들은 단순히 기술자로서 작업을 통솔한 것이 아니라 지역세력의 대표자로서 노역인을 통솔한 것이다. 지역 내에서 그의 위치는 사실상 위 군중상인이나 군상촌주와 같았다고 볼 수 있다.

<표 4> 6세기 중후반 성사조직(城司組織) 정리표

단계	道使[京位]	外位 城司員[外位]		비고
雁鴨池 明活山城碑 [551]	····村道使 喙部····	····干支[6-7] 大工尺 俋兮之···· ····尺 豆婁知干支[7] ········一伐[8]		
南山新城碑 [591]	奴함道使 沙喙 合親 大舍[12] 營沽道使 沙喙 天xx 知大舍[12]	郡上村主 (匠尺)	柒吐XX知尒利上干[6] 奴함村 次XX지干[7]	1비
	阿且兮村道使 沙喙 勿生次小舍[13] 仇利城道使 沙喙 級 知小舍[13] 答大支村道使 喙部 所叱孔知XX	郡中上人 仇利城 首?利之撰干[5] 阿大兮村 作上人 所平之上干[6]		2비

장척(匠尺)도 유사한 경향을 보여준다. 기존 연구에서 장척층은 4–5세기에 등장하여 기존 거수층과 대립한 호민층으로 인식되었다[71]. 그런데 장척인 사도성 가사리지상간[6등]이나 아량촌

---

70) 작상인(作上人)은 촌주와 비슷한 토착세력가로 해석된 바 있다[이종욱, 1974 앞글, p.23, pp.54~55]. 구리지촌이 자연촌들을 거느린 행정성촌으로 이해되기도 했다[주보돈, 1996 『한국고대사논총』8 앞글, pp.136~142]. 그러나 이들의 외위로 보아 그 근거지는 군이나 성 이상이었을 것이다.

신라 군·성[촌]제의 기원과 소국집단

말정차간[7등]은 그 외위가 군중상인이나 군상촌주와 크게 다르지 않다<표 3>. 노함촌의 장척 차 ……지간의 경우도 마찬가지이다 <표 4>. 그렇다면 장척은 계급적 위상보다는 축성활동에서의 직임을 나타낸 것이다[72]. 주로 간층이 이러한 역할을 맡았다. 다만 이들은 대공척과 달리 모두 군상촌주나 군중상인 다음에 기록되었으며, 외위도 평균적으로는 이들보다 낮다[73]. 각 종 직임 사이에도 실질적 위계는 다양했던 것이다.

이처럼 중고기의 간(干) 이상 외위자는 다양한 직임을 부여받았다. 이는 축성활동에서 확인되는 것이지만 일상적인 통치과정에서도 크게 다르지 않았을 것이다. 5세기 후반에도 노역의 동원은 대규모로 이루어졌다. 소지 9년 관도를 수리한 소사(所司)는 사실상 군·성사조직이었을 것이다. 자비 11년[468] 하슬라인(何瑟羅人)을 동원해 이하성(泥河城)을 구축한 주체나 소지 8년 일선계(一善界)의 정부(丁夫) 3000인을 징발한[74] 주체도 마찬가지이다.

여기서 읍락 단위 성주의 협조가 필수적이었다. 이는 도사[당주]와 읍락 단위 성주의 관계라는 측면에서 주목된다. 5세기 후반의 축성활동에서는 군(郡) 단위의 노역동원이 두드러지며 성[촌] 단위의 그것은 드러나지 않는다. 이러한 특징은 기존 연구에서도 주목되었지만[75], 대상 시기는 주로 중고기였다. 그러나 이상으로 보아 군을 단위로 한 노역동원은 적어도 5세기 후반에는 본격화되었을 것이다. 이 과정에서 일반 성주가 도사[당주]를 보조한 것이다.

---

71) 머리말 주 26), 27)의 전덕재 인용과 같음.
72) 후대의 대장척당(大匠尺幢)이 6정군단의 기술지원 부대였던 것도[이인철, 『신라정치제도사연구』, 일지사, 1993, pp.328~331] 이와 무관하지 않을 것이다. 이인철은 이것이 지방의 축성기술자들로 편성되었다고 하였다. 그런데 적어도 남산신성비의 장척은 반드시 기술자들로만 보기 어려울 것이다.
73) 장척처점 기술자집단을 통솔한 대공척(大工尺)은 안압지 출토 명활산성비에서 '……간지(干支)' 뒤에 등장한다<표4>. 그러므로 이들이 모두 성[촌] 지역의 최고 간층은 아니었다고 생각된다.
74) 『삼국사기』 신라본기 해당조.
75) 이종욱, 1974 앞글.
　　주보돈, 1995 앞글, p.168.

이를 위해서는 외위자들의 협조도 필요했다. 특히 간(干) 이상의 외위자는 비간(非干) 외위자와 촌민들을 이끌고 이 작업에 협조했을 것이다. 이에 기존의 노역 수취는 군·성사조직을 매개로 제도적 틀을 갖췄다고 볼 수 있다. 그 대상 범위도 변경지역까지 확대된 것이다. 이러한 직무 자체는 중고기의 그것과 본질적으로 크게 다르지 않다. 그렇다면 노역동원의 역할은 이미 5세기 후반부터 군사원(郡司員)이나 성사원(城司員)인 외위자의 직무로 편성되었다고 볼 수 있다.

그런데 군·성사조직의 업무가 여기에 국한된 것은 아니었다. 예를 들면 503년 이전부터 국가가 재(財)의 소유권에 간여한 것은 수취활동이 공식적인 업무로 정착되었음을 보여준다. 다음 사료는 그 사정을 좀 더 자세히 전해주고 있다.

마-11) 5월 사벌군(沙伐郡)이 메뚜기 피해를 입었다『삼국사기』 권제3 신라본기 자비마립간 8년].

마-12) 일선계(一善界)에 순행하여 재난을 당한 백성들을 위문하고 곡식을 차등 있게 하사했다『삼국사기』 권제3 신라본기 소지마립간 5년].

사료 마-11)에 의하면 사벌군이 메뚜기 피해를 입었다고 한다. 이전에도 재해 기사는 보이지만, 개별 군(郡)의 경작 현황이나 재해에 대한 기록은 이것이 처음이다. 사료 마-12)에서는 소지마립간이 일선계(一善界)에 순행하여 재난을 당한 백성들을 위문하고 곡식을 하사했다. 개별 군의 재난이 순행과 진휼의 동기가 된 것도 처음으로 확인된다. 이러한 문제에 대해 국가적인 관심이 표명될 만큼 군사조직(郡司組織)의 수취 기능도 강화되었을 가능성이 있다.

중고기 함안 성산산성은 이에 대해 좀 더 구체적인 시사점을 주고 있다. 이곳에서는 다수의 목간(木簡)이 조사되었는데76), 이는

---

76) 박상익, 「함안 성산산성 출토목간의 성격 검토」, 『한국고고학보』48, 2002, p.144.

성의 운영에 필요한 곡식[稗]을77) 광범위한 지역으로부터 거두어 들이면서 이용한 부찰(付札)로 생각된다78). 여기서 패(稗) 즉 피에 대한 기록은 주로 ……촌의 누구 누구 이름으로 기록되었다. 이는 곡물의 수취가 기본적으로 촌을 단위로 이루어졌음을 의미한다.

상간지(上干支)[6등]와 구리벌(仇利伐)의 일벌(一伐)[8등] 관련 목간은 피에 대한 기록을 전하지 않는다. 그러나 이것들이 좁은 공간에서 위 목간들과 함께 출토된 점으로 보아 역시 수취와 무관하지 않았을 것이다. 그런데 구리벌(仇利伐)은 주변에 촌들을 거느리면서79) 도사의 통치를 받았다<표 4>. 그렇다면 구리벌의 일벌은 수취물의 수납과 관리 책임을 맡았으리라 짐작된다. 상간지(上干支)의 근거지는 성산산성 주변인지 타 지역인지 불분명하다. 그렇더라도 그가 목간에 기록된 것은 역할이 이와 유사했기 때문일 것이다.

5세기 후반경의 축성활동이나 성 운영도 이러한 수취물을 전제로 하지 않으면 불가능한 일이었다. 그렇다면 당시의 간위(干位) 외위자나 비간(非干) 외위자들도 주변 촌에 대한 수취를 관리했을 것이다. 이를 통해 수취 기능은 외위자의 직무로 정착했다고 볼 수 있다. 이 시기에는 군단위 수취와 노역동원이 중시되었으나, 성사조직의 경우에도 예외는 아니었다. 이제 기존의 공납적 수취는 군·성사원을 통해 제도적으로 편성된 것이다.

이외에 군사적·행정적 실무나 철기 제작 등의 업무도 외위자의 직무에서 제외되었다고 보기는 어렵다. 기존 성주가 간(干)을 매개로 업무를 추진했다면, 이것이 외위자들의 다양한 직무로 분화한 것이다.

---

77) 이에 대해서는 곡식이라는 설과[히라까와 미나미(平川南), 「일본고대목간 연구의 현상과 신시점(新視點)」, 『한국고대사연구』19, pp.146~148] 외위라는 설이[박상익, 2002 앞글, pp.152~153] 있는데, 필자는 전자가 타당하고 생각한다.

78) 이성시(李成市), 「한국목간연구의 현황과 함안성산산성출토의 목간」, 『한국 고대사연구』19, 2000, p.103.

79) 이는 '구리벌(仇利伐)' 바로 뒤에 연속된 음곡촌인(陰谷村人)[국립창원문화 재연구소, 『함안 성산산성 발굴조사 지도위원회의 및 현장공개 자료』, 2002.11.15] 및 상삼자촌인(上彡者村人)[박상익, 2002 앞글, p.144]을 통해 알 수 있다

(3) 촌제 운영의 변화

군·성의 체계적인 운영은 촌에 대해서도 유사한 변화를 요구했다. 기존 촌에서 자치적 성격이 강했다면, 그 운영이나 성격이 어떤 방향으로 변화했는지 궁금해진다. 본 소절에서는 이를 통해 5세기 중후반경 촌의 성격을 밝히려 한다.

우선 촌의 자치적 성격은 여전히 유지되었다. 그러나 촌의 범위가 확산되고 촌주와 읍락 간층이 외위를 수여받는 상황에서 이들에 대한 통제는 보다 적극화되었을 것이다. 특히 군·성사조직을 매개로 노역 동원과 공물 수취가 제도화하면서 촌사조직의 적극적인 협조가 요구되었다.

이와 관련하여 봉평비의 촌사인(村使人)들이 주목된다. 이들은 원래 촌사원(村司員)이면서도 도사의 통치조직에 편입되었다<표 1>. 적성비에 보이는 물사벌성(勿思伐城) 당주사인(幢主使人)도 읍락지역인 나리촌(那利村) 출신으로서, 촌에 기반을 두고서 군사조직에 편입되었다. 5세기 후반경 군(郡) 단위 축성활동이 진행되는 과정에서도 이러한 협조는 필수적이었다. 그렇다면 촌주는 촌사인을 매개로 당주·도사나 성주의 업무에 협조한 것이다.

그런데 진이마촌의 재(財) 처리과정은 촌사조직 내부의 문제에 대해서도 적지않은 지배력을 시사하고 있다. 촌주들은 도사의 지휘 하에 이 문제를 처리했다. 여기에는 촌사원들도 참여했을 가능성이 크다. 촌내의 일반적인 사안은 촌사조직의 자치적 질서에 의해 처리되었을 것이지만, 중대사안에 대해서는 지방관이 촌사조직의 의사결정에 간섭한 것이다. 이는 행정사무 등 다른 사안에 대해서도 마찬가지였다. 이에 촌사조직은 자치적 성격을 유지하면서도 군·성사조직의 틀 내에서 운영되었다고 볼 수 있다.

이러한 변화는 읍락인들에 대한 통제와도 무관하지 않았다. 예를 들면 자연촌에 대해 간접지배가 이루어진 점은 앞서 언급되었다. 이와 관련하여 다음 사료가 주목된다.

마-13) 봄 정월 유식(遊食)하는 백성들을 몰아 귀농(歸農)시켰다

[『삼국사기』 권제3 신라본기 소지마립간 11년].

　　여기서 유식(遊食)하는 백성은 놀고 먹는 백성이기보다 떠돌아다니며 생계를 유지하던 빈농층으로 추정된다[80]. 이 사실이 주목된 것은 개별 인민에 대해 국가적 관심이 크게 확대되었기 때문이다. 이러한 관심은 내물대에도 보이지만, 유식(遊食)하는 백성들을 몰아 귀농시킨 것은 인민에 대한 지배력이 새로운 차원으로 발전했음을 보여준다.

　　물론 당시 신라 국가가 인민을 개별적으로 지배했을 가능성은 희박하다. 그런데 단양 적성비에 의하면, 간위자와 개별 인민이 적성연(赤城烟)으로 편입되는 한편 적성전사법(赤城佃舍法)의 적용을 받았다. 또한 개별 인민이 추문촌에서 다른 성연(城烟)으로 편입되기도 했다. 적어도 6세기 중엽 이전부터 개별 민호가 성별로 긴박(緊縛)되어 통제된 것이다. 냉수리비의 호민 절거리(節居利)나 봉평비의 촌사원(村司員)에 대해서도 소속 촌이 일일이 기록되고 있다. 적어도 6세기 초 이전부터 촌에 대한 소속의식과 함께 민호들을 촌에 긴박시켜 통제하는 체제가 성립되었을 가능성이 있다.

　　유식(遊食) 백성의 귀농을 이와 동일시할 수 있을지는 의문이다. 다만 당시 자연부락의 증가에 따라 자연부락 내지 소읍락에 대한 통제의 필요성은 커졌을 것이다. 특히 귀농에 처해진 유식 백성은 대개 자연부락을 단위로 정착했을 가능성이 크다. 그 과정을 신라 국가가 주도했다면, 자연부락 단위에 대한 통제력이 이미 확보되었다고 볼 수 있다. 기존 민호들이 읍락 단위로 성에 긴박된 점을 고려한다면, 이제 민호들은 소읍락 내지 자연부락을 단위로 촌에 긴박된 것이다. 그런데 이러한 통제에서도 촌사조직이 배제되었을 가능성은 희박하다. 그렇다면 적어도 5세기 말부터 지방관은 촌사조직의 협조로 인민들을 자연부락 단위로 긴박시키면서 이들을 간접통제 한 것이다.

---

80) 전덕재, 「신라 중고기 결부제(結負制)의 시행과 그 기능」, 『한국고대사연구』 21, 2001, pp.275~276.

　이러한 지배력은 촌에 따라 일정하지 않았다. 봉평비에 의하면, 거벌모라 남미지촌은 원래 노인(奴人) 지역이었다가 지증왕대에 와서 대교법(大敎法)의 적용을 받았다[81]. 대교법은 기존 왕교(王敎)가 발전한 것으로서, 재(財) 소유에 대한 결정권뿐만 아니라 지방통치 전반을 포괄할 것이다. 지방관 파견, 외위 수여, 군[성]촌의 편성 등도 그 요소가 될 수 있다. 해당 지역은 이러한 지배력이 광범위하게 행사된 것으로 볼 수 있다.

　반면 노인지역은 종종(種種) 노인법(奴人法)으로 차별적인 지배를 받았다. 이는 거벌모라 내에서도 남미지촌 등 일부에 한정되었다. 이외에도 성산산성 구리벌 내(內) 노인이나[82] 양촌(陽村) ‥시 노인이 확인된다[83]. 그 범위는 성 주변의 일부 촌이나 개별 촌, 촌내의 소읍락 등으로 다양하다. 그렇다면 노인법은 변경지역에 일괄적으로 적용된 것이 아니라 성[촌] 내에서 지방관의 통치에 비협조적인 일부 촌이나 소읍락에 한정된 것이다. 그 차별의 내용은 불확실하지만 외위나 수취의 차별, 촌 편성의 유보 등으로 짐작된다. 그 만큼 읍락 단위에 대한 지배수준이 다양하여 일원적 지배는 여전히 불완전했던 것이다.

4. 군·성[촌]제 정비의 의미

　앞서 검토했듯이, 5세기 후반까지 신라는 각 지역에 당주[도사]와 읍락 단위 성주를 파견하고 군·성사조직을 정비했다. 이 과정에서 기존 간위(干位)는 외위로 분화되었으며, 그 아래의 비간(非干) 외위도 편성되었다. 이들은 지방관의 업무에 협조하면서 분화된 직임을 부여 받았다. 읍락 단위에서도 촌의 편성이 확대되면서 자치성(自治城)은 거의 소멸했다. 촌주와 일부 촌사원은 외위를 수여 받았으나, 이는 극히 제한적이었다. 이에 촌사조직은 자치조

---

81) 한국고대사회연구소 편, 『역주 한국고대금석문』제2권, 1992, p.15.
82) 박상익, 2002 앞글, p.144.
83) 국립창원문화재연구소, 2002.11.15 앞글.

직의 성격을 유지했다. 그러나 촌주가 지방관의 업무에 협조하면
서 촌사조직은 사실상 군·성사조직의 하부로 편입되었다. 또한
중대한 사안에 대해서는 촌내의 것이라도 지방관의 결정권이 행
사되었다.

  이처럼 군·성[촌]제의 정비는 지방관 파견, 통치조직, 그 운
영방식에서 체계적인 형태를 갖춰 갔다. 신라 국가의 지배대상도
간층 이하의 계층과 촌락 내부까지 확산되었다. 기존의 영역지배
는 이제 공간적 범위나 대상 계층의 측면에서 일반화가 거의 이
루어진 셈이다. 나아가 이것이 제도화의 단계에 진입한 것이다.

  그런데 이는 군·성[촌] 차원에 국한된 문제는 아니었다. 이
를 관리하는 과정에서 군(郡)을 넘어서는 사안도 발생했기 때문이
다. 예를 들면 소지 8년에는 일선계(一善界)의 정부(丁夫) 3000인이
징발되어 삼년산성(三年山城)과 굴산성(屈山城)을 고쳐 쌓았다[84].
여기서 노역동원은 군(郡) 단위로 이루어졌으나, 특정한 방면의 사
안에 다수 군이 협조한 점은 주목된다. 지증 5년에 역부(役夫)들을
징발하여 12성을 구축하는 과정에서도[85] 유사한 협조가 이루어졌
을 것이다. 이처럼 군간(郡間)의 협조가 확대되면, 이를 전체적으
로 통솔하는 주체도 필요했다. 당시에는 삼년산군처럼 전략적 비
중이 큰 군(郡)이 그 역할을 맡았을 것이다. 이러한 기능은 6세기
초에 군주(軍主)가 출현하는 기반이 되었다고 볼 수 있다.

---

84) 『삼국사기』 신라본기 해당조.
85) 『삼국사기』 신라본기 해당조.

맺음말

맺음말

이 책에서 필자는 진한 소국간에 불평등한 관계가 성립하고 이것이 신라 군·성[촌]제로 이행하는 과정을 검토했다. 이제 그 결과를 정리함으로써 맺음말에 대신하려 한다.

진한 소국은 이미 기원전후의 진한연맹에서 중심 소국의 주도권을 승인했다. 그 내용이 공동사안에 한정된 결과, 상호 수직적 관계는 형성되지 않았다. 그런데 2세기 후반경 철제농기구의 보급 주도권을 기반으로 국읍 간층(干層)의 지배권력이 확대되면서 소국간의 이해관계는 보다 복잡해졌다. 이는 교역권에 변화를 가져와 일부 소국은 새로운 교역권의 확보를 시도했다. 그 과정에서 사로국은 금관국과 함께 변·진한 지역의 교역권을 분점했다. 진한연맹의 주도권은 개별 소국에 대해 강제력을 행사하는 수준으로 변화했다.

이러한 상황에서 3세기 중엽 중국 군현은 진한 소국에 대해 분리통제 정책을 취했다. 그 결과 낙동강 유역의 진한 8국은 낙랑군의 지원 하에 별도의 느슨한 연맹체를 구성했다. 반면 사로국은 기존의 통제권에 커다란 타격을 받게 되었다.

사로국은 이에 대한 돌파구를 마련하기 위해 소문국을 정복하고 그 인근 소국들을 통제권 내로 편입시켰다. 나아가 경주로부터 계립령으로 통하는 선상의 요충지에 거점성(據點城)을 확보했다. 낙동강 하구 방면의 소국들은 변한연맹과 진한연맹에 뒤섞여 편입되어 있었다. 그러나 3세기 말까지 이 방면에도 거점성들이 확보되었다. 그 결과 사로국의 진한연맹 통제권은 거점지배의 형태로 변화했다.

주요 거점성에는 왕족이 성주로 파견되거나 몇몇 우세집단에게 그 지위가 위임되었다. 반면 일부 지역에서는 소국 자치성이 사로국에 협조하면서 거점성과 유사한 역할을 수행했다. 이상의 성들은 적략적 요충지의 거점성을 중심으로 상호 유기적으로 운영되었다.

거점성주는 대외교섭 루트를 보호하고 관문지역의 대외교역을 관리했다. 또한 철소재의 생산·유통망을 보호하는 한편 중요 물자의 운송을 통제했다. 이를 기반으로 주변 소국의 군사적 결속을 유지하고 이탈을 방지하는 역할도 했다.

이러한 상황에서도 소국 주수는 기존의 자치권을 유지했다. 다만 주수의 공물은 의례적 헌납의 성격으로부터 주기적 수탈의 형태로 변하였다. 또한 거점성에는 소규모 군사력이 파견되어 인근 소국집단을 통제했다. 거점성주는 인근 소국의 간(干) 집단을 매개로 군사력을 동월할 뿐만 아니라 제한적으로나마 소국 내부 문제에 관여했다. 거점성이 설치되지 않은 복속소국도 대외적인 독립성을 상실했다. 이 중 정복을 통해 복속한 소국에 대해서는 특정 집단을 지원함으로써 간접지배를 실시했다. 반면 정복을 통하지 않은 지역에서는 소국집단에 대한 영향력이 미미한 편이었다.

이상을 통해 사로국과 진한 소국간에는 실질적으로 지배와 피지배의 관계가 성립했으며, 지배의 지속성도 확보되었다. 이로써 영역지배의 요소가 처음으로 실현되었다. 그러나 이는 일부 지역에 한정되었으며, 성주의 지배력이 소국집단 내부로 침투하는 데에도 한계가 많았다. 이런 점에서 3세기 거점지배는 소국연맹의 주도권으로부터 영역지배로 넘어가는 과도기적 형태였다.

4세기 초에는 중국군현의 축출과 함께 원거리 교역의 중요성이 감소하고 3국이 정립(鼎立)하기 시작했다. 대내적으로는 국읍뿐만 아니라 읍락 단위에서 철소재의 보급과 완제품 생산이 확대되었다. 사로국은 이러한 상황에 대처하고 경제적 이익을 확대하기 위해 정복활동을 재개했다. 그 결과 진한지역이 거의 장악되었으며, 해당 지역은 사실상 신라로 변화했다.

이 과정에서 거점성은 숫적으로 증가하는 한편 개별 소국이나 주변 읍락에 대한 지배기능을 강화했다. 해당 지역은 지방통치단위로서의 성(城)으로 편성되었다. 이는 기존 거점성이 확보된 곳으로부터 그 주변 지역으로, 그리고 경주 인근으로부터 외부지역으로 확산되어 갔다. 성이 편성되지 않은 지역은 국(國)을 단위로 통제를 받았다. 이를 통해 신라의 세력권에서는 국성체제(國城體制)가 성립했다.

성(城) 지역에서는 주수집단 중심의 지배구조가 해체되고 간층이 다수 집단의 연립구조로 재편되었다. 성주는 이들을 개별적으로 통제함으로써 소국 내부문제에 대해 간섭을 본격화했다. 이에 간층은 집단별로 성주의 지배에 협조하는 존재로 변화했다. 읍락집단에 대한 간층의 지배권은 인정되었으나, 이 역시 성주의 통제하에 이루어졌다. 국(國) 지역에 대해서는 간층 내의 특정 집단을 지원하고 자치권을 승인함으로써 간접지배를 꾀했다.

이를 통해 기존 주수의 공물은 간층의 자치적 질서를 매개로 공납적 수취로 변해 갔다. 철소재·염(鹽) 등의 유통에 대해서도 적극적인 관리가 이루어지는 한편, 노동력에 대한 집단적 수탈이 이루어졌다.

그 결과 영역지배가 본격화되면서 직접지배적 요소를 갖추기 시작했다. 그러나 간층의 자치적 질서가 강한 상황에서 성주의 지배력은 그 이하 계층으로 침투하지 못했다. 또한 진한 소국 중에서도 형식적으로 복속하거나 독립소국으로 남은 경우도 있었다. 이에 영역지배는 대상지역과 계층의 측면에서 일반화하지 못한 것이다.

그러나 이상의 변화는 관부(官府)의 분화 등을 통해 국가체제를 정비하는 토대로 작용했다. 이를 기반으로 4세기 후반 이후 신라는 진한지역의 기존 독립소국을 모두 장악하고 영역을 더욱 확장시켰다. 또한 지역세력을 효과적으로 지배하기 위해 대부분의 국읍지역에 성주를 파견했다. 경주 인근이나 변경지역의 전략적 요충지에는 읍락 단위 성주도 파견되었다. 그러나 대부분의 읍락지역에서는 기존 간(干)이 자치성주의 지위를 승인 받고서 성주의 통제권 아래로 편입되었다.

이 과정에서 간층의 연립적 구조가 보편화하는 한편, 호민층은 상·하층으로 분화해 갔다. 정도의 차이는 있으나 읍락지역에서도 유사한 과정이 진행되었다. 이들 중 국읍 간층은 가계집단의 자치적 기반을 유지한 채 직(職)을 수여받았다. 이는 기존 소국의 간위(干位)를 승인 받은 것으로서 '…간(干)'의 형태로 위계화되었다. 상층 호민도 성주의 통치에 협조했으나, 이는 간층을 매개로 이루어졌다. 이를 통해 간층의 자치조직은 성사조직(城司組織)으로 편성되었다. 이 조직은 성주의 통치조직과 간층의 자치조직이라는 성격을 모두 띠었다.

읍락지역에서는 경주 인근과 변경지역을 중심으로 촌이 편성되었다. 성주는 읍락 간(干)을 촌주로 승인하고 해당 지역을 촌으로 편성했다. 촌주는 일상적인 사안에 대해서는 자치권을 유지했으나, 촌내의 중요사안에 대해서는 성주가 결정권을 행사했다. 자치성(自治城)에 속한 읍락들은 이러한 편성에서 제외되었다.

이상을 통해 불완전한 형태의 성[촌]제가 편성되었다. 이를 효과적으로 운영하기 위해 성들 사이에는 초보적인 관도(官道)가 운영되었다. 성주는 민호들을 읍락별로 성에 소속시켜 인적·물적 기반으로 이용했다. 이 과정에서 공납적 수취는 변경지역으로 확산되었으며, 그 주기는 정례화되었다. 또한 노역동원도 성사조직을 통해 일종의 수취로 변화했다. 이로써 영역지배는 점차 제도화의 단계에 진입하기 시작했다.

5세기 중후반경 간층 내에서는 소집단의 분화와 탈락이 심화되면서 소가계집단의 비중이 강화되었다. 호민층 내에서도 계층분화가 심화되는 한편 전체적인 숫자는 크게 증가했다. 읍락지역에서도 자연촌이 증가하고 중심촌의 기능이 커지면서 유사한 현상이 진행되었다. 이는 철제 농기구의 보급이 읍락 단위로 더욱 확산된 결과였다. 이 과정에서 신라 국가는 철소재를 비롯한 생산물의 유통에 대해 통제력을 강화해 갔다.

이를 위해 신라는 국읍지역 뿐만 아니라 읍락 단위까지 성주의 파견을 확대했다. 이에 '국읍－읍락' 단위의 성주들이 '도사[당주]－성주' 체제를 이루었다. 도사[당주]는 간층에게 상간지(上干支), 간지(干支), 하간지(下干支) 등의 외위를 수여했다. 일부 상층 호민에게는 비간(非干) 외위를 수여했다. 이를 통해 군사조직(郡司組織)이 정비되고 외위가 성립했다. 이에 지역세력의 간위는 자치적 성격을 거의 상실하고 지방통치조직의 구성원으로 편입되었다. 읍락 단위의 성사조직도 상황은 유사했으나, 외위의 편성이 상대적으로 미숙했다.

촌제는 내지와 변경지역에서 광범위하게 확산되었으며, 촌주는 간지(干支) 정도의 외위를 수여받았다. 촌주 보좌인에게도 비간(非干) 외위가 수여되었다. 이를 통해 촌사조직이 성립되었다. 이는 본질적으로 자치조직이었으나 군·성사조직의 하부조직으로 편입되었다. 자연촌은 촌주를 매개로 간접지배를 받았다.

이상을 통해 기존의 성[촌]제는 군·성[촌]제로 정비되었으며, 신라 지방통치는 지배대상의 일반성과 지배형태의 규칙성을 확보해 갔다. 이 과정에서 노역 수취는 군사·성사조직을 매개로 외위자의 직무로 편성되었다. 공납적 수취도 군·성사원을 통해 이루어지면서 제도적으로 정착했다. 이외에 군사적·행정적 실무가 외위자들의 다양한 직무로 분화되었다. 촌주는 촌사인(村使人)을 매개로 이러한 업무의 수행에 협조했다. 성주들은 이러한 협조를 통해 인민들을 자연부락 단위로 긴박시키는 체제를 편성했다. 다만 일부 촌에 대해서는 노인(奴人) 지역으로 편성하여 수취와 각 종 부담에서 차별을 가했다.

이를 운영하기 위해 신라는 관도를 재정비하는 한편, 마립간의 명령을 성주들에게 체계적으로 전달하는 계통을 정비했다. 일부 도사[당주]는 해당 방면의 성주들에게 이를 전달하는 임무를 맡았다. 이러한 관리체계는 지증왕대에 주군제(州郡制)가 탄생하는 기반이 된 것이다.

그 림

〈그림 1〉 3~5세기 성(城) 분포도

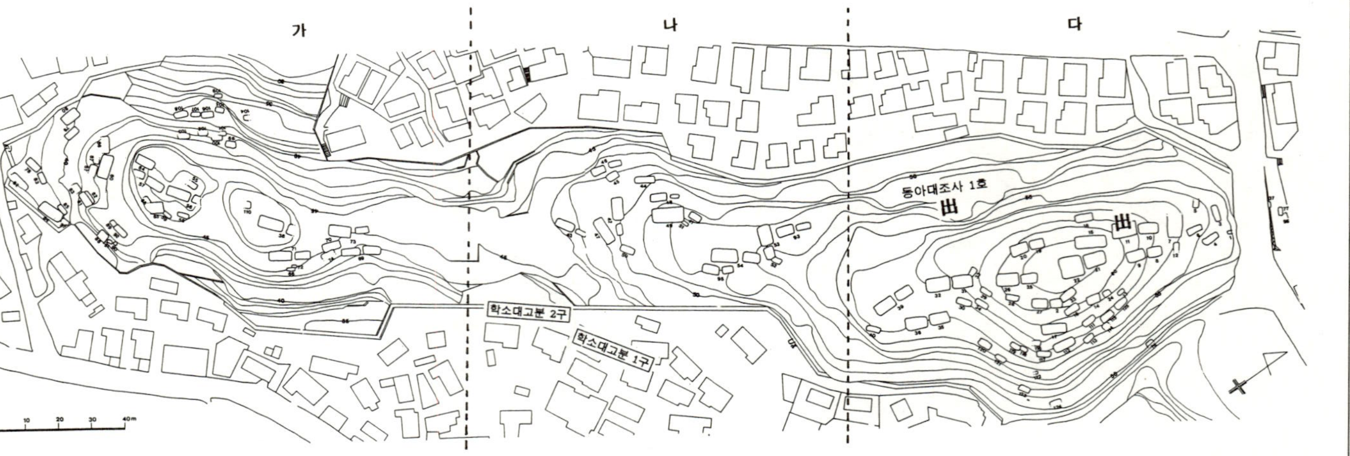

〈그림 2〉 부산 복천동고분군 분포도
[부산광역시립박물관, 『동래 복천동 고분군-제5차 발굴조사 99~109호묘-』, 1997, 그림1]

〈그림 3〉 경산 임당유적 평면도
[한국토지공사·한국문화재보호재단, 『경산임당유적』Ⅰ 본문편 삽도1
: 임당토성 부분은 영남문화재연구원·한국토지공사, 『경산임당동유
적』Ⅰ, 1999, 도면3 참고]

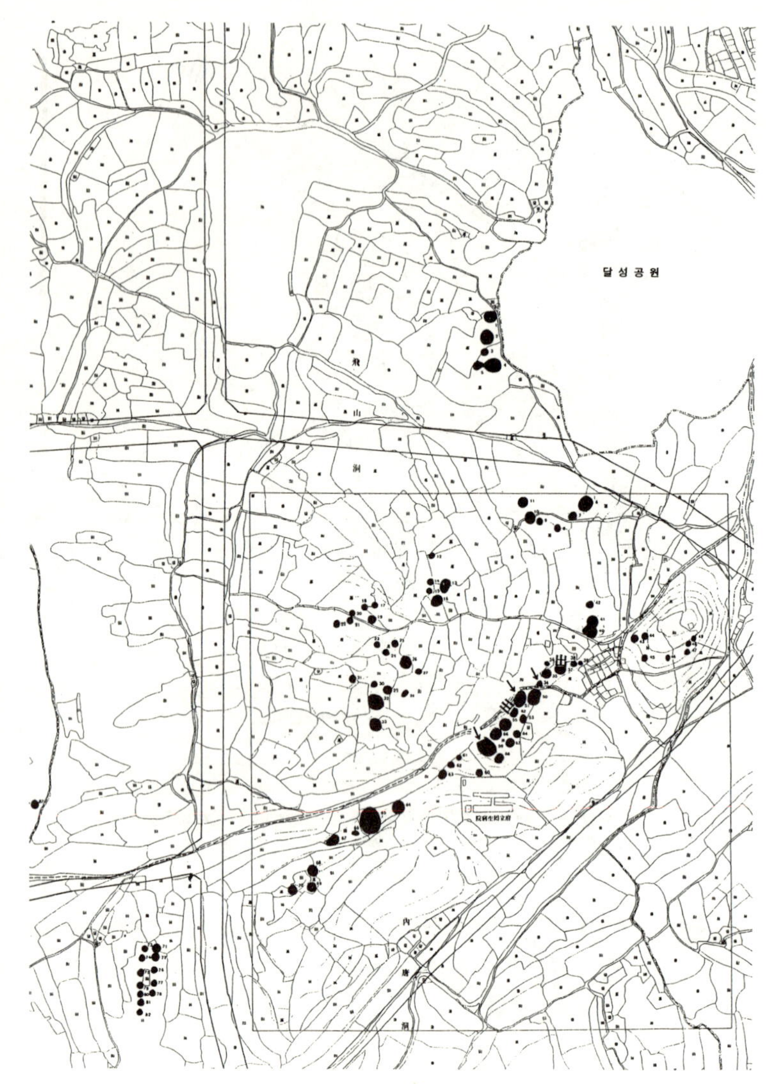

〈그림 4〉 대구 달성고분 분포도
[대구직할시 · 경북대학교박물관, 『대구의 문화유적-선사 · 고대』, 1990, p.135]

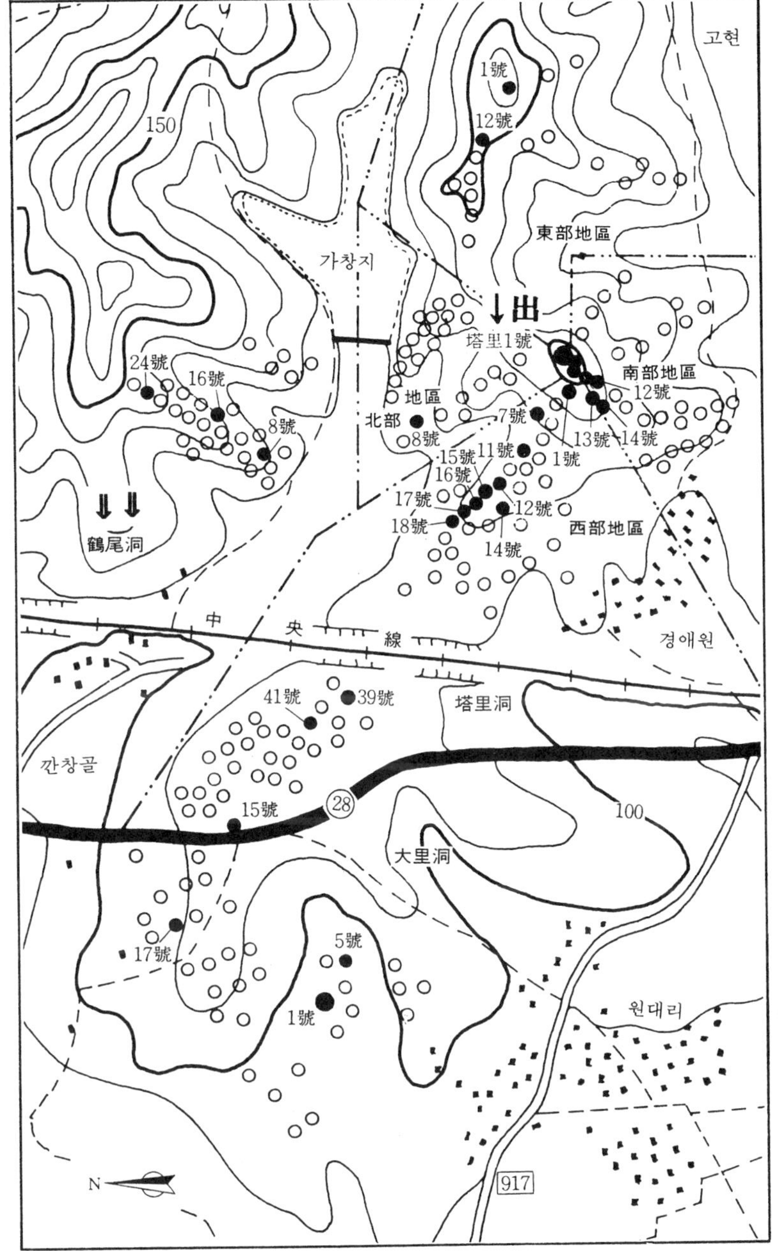

〈그림 5〉 의성 탑리·대리·학미리고분군 분포도
[대구대학교박물관, 『의성군 문화유적 지표조사보고』, 1987, p.75]

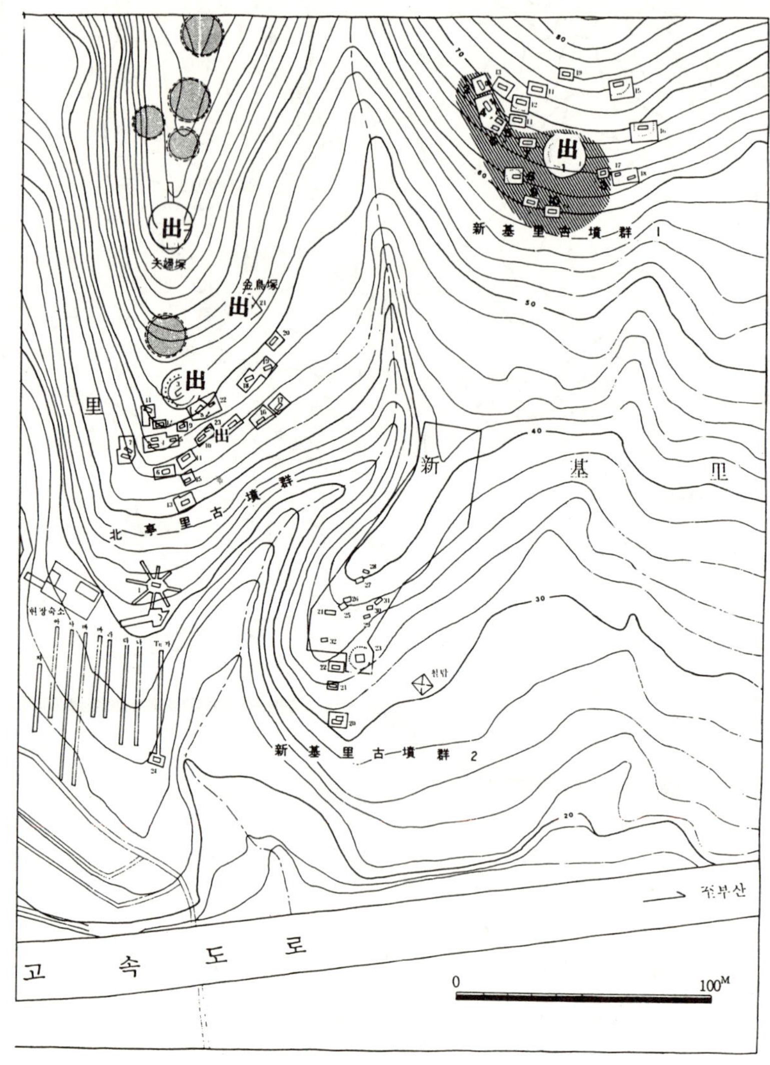

〈그림 6〉 양산 북정리 · 신기리고분군 측량도
[심봉근, 「양산 신기리고분군」1, 『고고역사학지』11 · 12합집, 1996, 도면2]

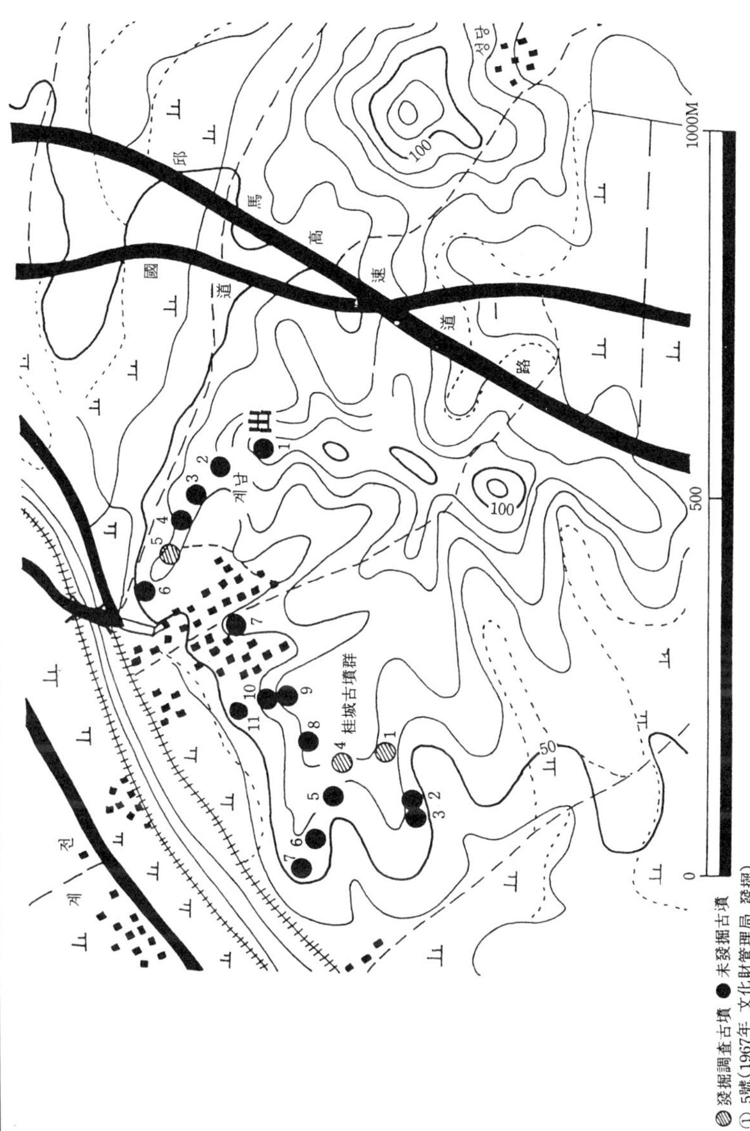

〈그림 7〉 창녕 계남리고분군 분포도
[영남대학교박물관, 『창녕 계성리 고분군-계남1 · 4호분-』, 1991, 도면2]

신라 군·성〔촌〕제의 기원과 소국집단

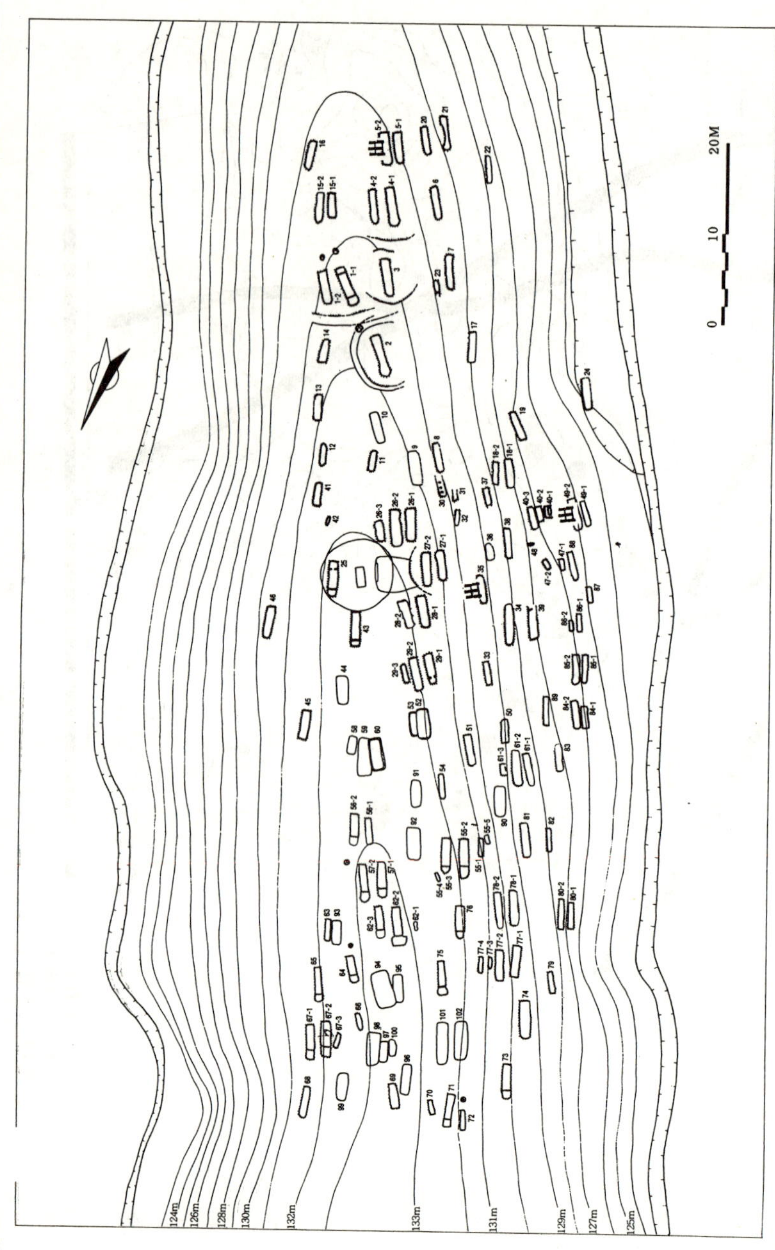

〈그림 8〉 울산 조일리고분군 배치도
[국립창원문화재연구소, 『울산조일리고분군』, 2000, 도면3]

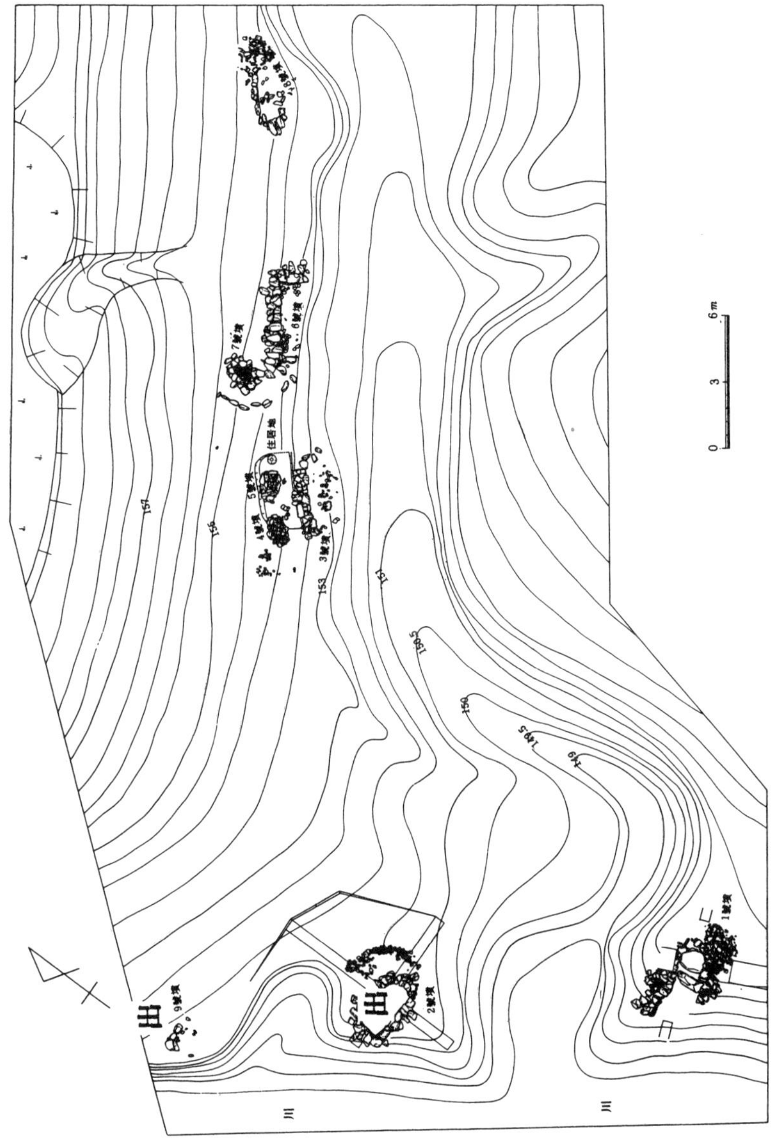

〈그림 9〉 안동 지동고분 배치도
　　　　[안동군·안동대학박물관·경북대학교박물관, 『임하댐수몰지역 문화유
　　　　적 발굴조사보고서』 Ⅱ, 1989, 도면62]

별 표

〈별표 1〉 2세기 후반 철기·위세품[최종규 와질Ⅳ단계, 최병현 토광목곽1기, 김용성 목곽1-a·b단계]

무기(대도·철검·철모·유자이기·철촉), 마구(재갈), 농공구(철부·도자·철겸·따비·쇠스랑·삽날·끌), 위세품(옥류)

지역	유구	철정	대도	철검	철모	유자이기	철촉	재갈	철부	도자	철겸	따비	쇠스랑	삽날	끌	옥류	비고	근거
경주	조양3			*	*		*											1)
	황성31								1	1								2)
	황성68			3	11		*		3	1								2)
흥해	옥성 가101		1		2		37		4	1		1	1	1				3)
	옥성 가108								2	1			1				半破	3)
	옥성 가124			1	1				2			1						3)
	옥성 가137	2									1	1					파괴	3)
	옥성 가136				4				2	1								3)
	옥성 가122								1									3)
	옥성 나1			2	14		9		4	1	2					2		4)
	옥성 나4			1	6				2							6	물미	4)
	옥성 나18			2	9				3							4		4)
	옥성 나115			1	8		1		4		1							4)
울산	하대1			1	2		5	1	3	1	1					1		5)
	하대43		1	4	4		8	1	6	1	1	1	1	1	1	43	동환	5)
	하대44			3	31	1	15		16	1	1	1				27		5)
	하대37			1	2				3	1								5)
	하대72						2					1						5)
경산	임당EⅢ-10				2										1			6)
	임당EⅢ-24						1											6)
대구	팔당4															5		7)
	팔달6								2									7)
	팔달9				3		8		5	1						1		7)
	팔달117				1				5	3	1	1				11		8)
부산	노포6				1		5		2	1						2		9)
	노포8						2		2							3		9)
	노포3				1		2		2	1						109		9)
양산	평산리			1					2	1						2		10)

이하 <별표>에서 '*' 표시는 수량이 불확실한 경우임.

1) 崔鍾圭,「慶州市朝陽洞遺蹟發掘調査槪要とその成果」,『古代文化』, 古代學協會, 1983.8, p.3.
2) 경주대문화재학과·경주박물관·동국대경주캠퍼스박물관,『경주 황성동 고분군 발굴조사[신흥주택 2차 신축부지] 출토유물목록』, 1995.
3) 국립경주박물관·포항시,『옥성리고분군』Ⅱ-'가'지구 발굴조사보고-, 2000.
4) 영남매장문화재연구원·포항시,『포항옥성리고분군』Ⅰ-나지구-, 1998.
5) 부산대학교박물관,『하대』-고분 Ⅰ, 1997.
6) 영남대박물관·한국토지개발공사경북지부,『경산임당지역고분군』Ⅱ, 1994.
7) 대구직할시·경북대학교박물관,『대구 팔달동유적』, 1993.
8) 영남매장문화재연구원,『대구팔달동유적』Ⅰ, 2000.
9) 부산직할시립박물관,『부산노포동유적』Ⅱ, 1988.
10) 동아대학교박물관,『양산평산리유적』, 1998.

<별표 2> 3세초~중엽 철기·위세품[최병현 토광목곽2-1·2기, 김용성 목곽 1-c·e 단계]

지역	유구	철정	무기					마구	농공구								위세품	비고	근거
			대도	철검	철모	유자이기	철촉	재갈	철부	도자	철겸	따비	쇠스랑	가래	살포	끌	옥류		
경주	조양동김문환宅 內묘	*	*															*		1)
	황성22			1	4		4		1	1	1					1			2)
	황성29				1				1		1								2)
경산	조영E I 3				2													102		3)
	조영E I 4																	16		3)
	조영E I 5				1				1	1	1								3)
	조영E I 9																	39		3)
	조영EⅢ9				5				1										3)
	조영EⅢ24																	8		3)
	조영EⅢ25																	28		3)
	임당C I 17			1	3		4	4				1						11		4)
	임당C I 141			1	1				1											4)
	임당C I 162			1	2		5		3											4)
	임당C I 65				1															4)
	임당C I 159								1	1	1								4)
대구	팔달2		1		6		8		1		1							1		5)
	팔달4								1									3		5)
	팔달13								1	1								3		5)
	팔달14								1											5)
흥해	옥성 나78		1	2	104	1	64		11	2	2			1					6)
	옥성 나58		2				119		3			1	1	1					6)
	옥성 나74		1				1		3		1	1	1	1					6)
	옥성 나36			1			1		1	1		1						1		6)
	옥성 가57								1						1				7)
	옥성 가129						1													8)
	옥성 가109								1											8)
울산	하대2		2	3	48		95		21			1						3		9)
	하대23			1						1	1							7	銅鼎	9)
	하대76			1	10		44		21	1		1	1	1		2		3		9)
	하대71		2				68		1	3								15		9)
	하대 나5				1		4			1										10)
부산	노포6				1		5		2	1								1		11)
	노포35									1								2		11)
	노포34						2			1										11)
	노포41						5		2	1	1									11)
	노포45									1								3		11)

1) 최종규, 1995 앞책.
2) 경주대문화재학과 외 1995 앞글.

3) 영남대학교박물관, 1994 앞책.

4) 한국토지공사·한국문화재보호재단,『경산 임당유적』Ⅱ-C지구고분군[본문], 1998.

5) 대구직할시 외 1993 앞책.

6) 영남매장문화재연구원·포항시,『포항옥성리고분군』Ⅰ-나지구-, 1998.

7) 국립경주박물관·포항시,『옥성리고분군』Ⅰ-'가'지구 발굴조사보고-, 2000.

8) 국립경주박물관·포항시,『옥성리고분군』Ⅱ-'가'지구 발굴조사보고-, 2000.

9) 부산대학교박물관, 1997 앞책.

10) 부산대학교박물관,『울산하대유적』-고분Ⅱ, 1998.

11) 부산직할시립박물관, 1988 앞책.

〈별표 3〉 3세기말 철기·위세품[최병현 토광목곽 2-3기, 김용성 목곽2-a단계]

지역	유구	철정	무기								마구	농공구							위세품			비고	근거
			판갑	찰갑	冑	대도	철검	철모	유자이기	철촉	재갈	철부	도자	철겸	따비	쇠스랑	삽날	끌	옥류	경식	통형동기		
경주	구정1곽									*		*											
	구정2곽																						1)
	구정3곽	25	2			*		*															2)
	사라55		1																				
	황성27							1	1			1											3)
	황성33							2		3		2	1	1									3)
경산	조영EⅠ-3							2											102				4)
	조영CⅠ-4											1	1	1									4)
	조영1B60			1		2				36		1	1					1					5)
	조영EⅠ-14																					토기만	4)
	조영EⅡ-8							3	1			1											4)
	조영EⅠ-16																					토기만	4)
	조영EⅠ-18																					토기만	4)
	교촌 나31							4	1			1						1					6)
대구	팔달10																					토기만	7)
	팔달3							2															7)
	팔달14											1											7)
	팔달16							1		3		1							6			약간파괴	7)
부산	복천38	20	1		1	2	4	17	2	200	1	7	6	1						1	2		8)
	복천80							3		14	7	3	2								1		8)
	복천84									167	7	11					3						8)
	복천89			1				3		25	1	1											8)
	노포31				1		2			112	1	2	1						3				9)
	노포33				2					8	3	3	1						18				9)
	노포37											1											9)
울산	중산1D41							다수														板甲, 冑 출현기	10)
흥해	옥성 나122							6	1			1	1	1									11)
	옥성 나124					1		1	1			2	1	1									11)
	옥성 나65							7	1	5		1		1									11)
	옥성 나90											1							1				11)

1) 최종규, 1983.8 앞글, p.11.
2) 영남매장문화재연구원, 『경주 사라리고분군-130호분을 중심으로』, 1996.3.
3) 황성동 고분군 발굴조사단, 『(경주 황성동고분군) 출토유물 목록』, 1994.
4) 영남대학교박물관 외, 1994 앞책.
5) 영남대학교박물관·한국토지공사, 『경산 임당지역 고분군』Ⅲ, 1998.
6) 경산대학교박물관, 『경산 교촌리 유적 발굴조사-경산 자인공단 조성지역내-』, 1996.8.
7) 대구직할시 외, 1993 앞책.
8) 송계현 외, 1995 앞글.

9) 부산직할시립박물관, 1988 앞책.
10) 이성주, 1997 앞글.
11) 영남매장문화재연구원 · 포항시, 『포항옥성리고분군』Ⅰ-나지구-, 1998.

〈별표 4〉 4세기초 철기·위세품[최병현 토광목곽2-4기, 김용성 목곽2b~고총1a단계]

지역	유구	철정	무기								마구			농공구									위세품						근거
			갑옷	경갑	요갑	투구	대도	철모	유자이기	철촉	등자	재갈	비	철부	도자	철겸	따비	쇠스랑	삽날	착	망치	집게	옥류	팔찌	경식	이식	銀中空球	구슬기타	
경주	월성 가30																												1)
	월성 가29	3	1					1		20				6									*					훈	1)
	월성 가31																												1)
	구어1		1?	1	1?		*	*						*															2)
	구어4							1																					2)
	구어10													1															2)
	죽동1							7	1					4	1	1													3)
	죽동2							5	1							1							1						3)
	죽동3														1								1					*	3)
	사라19							*						*															4)
	월성 가5									12				1														녹유소호	1)
	월성 가6	25					1	30						16															1)
	피막 나3													1	1														5)
경산	임당1A-1							4						5	2	2									1	1	7		6)
	임당E44							6	1	10				1		1													7)
	임당E38							1	1					3		1													7)
	임당G6	49					1	51	1	70	1			12	2	1			2					1					8)
	임당G5	23		2			1	9		18				4	2	2			1										8)
	조영1A19							10	1	13				1	1	3							2	2					9)
	조영1A8							1						2	1	1													9)
	조영1A9							1	1						1	1	1												9)
	조영1B-3							2	1	6				1		2	1												10)
	조영1B13							2						1		2	2												10)
선산	낙산14																												11))
	낙산10							2						1		1				1									11)
	낙산12																												11)
	낙산13						1	1		1				1	1														11)
	낙산20									3				1															11)
	낙산18									5				1															11)
부산	화명2													3	1	1													12)
	복천48							*		*	*	*		*	*														13)
	복천50													*															13)
	복천41																									1				13)
	복천42									6		1		2															13)
	복천43		1					5		6				1	3	1					1								13)
	복천44		1			2		3	1	36				3	3	2													13)
	복천46	20	*			*		*	*	*				*		*					*								13)
	복천48							*		*	*	*		*	*														13)
	복천51							1	1	20				3	1													*	13)
	복천86		3			3		4		5			1	1	1														14)
	복천88							3	2	16				1	2	1													14)
	복천54	*				*							*	*												1				14)

지역	유구	철정	무기									마구			농공구								위세품						근거
			갑옷	경갑	요갑	투구	대도	소도	철모	유자이기	철촉	등자	재갈	비	철부	도자	철겸	따비	쇠스랑	삽날	망치	집게	옥류	팔찌	경식	이식	銀中空球	구슬기타	
대구	달성3								1																				15)
	팔달6G5						1																						16)
	서변1-39						1	1							1								*						17)
	서변1-22																												17)
	서변1-34																												17)
	서변1-69															1													17)
	서변1-70								1	1						1													17)
	서변1-80								8	1					1	1	1												17)
	서변1-21								4						1		1	1											17)
	서변1-10																												17)
	서변1-71									1																			17)
포항	옥성 나29	1									1		1		2	1	2												18)
	옥성 나17					1			3	3	34				1	1													18)
상주	신흥 나42								1						1	1													19)
	신흥 나13																												19)
	신흥 나66								1						1		1												19)
	성동107														1		1	1					349					帶鉤	20)
울산	조일30								1						2	1	1												21)
	조일35								1					2	2	1													21)
	조일6														2	1													21)

1) 국립경주박물관·경주시, 『경주시월성로고분군』, 1990.
2) 영남매장문화재연구원, 『경주 구어리고분군 발굴조사』, 1998.7.
3) 국립경주박물관, 『경주 죽동리 고분군』, 1998.
4) 영남매장문화재연구원, 『경주 사라리 고분군 발굴조사』, 1996.2.
   하진호, 「경주시 사라리고분군 발굴조사개보」, 『신라고고학의 제문제』, 한국고고학회, 1996.11.1~11.3.
5) 국립경주박물관 외, 『경주 천군동 피막유적』, 1999.
6) 김용성, 「임당 1A-1호분의 성격에 대하여」, 『석오윤용진교수정년퇴임기념논총』, 동논총간행위원회, 1996, pp.315~316, pp.326~327.
   이희준, 1998 앞글, pp.153~154.
7) 한국토지공사·한국문화재보호재단, 『경산 임당유적』VI, 1998.
8) 장용석, 1997 앞글.
9) 영남대학교박물관, 『경산 임당지역 고분군1-조영1A지역-』, 1991.
10) 영남대학교박물관 외, 1998 앞책.
11) 효성여자대학교박물관·선산군, 『선산 낙산동 고분군』, 1988.
12) 부산대학교박물관, 『부산화명동고분군』, 1979.
13) 부산대학교박물관, 「동래복천동 고분군 제3차 조사개보」, 『영남고고학』7, 1990.
14) 송계현 외 1995 앞글.
15) 영남대학교박물관, 『경산 임당지역 고분군』VI, 2002.
16) 영남매장문화재연구원, 『대구 팔달동유적 발굴조사』, 1997.4.
17) 영남매장문화재연구원, 『대구 서변동고분군 발굴조사』 현장설명회 자료 및 사진첩, 1998.11.
18) 영남매장문화재연구원·포항시, 『포항옥성리고분군』II, 1998, 표3.

19) 한국문화재보호재단·부산지방국토관리청, 『상주 신흥리고분군』Ⅱ, 1998.
20) 한국문화재보호재단·한국도로공사, 『상주 성동리고분군』-본문-, 1999.
21) 울산대학교박물관, 『울산 조일리 고분군』Ⅰ, 2001.

〈별표 5〉 4세기전반~중엽 철기·위세품[최병현 적석목곽1기, 이희준 1a기, 김용성 목곽3단계 1-b기]

지역	유구	철정	무기												마구				농공구						위세품							비고	근거
			冑	頸甲	腰甲	肱甲	대도	철검	철모	유자이기	철촉	盛矢具	소찰	기타	등자	안교	鑣	銜	철부	도자	철겸	가래	살포	착	옥류	경식	흉식	금환	이식	金垂飾	기타		
경주	월성 가13						1																		1						*	남1인/金球	1)
							1																		2					1	*	북2인	1)
																									3				1		*	남3인	1)
																									6	1	2		1		*	북4인/金球, 영락	1)
																									10	1					*	서5인/金裝頸飾	1)
							7	1	3		3	1						1	1						2				1		*	金裝성시구 金銀製盌	1)
	황남109-3								8	2	21									1	6				4				1쌍				2)
	황남109-4						1				7		*	*	3	2	1		4						1				2				2)
	월성 가8										1							1	1														1)
	사라113																		*		*			*									3)
	사라13		*	*		*					*							*	*										*				3)
	사라5								*																				*				3)
경산	시지 I D106									1	2									1	2											반파	4)
	시지 I D118																															파괴	4)
흥해	옥성35		1			1	2	2	30			3	1		1				2	1	1		1										5)
선산	낙산8						1	1																									6)
부산	화명7								12											1	1												7)
	복천31·32	1							1										1		35												8)
	복천21·22	20	1	2	1		3		15	4	94				2	1	1		4	22	4	1		2	*				1		1	銀裝/金銅裝환두대도 1씩	9)
	복천93								3						1	1		1		1			1										10)
	복천95								3									1	2	3													10)
상주	신흥 가-54								1											1													11)
	신흥 가-4																															토기만	11)
	신흥 가-25																			1													11)
	신흥 가-33																			1													11)
	신흥 가-49																															토기만	11)
	청리C40																			1													12)
	청리C59								7																								12)
	청리C17																															토기만	12)
	청리C28								3											1	1	1											12)
울산	조일2	4						1	1											2												판상철기2/鋤2	13)
	조일10	4						1	6											5	2	1	1									철덩어리	13)
	조일24	1																		3	1											13)
	조일9								1																								13)

1) 국립경주박물관 외, 1990 앞책.
2) 조선총독부, 『소화9년도고적조사보고서』제1책, 1934.
3) 하진호, 1996.11.1-11.3 앞글.
   영남매장문화재연구원, 1996.2 앞글.
4) 영남대학교박물관·대구광역시도시개발공사, 『시지의 문화유적』V-고분4 본문, 1999.

5) 국립경주박물관 · 포항시, 『옥성리고분군』I-가지구 발굴조사보고-, 2000.

6) 효성여자대학교박물관 외, 1988 앞책.

7) 부산대학교박물관, 1979 앞책.

8) 전옥년 · 이상률 · 이현주, 「동래복천동고분군 제2차 조사개보」, 『영남고고학』 6, 1989.

9) 부산대학교박물관, 『동래복천동고분군』I, 1982.

10) 부산광역시립박물관 복천분관, 『동래복천동93 · 95호분』, 1997.

11) 한국문화재보호재단 · 부산지방국토관리청, 『상주 신흥리고분군』I, 1998.

12) 한국문화재보호재단 · 한진중공업, 『상주 청리유적』Ⅶ, 1998.

13) 울산대학교박물관, 『울산 조일리 고분군』I, 2001.

〈별표 6〉 4세기 후반~5세기 초의 위세품[최병현 적석목곽2·3단계, 이희준 1b~2a기, 김용성 고총 2a단계~3a단계 일부까지]

지역	묘곽	금동관	금동관모(은제)	금동과대(은제)	대도(은장)[철제]	금제이식(은제)	金銅裝馬具(은장)[철제]	기타	비고	근거
부산	복천10·11	1			[5]	1	[*]	철정77		1)
	복천39				[*]		[*]	金銅裝호록		2)
	복천1호	1			[*]	1	(*)	철정 100	동아대 조사	3)
경산	조영EIII-8	1				1	[*]			4)
	조영EIII-2			1				금동과판, 금동편 다수	도굴	5)
	조영EIII-3	1						금동편 다수, 금제중공구19	마구, 도굴	5)
	조영EIII-4							찰갑, 마구	도굴	5)
	조영CI-1		(1)							6)
	조영CI-2					(1쌍)	(*)[*]	은중공구	주곽 도굴	6)
	조영CII-1	1			#	3쌍	(*)[*]			6)
	조영CII-2				[1]	3점	*[*]	금동편 철정25-30매		6)
	임당7A	1	1			1쌍	*[*]	금제중공구19 금지환, 금동환		5)
	임당7C	1				2	[*]	은중공구, 은환	보고미간	5)
	임당7B	1	1	1			*[*]	찰갑		5)
	복사2				[1]	1	[*]			7)
	복사3					1	(*)[*]			7)
대구	달서51-2		(*)	(1)	(2)[1]	1	*(*)[*]			8)
	달서51-1								유물 미흡	8)
의성	탑리1곽	1		1		(1)				9)
	탑리2곽		1	(1)	(1)	1		金銅履		9)
성주	성산38					1	(*)[*]			10)
창녕	교동3		(1)		[5]	1	*(*)[*]			11)
	계남1	1	1	(1)		1	(*)[*]			12)
	계남4				[3]	1	*(*)[*]			12)
함창	신흥 나-39					1		金銀裝盛矢具		13)

1) 부산대학교박물관, 『동래복천동고분군』I, 1982.
2) 전옥년 외 1989 앞글.
3) 동아대학교박물관, 『동래복천동 제1호고분발굴조사보고』, 1971.
4) 영남대학교박물관 외 1994 앞책.
5) 김용성, 1998 앞책, pp.82-84.
6) 영남대학교박물관·한국토지공사, 『경산 임당지역 고분군』IV-조영C1·2호분-, 1999.
7) 영남대학교박물관, 『경산 북사리 고분군』, 1991.
8) 小泉顯夫, 「達西面古蹟調查報告」, 『大正十二年度古蹟調查報告』, 朝鮮總督府.

9) 김재원·윤무병, 『의성탑리고분』, 1962.
10) 김세기, 「성주 성산동고분 발굴조사개보-성산동 제38·39·57·58·59호분-」, 『영남고고학』3, 1987.
11) 동아대학교박물관, 『창녕교동고분군』, 1992.
12) 영남대학교박물관, 『창녕 계성리 고분군-계남1·4호분-』, 1991.
13) 한국문화재보호재단, 『상주 신흥리고분군』Ⅱ, 1998.

〈별표 7〉 5세기 중엽~6세기 초의 위세품[최병현 적석목곽4·5기, 이희준 2b기 ~4기 일부, 김용성 고총 3a단계 일부~3c단계]

지역	묘곽	금동관	금동관모 (은제)	금동과대 (은제)	금장대도 (은장) [철제]	금제이식 (은제)	金銅裝馬具 (은장) [철제]	기타	비고	근거
영일	냉수석실		1	1(1)			(*)[*]	은장도자, 은장화살통	6세기전반 ~7세기초	1)
울산	조일5-2	1						철정3		2)
	조일35	1			1			철정1		2)
	조일49-2	1			2	(1)				2)
부산	복천53				[1]		[*]	철정20/금제환/경식		3)
	연산4	1					[*]	金銅裝호록		4)
	연산8						*[*]			5)
	임석3				(1)					6)
양산	부부총	1	1	(2)	[1]	1	*	金銅飾履	부인과대 포함	7)
	북정3	1							도굴	8)
	북정23	1			1					8)
	금조총	1		(1)		1		순금팔지, 金鳥		7)
	신기1	1			[1]					9)
경산	조영EⅠ-1		1	(1)	(2)	3쌍	*[*]			10)
	조영EⅠ-2			1	(1)[1]	1쌍	(*)			10)
	조영EⅡ-1	1	(1)	(1)	[2]	1쌍	*[*]	青銅盒, 은수식, 은금구	보고미간	10)
	조영EⅡ-2	1		1			[*]	金銅飾履, 금수식, 은중공구	보고미간	10)
	조영EⅡ-3			(*)			[*]	金銅履	보고미간	10)
	조영EⅡ-4			(*)					상동(도굴)	10)
	조영EⅡ-5									10)
	조영EⅡ-6						[*]			10)
	조영EⅡ-7				[1]					10)
	조영1A-1	1								11)
	가천168	1				1쌍		철탁		12)
	가천86			1		1셋트	[*]	철정		12)
	임당2-남		1	1		1쌍		은제지환3		13)
	임당2-북	1	1			1쌍	*	백화수피관모		13)
	임당6A			(1)	(1)					13)-1
	임당5B-1	1								13)-1
	임당5D-2	1								13)-1
	북사1			(1)	(2)[1]	1	*			14)

지역	묘곽	금동관	금동관모 (은제)	금동과대 (은제)	금장대도 (은장) [철제]	금제이식 (은제)	금동장마구 (은장) [철제]	기타	비고	근거
대구	달서37-1	2		*	(3)	1	*[*]	금동장環頭刀子4	과대재질 미상	15)
	달서37-2		1	(1)	[1]	1	(8)[*]	金銅畓		15)
	달서50-1									15)
	달서50-2				1	1	*[*]			15)
	달서55	*	1	*	2[8]	*	*[*]	金銅銲鞘 다수, 銀高杯2		15)
	달서59		*	*(*)		1	*(*)[*]			15)
	달서34		(1)	(1)	(1)	1	*(*)[*]	金銅鑣當		15)
	구암56 북분	1					[*]	도굴		16)
	불로乙						(*)[*]			17)
	혜안1						*		도굴	18)
	신지7			(1)	(1)	1				18)
	성산고분		(1)	1(1)		1쌍				19)
	문산7		(1)							20)
의성	탑리3곽		(*)	1	1	1				21)
	탑리4곽							銀環		21)
	탑리5곽						(*)[*]			21)
	학미1			(1)	(1)				6세기초	22)
	학미2			청동제					6세기초	22)
	학미3			(1)			[*]		6세기초	22)
	대리5-1			(1)	[*]	1				23)
	대리5-2						[*]			23)
	대리5-3					2			도굴	23)
	대리3-1		1	(1)	[1]	1				24)
	대리3-2						[*]			24)
	대리3-3					2			도굴	24)
성주	성산東1			1	(2)	1		金環2		25)
	성산東57			(1)		1	[*]			26)
창녕	교동1		(1)	(1)	[1]	1(1)	*[*]	은장호록		27)
	교동2					(2)	[*]			27)
	교동5						(*)		도굴	27)
	교동7	1		(1)	*	1	[*]	銀盒		28)
	교동10				1					28)
	교동11		1	(1)	(3)		*			28)
	교동12			(*)						28)
	교동89			(1)		*				28)
	계성A1-1관	*						금동관 흔적		29)
안동	태화7				1	2	*(*)	금동 성시구		30)
	태화9					1				30)
	조탑 서곽			(1)		1				31)
	지동2	1		청동					6세기중엽	32)
	지동9	1		청동					6세기중엽	32)
상주	신흥.라-1			(1)		1	[*]			33)
선산	傳 선산	1								34)
	황상1		1	(1)		1	[*]	金銅履		35)
강릉	초당B16	1			1					36)
	초당C1		1			1				36)

1) 국립경주박물관, 『냉수리 고분』, 1995.

2) 국립창원문화재연구소, 『울산 조일리고분군』, 2000.

3) 부산직할시립박물관, 『동래복천동53호분』, 1992.

4) 안춘배, 「부산 연산동4호분 발굴조사보고」, 『부산여대사학』6·7합집, 1989.

5) 신경철, 「부산 연산동 8호분 발굴조사개보」, 『박물관연구논집』1, 부산직할시립박물관, 1992.

6) 부산직할시립박물관, 『부산 두구동임석유적』, 1990.

7) 동아대학교박물관, 『양산금조총·부부총』, 1991.

8) 심봉근, 「양산북정리고분군」, 『고고역사학지』10, 1994.

9) 심봉근, 「양산 신기리고분군」(1), 『고고역사학지』11·12합집, 1996.

10) 영남대학교박물관·한국토지공사, 『경산 임당지역 고분군』V, 2000.

11) 영남대학교박물관, 『경산 임당지역 고분군』I, 1991.

12) 영남매장문화재연구원, 『대구 가천동고분군 발굴조사』, 1999.3.

13) 영남대학교박물관, 『경산 임당지역 고분군』VI, 2002.

13)-1 김용성, 『대구·경산지역 고총고분의 연구』, 영남대학교 박사학위논문, 1997, pp.48-50.

14) 영남대학교박물관, 『경산 북사리 고분군』, 1991.

15) 小泉顯夫, 「達西面古蹟調査報告」, 『大正十二年度古蹟調査報告』, 朝鮮總督府.

16) 영남대학교박물관, 『구암동고분발굴조사보고』, 1978.

17) 김영하·윤용진, 「대구시 불로동고분조사보고」, 『인동·불로동·고령고아동고분 발굴조사보고』, 경북대학교박물관, 1966.

18) 齊藤忠, 「大邱附近に於ける古墳の調査」, 『昭和十三年度古蹟調査報告』.

19) 경북대학교박물관, 「화원 성산고분」, 『한국고고소식』99-4호.

20) 경상북도문화재연구원, 『달성 문산리고분군』, 2002.

21) 김재원 외 1962 앞책.

22) 김동숙, 「의성 학미리고분 발굴조사 개요」, 『제6회 영남매장문화재연구원 조사연구발표회』, 1997.4.

23) 김기웅, 「의성대리고분발굴조사보고」, 『사학연구』20, 1968.

24) 박정화, 「의성 대리3호분 발굴조사개요」, 『제2회 영남매장문화재연구원 조사연구발표회』, 1995.12.

25) 濱田耕作. 梅原末治, 「慶尙北道星州郡古墳」, 『大正七年度古蹟調査報告』.

26) 김세기, 「성주 성산동고분 발굴조사개보-성산동 제38,39,57,58,59호분-」, 『영남고고학』3, 1987.

27) 동아대학교박물관, 『창녕교동고분군』, 1992.

28) 穴澤和光·馬目順一, 「昌寧校洞古墳群-梅原考古資料を中心とした谷井濟一氏發掘資料の研究」, 『고고학잡지』60-4, 1975.

29) 경상남도, 『창녕계성고분 발굴조사보고』, 1977.

30) 안동대학교박물관·안동시, 『안동 태화동고분군』, 1998.

31) 국립대구박물관, 『소문국에서 의성으로』, 2002.

32) 안동군·안동대학박물관·경북대학교박물관, 『임하댐수몰지역 문화유적 발굴조사보고서』II, 1989.

33) 한국문화재보호재단, 『상주 신흥리고분군』IV, 1998.

34) 박보현, 1995 앞글, p.21 그림.

35) 김영하·윤용진, 『칠곡군 인동면황상동고분조사보고』, 1966.

36) 이한상, 1998.10.31~11.1 앞글, p.37표.

참고문헌

1) 사료

『三國志』
『後漢書』
『梁書』
『北史』
『周書』
『隋書』
『舊唐書』
『翰苑』
『日本書紀』
『三國史記』
『三國遺事』
『新增東國輿地勝覽』
『我邦疆域考』

2) 저서

강종훈, 『신라상고사연구』, 서울대출판부, 2000.
국사편찬위원회, 『한국사』24, 1994.
국사편찬위원회, 『한국사』5, 1996.
권오중, 『낙랑군연구』, 일조각, 1992.
今西龍, 『新羅史研究』, 國書刊行會, 1970.
김기흥, 『삼국 및 통일신라세제의 연구 - 사회변동과 관련하여 -』, 역사비평사,
　　　1991.

김용성, 『신라의 고총과 지역집단 – 대구·경산의 예 –』, 춘추각, 1998.

김철준, 『한국고대사회연구』, 지식산업사, 1975.

김태식, 『가야연맹사』, 일조각, 1993.

東潮, 『古代東アジアの鐵と倭』, 溪水社, 1999.

末松保和, 『新羅史の諸問題』, 東洋文庫, 1954.

문창로, 『삼한시대의 읍락과 사회』, 신서원, 2000.

박남수, 『신라수공업사』, 신서원, 1996.

서영일, 『신라 육상 교통로 연구』, 학연문화사, 1999.

선석열, 『신라국가성립과정연구』, 혜안, 2001.

이기백·이기동, 『한국사강좌』Ⅰ – 고대편 –, 일조각, 1982.

이병도, 『한국고대사연구』, 박영사, 1976.

이성주, 『신라·가야사회의 기원과 성장』, 학연문화사, 1998.

이인철, 『신라정치제도사연구』, 일지사, 1993.

이종욱, 『신라상대왕위계승연구』, 영남대출판부, 1980.

이종욱, 『신라국가형성사연구』, 일조각, 1982.

이종욱, 『신라골품제연구』, 일조각, 1999.

이종욱, 『신라의 역사』, 김영사, 2002.

이현혜, 『삼한사회형성과정연구』, 일조각, 1984.

이현혜, 『한국 고대의 생산과 교역』, 일조각, 1998.

이형우, 『신라초기국가성장사연구』, 영남대출판부, 2000.

전덕재, 『신라육부체제연구』, 일조각, 1996.

전용신 편, 『한국고지명사전』, 고려대학교 민족문화연구소, 1993.

井上秀雄, 『新羅史基礎研究』, 東出版株式會社, 1974.

津田左右吉, 『古事記及日本書紀の研究』, 岩波書店, 1924.

최병현, 『신라고분연구』, 일지사, 1992.

최영준, 『영남대로』, 고려대 민족문화연구소, 1990.

최종규, 『삼한고고학연구』, 서경문화사, 1995.

홍보식, 『신라후기 고분문화 연구』, 춘추각, 2003.

3) 문헌 연구논문

강봉룡, 「신라 '중고'기 '주'제의 형성과 운영」, 『한국사론』16, 서울대 국사학과, 1987.

강봉룡, 「6~7세기 신라의 병제와 지방통치조직의 재편」, 『역사와현실』4, 1990.

강봉룡, 『신라 지방통치체제 연구』, 서울대학교 박사학위논문, 1994.

강봉룡, 「삼국의 지방편제단위와 지방관」, 『한국 고대·중세의 지배체제와 농민』, 지식산업사, 1997.

강종훈, 「신라 상고기년의 재검토」, 『한국사론』26, 서울대 국사학과, 1991.

강종훈, 『신라 삼성 족단과 상고기의 정치체제』, 서울대학교 박사학위논문,

1997.

권오영, 「삼한 국읍의 기능과 내부 구조」, 『부산사학』28, 1995.

권오영, 『삼한의 '국'에 대한 연구』, 서울대학교 박사학위논문, 1996.

김광수, 「신라상고세계의 재구성 시도」, 『동양학』3, 1973.

김기홍, 「삼국의 대민수취」, 『한국 고대·중세의 지배체제와 농민』, 지식산업사, 1997.

김수태, 「3세기 중·후반 백제의 발전과 마한」, 『마한사 연구』, 충남대학교출판부, 1998.

김영심, 「백제의 성, 촌과 지방통치」, 『백제연구』28, 1998.

김재홍, 「신라중고기의 촌제와 지방사회구조」, 『한국사연구』72, 1991.

김재홍, 「농경사회의 형성과 고대의 촌락」, 『역사비평』, 1995년 봄.

김재홍, 「신라 중고기의 저습지 개발과 촌락구조의 재편」, 『한국고대사논총』7, 1995.

김재홍, 「신라<사로국>의 형성과 발전」, 『역사와현실』21, 1996.

김재홍, 『신라 중고기 촌제의 성립과 지방사회구조』, 서울대학교 박사학위논문, 2001.

김정배, 「고구려와 신라의 영역문제 ─ 순흥지역의 고고학자료와 관련하여」, 『한국사연구』61·62, 1988.

김창석, 「삼국 및 통일신라의 현물화폐 유통과 재정」, 『역사와 현실』42, 2001.

김철준, 「신라상고세계와 그 기년」, 『역사학보』17·18합집, 1962.

김현숙, 「4~6세기경 소백산맥 이동지역의 영역향방」, 『한국고대사연구』26, 2002.

那珂通世, 「三韓考」, 『外交繹史』, 岩波書店, 1958.

木村誠, 「新羅郡縣制の確立過程と村主制」, 『朝鮮史研究會論文集』13, 1976.

武田幸男, 「魏志東夷傳にみえる下戶問題」, 『朝鮮史研究會論文集』3, 1967.

박남수, 「신라 상고 김씨계의 기원과 등장」, 『경주사학』6, 동국대국사학회, 1987.

박대재, 「《삼국사기》 초기기사에 보이는 신라와 백제의 전쟁」, 『한국사학보』7, 1999.

박상익, 「함안 성산산성 출토목간의 성격 검토」, 『고고학보』48, 2002.

박상일, 「소백산맥지역의 교통로와 유적 ─ 충주와 연결되는 교통로를 중심으로 ─」, 『국사관논총』16, 1990.

방용안, 「실직국에 대한 고찰」, 『강원사학』3, 1987.

백승옥, 「신라·백제 각축기의 비사벌가야」, 『부대사학』15·16, 1992.

백승충, 「1~3세기 가야세력의 성격과 그 추이 ─ 수로집단의 등장과 浦上八國의 亂을 중심으로」, 『釜大史學』13, 1989.

백승충, 『가야의 지역연맹사 연구』, 부산대학교 박사학위논문, 1995.

변태섭, 「중원고구려비의 내용과 연대에 대한 검토」, 『사학지』13, 1979.

浜田耕策, 「新羅の城·村設置と州郡制の施行」, 『朝鮮學報』84, 1977.

山尾幸久, 「朝鮮三國の軍區組織」, 『古代朝鮮と日本』, 朝鮮史研究會, 1974.

서의식, 「신라 '중고'기 육부의 부역동원과 지방지배」, 『한국사론』23, 서울대국
　　사학과, 1990.
서의식, 「신라'상고'초기의 진한제국과 영토확장」, 『이원순교수정년기념역사학
　　논총』, 1991.
서의식, 『신라상대 '간'층의 형성·분화와 중위제』, 서울대학교 박사학위논문,
　　1994.
선석열, 「신라초기 사로국의 성장과 동이전」, 『경대사론』7, 1994.
선석열, 「사로국의 소국정복과 그 기년」, 『신라문화』12, 1995.
양기석, 「신라의 청주지역 진출」, 『신라 서원소경 연구』, 서경, 2001.
양승필, 「철제농기구 소유변화에 대한 검토」, 『신라문화』12, 1995.
여호규, 『1~4세기 고구려 정치체제 연구』, 서울대 박사학위 논문, 1997.
여호규, 「4세기 동아시아 국제질서와 고구려 대외정책의 변화 - 대(對) 전연(前
　　燕) 관계를 중심으로-」, 『역사와 현실』36, 2000.
오혜련, 「위진남북조시기 중한(中韓)관계에 대한 재검토」, 『백제사상의 전쟁』,
　　서경문화사, 2000.
윤용구, 「"삼국지" 한전 대외관계기사에 대한 일검토」, 『마한사 연구』, 충남대
　　학교출판부, 1998.
윤용구, 「삼한의 대중교섭과 그 성격」, 『국사관논총』85, 1999, p.107.
이강래, 「신라 내이군고」, 『신라문화』13, 1996.
이도학, 「고구려의 낙동강유역 진출과 신라·가야경영」, 『국학연구』2, 1988.
이부오, 『3~5세기 신라의 지방통치체제 연구』, 서강대학교 박사학위논문, 1999.
이부오, 「신라초기 기년문제에 대한 재고찰」, 『선사와 고대』13, 1999.
이부오, 「기원전후 사로국의 지배구조 변화」, 『역사교육』76, 2000.
이부오, 「1세기초 염사국의 대외교섭」, 『한국고대사연구』22, 2001.
이부오, 「이사금대 초기 사로국 간위(干位)의 성립과 분화」, 『한국상고사학보』
　　36, 2002.
李成市, 「한국목간연구의 현황과 함안성산산성출토의 목간」, 『한국고대사연구』
　　19, 2000.
이수훈, 「신라 촌락의 입지와 성·촌명 - 삼국시기의 경우를 중심으로-」, 『국사
　　관논총』48, 1993.
이영식, 「가야제국의 국가형성 문제」, 『백산학보』32, 1985.
이영훈, 「《화랑세기》에서의 노(奴)와 비(婢)」, 『역사학보』176, 2002.
이용현, 「중원고구려비와 신라의 제비(諸碑)」, 『고구려연구』10, 2000.
이우태, 『신라 중고기의 지방세력 연구』, 서울대학교 박사학위논문, 1991.
이인철, 「신라 상고세계의 신해석」, 『청계사학』4, 1987.
이종욱, 「남산신성비를 통하여 본 신라의 지방통치체제」, 『역사학보』64, 1974.
이종욱, 「한국초기국가의 형성·발전단계」, 『한국사연구』67, 1989.
이종욱, 「광개토왕릉비의 신유년조에 대한 해석」, 『한국상고사학보』10, 1992.
이종욱, 「한국 초기국가의 정치발전 단계와 정치형태」, 『한국사상의 정치형태』,
　　일조각, 1993.

이종욱, 「백제의 건국과 통치체제의 편성」, 『백제논총』4, 1994.
이종욱, 「한·왜의 정치세력과 낙랑군·대방군의 관계」, 『한일고대문화의 연계』, 서울프레스, 1994.
이종욱, 「영일냉수리비를 통하여 본 신라의 통치체제」, 『이기백선생고희기념한국사학논총』상, 일조각, 1994.
이종욱, 「한국 초기국가 형성과정의 소국」, 『한국상고사학보』27, 1998.
이종욱, 「한국사상의 소국연맹단계」, 『서강인문논총』8, 1998.
이종욱, 「한국 초기국가 형성과정의 소국병합 왕국」, 『동아연구』35, 1998.
이종욱, 「새로운 한국고대사 체계를 위한 논고-부체제론 비판을 중심으로」, 『한국고대사회의 부와 부체제』, 한국고대사학회, 1999.
이현혜, 「4세기 가야사회의 교역체계의 변천」, 『한국고대사연구』1, 1988.
이현혜, 「삼한사회의 농업 생산과 철제 농기구」, 『역사학보』126, 1990.
이현혜, 「삼국시대의 농업기술과 사회발전-4~5세기 신라사회를 중심으로-」, 『한국상고사학보』8, 1991.
이현혜, 「삼한의 대외교역체제」, 『이기백선생고희기념한국사학논총』(상), 일조각, 1994.
이현혜, 「철기보급과 정치권력의 성장」, 『가야제국의 철』, 신서원, 1995.
이현혜, 「김해지역의 고대취락과 성」, 『한국고대사논총』8, 1996.
이형우, 「사로국의 성장과 압독국」, 『수촌박영석교수화갑기념한국사학논총』상, 탐구당, 1992.
이형우, 『신라 초기국가 성장사 연구』, 영남대학교출판부, 2002.
이희진, 「"삼국사기" 초기기사에 대한 최근 기년조정안의 문제점」, 『역사학보』160, 1998.
임창순, 「중원고구려고비 소고」, 『사학지』13, 1979.
전덕재, 「신라주군제의 성립배경연구」, 『한국사론』22, 서울대 국사학과, 1990.
전덕재, 「4~6세기 농업생산력의 발달과 사회변동」, 『역사와 현실』1990년 제4호.
전덕재, 「신라 중고기 결부제의 시행과 그 기능」, 『한국고대사연구』21, 2001.
전미희, 『신라 골품제의 성립과 운영』, 서강대학교 박사학위논문, 1997.
井上幹夫, 「"魏志"東夷傳にみえる辰王について」, 『續律令國家と貴族社會』, 吉川弘文館, 1978.
조법종, 「한국고대노비의 발생 및 존재양태에 대한 고찰」, 『백제문화』22, 1992.
주보돈, 「신라 중고의 지방통치조직에 대하여」, 『한국사연구』23, 1979.
주보돈, 「신라중고기 촌락구조에 대하여(1)」, 『경북사학』9, 1986.
주보돈, 「신라의 촌락구조와 그 변화」, 『국사관논총』35, 1992.
주보돈, 『신라 중고기의 지방통치와 촌락』, 계명대학교 박사학위논문, 1995.
주보돈, 「신라국가형성기 대구사회의 동향」, 『한국고대사논총』8, 1996.
주보돈, 「마립간시대 신라의 지방통치」, 『영남고고학』19, 1996.
주보돈, 「4~5세기 부산지역의 정치적 향방」, 『가야사 복원을 위한 복천동고분군의 재조명』, 부산광역시립복천박물관, 1997.

주보돈, 「박제상과 5세기초 신라의 정치동향」, 『경북사학』21, 1998.
천관우, 「'삼국지' 한전의 재검토」, 『진단학보』41, 1976.
천관우, 「삼한의 국가형성(상)」, 『한국학보』2, 1976.
최병운, 『신라 상고의 영토 변천 연구』, 전남대학교 박사학위논문, 1992.
최일성, 「역사지리적으로 본 계립령」, 『호서사학』14, 1986.
홍승기, 「1~3세기 민의 존재형태에 대한 일고찰」, 『역사학보』63, 1974.
히라까와 미나미(平川南), 「일본고대목간 연구의 현상과 신시점(新視點)」, 『한국
    고대사연구』19, 2000.
J.W.Best, 「Redating the earliest Silla- related Entries in the Paekche Annals of the
    Samguk sagi」, 『韓國上古史學報』21, 1996

4) 고고 연구논문

곽종철, 「한국과 일본의 고대 농업기술」, 『한국고대사논총』4, 1992.
권오영, 「한국 고대의 취락과 주거」, 『한국고대사연구』12, 1997.
김대환, 「영남지방 적석목곽묘의 시공적 변천」, 『영남고고학』29, 2001.
김약수, 「장산성위치고」, 『경산문학』2, 1986.
김용성, 「경산·대구지역 삼국시대 고분의 계층화와 지역집단」, 『영남고고학』6,
    1989.
김용성, 「임당1A-1호분의 성격에 대하여」, 『석오윤용진교수정년퇴임기념논총』,
    1996.
김용성, 『대구·경산지역 고총고분의 연구』, 영남대학교 박사학위논문, 1997.
동조, 「변진과 가야의 철」, 『가야 제국의 철』, 신서원, 1995.
박광렬, 「신라 적석목곽묘의 개시에 대한 검토」, 『경주사학』20, 2001.
박광춘, 「낙동강유역의 초기국가 성립」, 『한국상고사학보』39, 2003.
박보현, 『위세품으로 본 고신라사회의 구조』, 경북대학교 박사학위논문, 1995.
박상일, 「소백산맥지역의 교통로와 유적」, 『국사관논총』16, 1990.
박승규, 「경주 사라리유적 130호묘에 대하여」, 『신라문화』14, 1997.
신경철, 「부산 구서동 출토의 와질토기」, 『영남고고학』2, 1986.
신경철, 「신라토기의 발생에 대하여」, 『한일고대문화의 제문제』, 한일문화교류
    기금, 1986.
신경철, 「김해대성동·동래복천동고분군 점묘-금관가야 이해의 일단」, 『부대사
    학』19, 1995.
심봉근, 「신라성과 고구려성」, 『고구려연구』8, 1999.
안춘배, 「신라와 가야의 토기」, 『한국고대사논총』3, 1992.
양승필, 「철제농기구 소유변화에 대한 검토」, 『신라문화』12, 1995.
윤용진, 「한국초기철기문화에 관한 연구-대구지방에서의 초기철기문화」, 『한국
    사학』11, 1990.
이성주, 「1~3세기 가야 정치체의 성장」, 『한국고대사논총』5, 1993.
이성주, 「신라·가야사회 분립과 성장에 대한 고고학적 검토」, 『한국상고사학

보』13, 1993.

이성주, 「목관묘에서 목곽묘로」, 『신라문화』14, 1997.

이재현, 「변·진한 사회의 발전과정-목곽묘 출현배경과 관련하여」, 『영남고고학』17, 1995.

이종선, 「고신라 삼산관(三山冠)-고신라의 정치구조와 관련하여-」, 『제18회 한국상고사학회 학술발표회』, 1997.

이한상, 「5~6세기 신라의 변경지배방식-장신구 분석을 중심으로-」, 서울대학교 석사학위논문, 1994.

이한상, 「금공품을 통해 본 5~6세기 신라의 집권화과정」, 『동원학술전국대회』, 1998.10.31-11.1.

이한상, 「4세기전후 신라의 지방통제방식-분묘자료의 분석을 중심으로-」, 『역사와현실』37, 2000.

이한상, 「신라관 연구를 위한 일시론」, 『고고학지』11, 2000.

이희준, 「낙동강 이동 지방 4·5세기 고분 자료의 정형성과 그 해석」, 『4·5세기 한일고고학』, 영남고고학회·구주고고학회, 1996.

이희준, 「신라의 성립과 성장 과정에 대한 고찰」, 『신라고고학의 제문제』, 제20회 한국고고학전국대회, 1996.

이희준, 「경주 월성로 가-13호 적석목곽묘의 연대와 의의」, 『석오윤용진교수정년퇴임기념논총』, 1996.

이희준, 「신라 고총의 특성과 의의」, 『영남고고학』20, 1997.

이희준, 『4~5세기 신라의 고고학적 연구』, 서울대학교 박사학위논문, 1998.

이희준, 「4~5세기 신라고분 피장자의 복식품 착장 정형」, 『한국고고학보』47, 2002.

장용석, 「임당유적의 공간구성과 그 변화」, 『한국상고사학보』37, 2002.

최병현, 「신라 적석목곽분의 기원 재론」, 『숭실사학』12, 1998.

최종규, 「중기고분의 성격에 대한 약간의 고찰」, 『부대사학』7, 1983.

최종규, 「무덤에서 본 삼한사회의 구조 및 특징」, 『한국고대사논총』2, 1991.

함순섭, 「대구 달성고분군에 대한 소고-일제강점기 조사내용의 검토-」, 『석오윤용진교수정년퇴임기념논총』, 동논총간행위원회, 1996.

5) 고고 보고서

경북대학교박물관, 『안동 조탑리고분군』Ⅱ('94), 1996.

경북대학교박물관, 「화원 성산고분」, 『한국고고소식』99-4호.

경산대학교박물관, 『경산 교촌리 유적 발굴조사-경산 자인공단 조성지역내-』, 1996.8.

경상남도, 『창녕계성고분 발굴조사보고』, 1977.

경상북도문화재연구원, 『대구광역시 상수도 제5차 확장사업 문산리 취·정수장 건립부지내고분』, 2002.5.

경주대문화재학과·국립경주박물관·동국대학교경주캠퍼스박물관, 『경주 황성동고분군 발굴조사[신흥주택 2차 신축부지] 출토유물목록』, 1995.

계명대학교박물관, 『성주성산동고분특별전도록』, 1988.

국립경주박물관·경주시, 『경주시월성로고분군』, 1990.

국립경주박물관, 『냉수리 고분』, 1995.

국립경주박물관, 『신라인의 무덤』, 1996.

국립경주박물관, 『경주 죽동리 고분군』, 1998.

국립경주박물관, 『경주 황성동 524-9번지 용해유적』, 1999.

국립경주박물관 외, 『경주 천군동 피막유적』, 1999.

국립경주박물관·포항시, 『옥성리고분군』Ⅰ·Ⅱ·Ⅲ-가지구 발굴조사보고-, 2000.

국립경주박물관, 『경주 황성동 유적』Ⅰ, 2000.

국립김해박물관, 『밀양사촌제철유적』, 2001.

국립김해박물관, 『한국고대의 갑옷과 투구』, 2002.

국립대구박물관, 『압독 사람들의 삶과 죽음』, 2000.

국립대구박물관, 『소문국에서 의성으로』, 2002.

국립중앙박물관, 『동래낙민동패총』, 1998.

국립창원문화재연구소, 『울산 조일리고분군』, 2000.

국립창원문화재연구소, 『함안 성산산성 발굴조사 지도위원회의 및 현장공개 자료』, 2002.11.15.

국립청주박물관, 『철의 역사』, 1997.

권태용, 「경산 임당 F-2지구 주구부 건물지」, 『제7회 영매원조사연구발표회』, 1997.11.22.

김기웅, 「의성대리고분발굴조사보고」, 『사학연구』20, 1968.

김동숙, 「의성 학미리고분 발굴조사 개요」, 『제6회 영남매장문화재연구원 조사연구발표회』, 1997.4.

김세기, 「성주 성산동고분 발굴조사개보-성산동 제38,39,57,58,59호분-」, 『영남고고학』3, 1987.

김영하·윤용진, 「대구시 불로동고분조사보고」, 『인동·불로동·고령고아동고분발굴조사보고』, 경북대학교박물관, 1966.

김영하·윤용진, 『칠곡군 인동면황상동고분조사보고』, 1966.

김재원·윤무병, 『의성탑리고분』, 1962.

대구광역시, 『대구문화재사랑』, 1997.

대구대학교박물관, 『경산·용산성지표조사보고서』, 1993.

대구직할시·경북대학교, 『팔공산』, 1987.

대구직할시·경북대학교박물관, 『대구의 문화유적-선사·고대』, 1990.

대구직할시·경북대학교박물관, 『대구 팔달동유적』, 1993.

동아대학교박물관, 『동래복천동 제1호고분발굴조사보고』, 1971.

동아대학교박물관, 『양산 순지리토성』, 1983.

동아대학교박물관, 『양산금조총·부부총』, 1991.

동아대학교박물관, 『창녕교동고분군』, 1992.

동아대학교박물관, 『양산평산리유적』, 1998.

문화재관리국·문화재연구소, 『황남대총』, 1994.

문화재연구소, 『순흥 비봉산성 발굴조사보고서』, 1998.

박정화, 「의성 대리3호분 발굴조사개요」, 『제2회 영남매장문화재연구원 조사연
　　　구발표회』, 1995.12.

부산광역시립박물관, 『당감동성지』Ⅰ, 1996.

부산광역시립박물관, 『부산의 역사와 복천동고분군』, 1996.

부산광역시립박물관, 『동래　복천동고분군－제5차　발굴조사　99～109호묘－』,
　　　1997.

부산광역시립박물관복천분관, 『동래복천동93·95호분』, 1997.

부산대학교박물관, 『부산화명동고분군』, 1979.

부산대학교박물관, 『동래복천동고분군』Ⅰ, 1982.

부산대학교박물관, 『부산 노포동유적』, 1988.

부산대학교박물관, 「동래복천동 고분군 제3차조사개보」, 『영남고고학』7, 1990.

부산대학교박물관, 『부산대학교 개교 50주년기념 선사와 고대문화』, 1996.

부산대학교박물관, 『울산하대유적－고분』Ⅰ, 1997.

부산대학교박물관, 『동래 복천동 학소대고분』, 2001.

부산직할시립박물관, 『부산노포동유적』Ⅱ, 1988.

부산직할시립박물관, 『부산 두구동 임석유적』, 1990.

부산직할시립박물관, 『동래복천동53호분』, 1992.

濱田耕作·梅原末治, 「慶尙北道星州郡古墳」, 『大正七年度古蹟調査報告』, 朝鮮總
　　　督府, 1918.

小泉顯夫, 「達西面古蹟調査報告」, 『大正十二年度古蹟調査報告』, 朝鮮總督府,
　　　1923.

송계현·홍보식·이해련, 「부산 복천동고분군 제5차 발굴조사 개보」, 『박물관연
　　　구논집』3, 부산광역시립박물관, 1995.

신경철, 「부산 연산동 8호분 발굴조사개보」, 『박물관연구논집』1, 부산직할시립
　　　박물관, 1992.

심봉근, 「양산북정리고분군」, 『고고역사학지』10, 1994.

심봉근, 「양산 신기리고분군」(1), 『고고역사학지』11·12합집, 1996.

안동군·안동대학박물관·경북대학교박물관, 『임하댐수몰지역 문화유적 발굴조
　　　사보고서』Ⅱ, 1989.

안동대학교박물관, 『안동 안막동고분』, 1989.

안동대학교박물관, 『임하·사의지구발굴보고서』, 1989.

안동대학교박물관·안동시, 『안동 태화동고분군』, 1998.

안춘배, 「부산 연산동4호분 발굴조사보고」, 『부산여대사학』6·7합집, 1989.

영남대학교박물관, 『구암동고분발굴조사보고』, 1978.

영남대학교박물관, 『경산지표조사보고』, 1986.

영남대학교박물관, 『제 10회 아시아 경기대회 문화예술축전 신라문화전도록』,
　　　1986.

영남대학교박물관, 『창녕 계성리고분군-계남 1·4호분-』, 1991.

영남대학교박물관, 『경산 북사리 고분군』, 1991.

영남대학교박물관, 『경산 임당지역 고분군Ⅰ-조영1A지역-』, 1991.

영남대학교박물관·한국토지개발공사경북지사, 『경산 임당지역 고분군』Ⅱ, 1994.

영남대학교박물관·한국토지공사, 『경산 임당지역 고분군』Ⅲ, 1998.

영남대학교박물관·한국토지공사, 『경산 임당지역 고분군』Ⅳ-조영CⅠ·Ⅱ호분-, 1999.

영남대학교박물관·대구광역시도시개발공사, 『시지의 문화유적』Ⅴ-고분4 본문, 1999.

영남대학교박물관·한국토지공사, 『경산 임당지역 고분군』Ⅴ, 2000.

영남대학교박물관, 『경산 임당지역 고분군』Ⅵ, 2002.

영남매장문화재연구원, 『경주 사라리 고분군 발굴조사』, 1996.2.

영남매장문화재연구원, 『경주 사라리고분군-130호분을 중심으로-』, 1996.3.

영남매장문화재연구원, 『경산 임당 유적 발굴조사-F·G·H·I 지구-』, 1996.9.

영남매장문화재연구원, 『대구 시지동 고분군 발굴조사』, 1997.4.

영남매장문화재연구원, 『경산 임당 저습지유적 발굴조사』 현장설명회자료, 1997.10.

영남매장문화재연구원·포항시, 『포항 옥성리 고분군』Ⅰ~Ⅲ[나지구], 1998.

영남매장문화재연구원, 『경주 구어리고분군 발굴조사』, 1998.7.

영남매장문화재연구원, 『대구 서변동고분군 발굴조사』 현장설명회 자료, 1998.11.

영남매장문화재연구원, 『대구 가천동고분군 발굴조사』, 1999.3.

영남문화재연구원, 『경산임당동유적』Ⅰ, 1999.

영남문화재연구원·대구광역시도시개발공사, 『대구 시지지구 생활유적』Ⅰ, 1999.

영남문화재연구원·대구광역시도시개발공사, 『대구 시지지구 생활유적』Ⅱ~Ⅳ, 2000.

영남매장문화재연구원, 『대구팔달동유적』Ⅰ, 2000.

영남문화재연구원, 『달성 문양리고분군 발굴조사』Ⅱ<현장설명회자료>, 2001.3.

울산대학교박물관·부산대학교고고학과, 『울산달천유적』, 2000.

울산대학교박물관, 『울산 조일리 고분군』Ⅰ, 2001.

울산대학교박물관·울산광역시강남교육청, 『울산 대안리유적』, 2002.

이재홍·김재철, 「경산 임당동토성에 대하여-고대토성의 축조수법에 대한 약간의 검토」, 『제8회 영남매장문화재연구원조사연구발표회』, 1998.5.23.

장용석, 「경산 임당 G-5·6호분의 성격에 대하여」, 『제6회 영매원조사연구발표회』, 1997.

전옥년·이상률·이현주, 「동래복천동고분군 제2차 조사개보」, 『영남고고학』6, 1989.

정징원, 「부산 괴정동고분군 발굴조사개요」, 『박물관연구논집』1, 부산시립박물관, 1992.

정징원·안재호, 「복천동38호분과 그 부장유물」, 『삼불김원룡교수정년퇴임기념 논총』1, 1987.
齊藤忠, 「大邱附近に於ける古墳の調査」, 『昭和十三年度古蹟調査報告』, 1938.
朝鮮總督府, 『昭和九年度古蹟調査報告書』第一冊, 1934.
朝鮮總督府, 「慶州邑皇吾里古墳の調査」, 『昭和十一年度古蹟調査報告』, 1936.
창원대학교박물관, 「울산 중산리유적 1·2지구 발굴조사개요(지도위원회 및 보도자료」, 1991.
崔鍾圭, 「慶州市朝陽洞遺蹟發掘調査槪要とその成果」, 『古代文化』1983.8.
충북대학교박물관, 『청원 I.C.-부용간 도로확장 및 포장공사구간 충북 청원 부용리 남성골유적』, 2002.
충북대학교 중원문화연구소, 『보은 매곡산성 지표조사 보고서』, 1998.
충북대학교 호서문화연구소, 『진천 대모산성 지표조사 보고서』, 1996.
통도사 성보박물관, 『양산의 역사와 문화』, 2002.
하진호, 「경주시 사라리고분군 발굴조사개보」, 『신라고고학의 제문제』, 한국고고학회, 1996.11.1~11.3.
한국문화재보호재단·부산지방국토관리청, 『상주신흥리고분군』Ⅰ~Ⅴ, 1998.
한국문화재보호재단·한진중공업, 『상주 청리유적』Ⅰ~Ⅷ, 1998.
한국문화재보호재단·(주)대흥주택, 『경주시 황성동 537-2 임대아파트 신축부지 발굴조사보고서』, 2001.
한국문화재보호재단·한국도로공사, 『상주 성동리고분군』-본문-, 1999.
한국토지공사·한국문화재보호재단, 『경산 임당유적』Ⅰ~Ⅵ, 1998.
穴澤和光·馬目順一, 「昌寧校洞古墳群-梅原考古資料を中心とした谷井濟一氏發掘資料の研究」, 『고고학잡지』60-4, 1975.
황성동고분군 발굴조사단, 『(경주 황성동고분군) 출토유물 목록』, 1994.
황성동유적발굴조사단, 「경주 황성동유적 제1차 발굴조사개보」, 『영남고고학』8, 1991.
효성여자대학교박물관·선산군, 『선산 낙산동 고분군』, 1988.

6) 인용사진 출전

<사진 1> 부산대학교박물관, 『선사와 고대의 문화』, 1996, pp.46~48.
<사진 2> 부산대학교박물관, 1996 앞책, p.44.
<사진 3> 국립경주박물관, 『신라인의 무덤』, 1996, p.24.
<사진 5> 부산광역시립박물관 복천분관, 『부산의 역사와 복천동고분군』, 1996, p.118.
<사진 6> 국립경주박물관, 1996 앞책, p.31.
<사진 7> 대구광역시, 『대구문화재사랑』, 1997, p.9.
<사진 8> 국립경주박물관, 1996 앞책, p.44.
<사진 9> 국립대구박물관, 『압독 사람들의 삶과 죽음』, 2000, 사진 87 및 88.
<사진 10> 국립대구박물관, 2000 앞책, 사진203.

<사진 11> 국립대구박물관, 『소문국에 의성으로』, 2002, p.59.
<사진 12> 부산광역시립박물관 복천분관, 1996 앞책, p.131.
<사진 14> 동아대학교박물관, 『양산 금조총·부부총』, 1991.
<사진 15> 영남대학교박물관, 『경산 임당지역 고분군』Ⅵ, 2002, 원색도판7.
<사진 16> 영남대학교박물관, 『제 10회 아시아 경기대회 문화예술축전 신라문
         화전도록』, 1986, p.24.
<사진 18> 부산대학교박물관, 『울산하대유적』-고분Ⅰ, 1997, 도판39-5, 도판
         41-3·4·16.
<사진 19> 부산대학교박물관, 1996 앞책, 사진42-4, 사진45-2.
<사진 27> 통도사 성보박물관, 『양산의 역사와 문화』, 2002, p.20.
<사진 28> 부산광역시립박물관 복천분관, 1996 앞책, p.121.
<사진 29-②> 국립김해박물관, 『한국고대의 갑옷과 투구』, 2002, 사진13.
<사진 30> 한국문화재보호재단·대흥주택, 『경주 황성동 537-2 임대아파트 신
         축부지 발굴조사 보고서』, 2001, 원색도판4.
<사진 31> 국립경주박물관, 1996 앞책, 사진24.
<사진 33> 부산대학교박물관, 『동래복천동고분군』Ⅱ, 1990, 도판58-1·2.
<사진 34> 한국토지공사·한국문화재보호재단, 『경산 임당유적』Ⅵ, 1998, 도판
         62-8~14.
<사진 35-②> 윤용진, 「한국초기철기문화에 관한 연구」, 『한국사학』11,
         1990, p.125, 도 6-12·13.
<사진 36> 영남문화재연구원, 『경산임당동유적』Ⅰ, 1999, 사진7-1.
<사진 38> 국립김해박물관, 2002 앞책, 사진32.
<사진 39> 국립대구박물관, 2000 앞책, 사진64, 72, 73, 76.
<사진 40> 부산대학교박물관, 1990 앞책, 도판68-8.
<사진 41> 부산광역시립박물관 복천분관, 1996 앞책, p.118.
<사진 43> 한국토지공사·한국문화재보호재단, 1998 앞책, 도판26-11 및 도판
         224-6.
<사진 44> 한국문화재보호재단, 『상주 신흥리고분군』Ⅱ, 도판55-3·4. 56-2.
         58-10.
<사진 45> 한국토지공사·한국문화재보호재단, 1998 앞책, 도판88-4·5·6·
         7·8~16.
<사진 49> 영남대학교박물관, 1986 앞책, p.19.
<사진 50> 부산광역시립박물관 복천분관, 1996 앞책, p.132.
<사진 51> 영남대학교박물관, 『경산 임당지역 고분군』Ⅳ, 1999, 도판71.
<사진 52> 小泉顯夫, 「達西面古蹟調査報告」, 『大正十二年度古蹟調査報告』, 朝
         鮮總督府, 1923, 도판 77.
<사진 54> 부산대학교박물관, 『동래 복천동 학소대고분』, 2001, p.191.
<사진 55> 부산광역시립박물관 복천분관, 1996 앞책, p.123.
<사진 59-②> 충북대학교박물관, 『청원 I.C.-부용간 도로확장 및 포장공사구
         간 충북 청원 부용리 남성골 유적』, 2002, p.30.

<사진 60> 충북대학교 중원문화연구소, 『보은 매곡산성 지표조사 보고서』, 1998.
<사진 61> 충북대학교 호서문화연구소, 『진천 대모산성 지표조사 보고서』, 1996, 표지사진.
<사진 65> 동아대학교박물관, 1991 앞책, p.301, p.303.
<사진 66> 국립창원문화재연구소, 『울산 조일리고분군』, 2000, p.287.
<사진 67> 안동군·안동대학박물관·경북대학교박물관, 『임하댐수몰지역 문화유적 발굴조사보고서』Ⅱ, 1989, p.261.
<사진 68> 국립대구박물관, 2002 앞책, 사진56.
<사진 70> 한국토지공사·한국문화재보호재단, 1998 앞책, 도판131-3·4·5·14.
한국문화재보호재단·한진중공업, 『상주 청리유적』Ⅷ, 1998, p.356.

찾아보기

ㄱ

가소성 73
간 집단 175
간(干) 78, 160
간(干) 집단 43
간위(干位) 155, 202
간지(干支) 195, 202, 206
간층 43, 86, 87, 142, 162
감문국(甘文國) 65, 100, 118
강제권 48
개간구 43
거도(居道) 70, 72
거벌모라(居伐牟羅) 195, 204
거수층(渠帥層) 29, 30, 104
거점성(據點城) 66, 69, 76, 91, 112
거점성주 77, 81, 84, 85
거칠산국
거칠산국(居柒山國) 70, 71, 72, 86,
　　92, 94, 126
견아성(犬牙城) 188
계립령 83
고령가야(古寧伽倻) 65
고산토성 66
고타(古陀) 132
고타군(古陀郡) 128, 183
고타군주(古陀郡主) 93
골벌국(骨伐國) 59, 61, 115, 130
골벌국왕 100
공납적 수취 132, 133, 168, 215
공손씨(公孫氏) 51, 52
공척(工尺) 204

과대(銙帶) 158
관도 209
관모(冠帽) 158
광개토왕비 163
광석성(廣石城) 185
교역 통제권 46
교역권(交易圈) 47
교촌리고분군 179
구도 58, 59, 61, 64
구례성(仇禮城) 185
구리벌(仇利伐) 215
구리지촌(仇利支村) 212
구벌성(仇伐城) 188
구수혜(仇須兮) 58, 61
구양(狗壤) 62
국서주군(國西州郡) 183
국성체제 122, 134
국원성(國原城) 191
국읍 간층(干層) 44, 45, 88, 155
국읍 호민층 176
국읍성(國邑城) 66, 118, 153
국중호협(國中豪俠) 166
군·성[촌] 26
군관(群官) 208
군관구(軍管區) 27
군사원(郡司員) 208, 214
군사조직(郡司組織) 204
군상촌주(郡上村主) 211
군성주(郡城主) 204
군신(群臣) 166

군족(郡族)　140
군주(郡主)　77, 152, 154, 183
군주(軍主)　78
군중상인(郡中上人)　211
군치성(郡治城)　187, 189
군태수(郡太守)　150, 151
굴산성(屈山城)　188
굴아화촌(屈阿火村)　41
굴헐역(屈歇驛)　165
귀간지(貴干支)　212
귀비고(貴妃庫)　49
규칙성(規則性)　35
극종(克宗)　122
금관　157
금관국　54, 71
금동관(金銅冠)　156
기경구(起耕具)　42, 43, 105

ㄴ

나리촌(那利村)　216
나마(奈麻)　122, 150
나마례관(奈麻禮冠)　159
낙랑군　52
날이군(捺已郡)　183
날이군인(捺已郡人)　211
남거성(男居城)　153
남당회의　123
남산골성　185
남산신성비(南山新城碑)　26, 204
남신현(南新縣)　93
내령(奈靈)　65
내해대[196-230]　72
냉수리비(冷水里碑)　27, 147, 163,
　　195
노인법(奴人法)　218
노포동유적　86
노함촌　213

ㄷ

다벌국(多伐國)　40, 116, 117
다사(多沙)　132
다사군(多沙郡)　128
달벌성(達伐城)　110, 113, 130
달벌성주　121, 122, 131
달성(達城)　110
달성고분군　143
답달성　188
당주(幢主)　152, 192, 194
당주사인(幢主使人)　216
대공척(大工尺)　212
대당주(大幢主)　192
대령책(大嶺柵)　175
대방군(帶方郡)　51, 54
대성(大城)　192
대읍락　180
대읍락의 성　66
대증산성(大甑山城)　121, 122
도기야(都祈野)　49, 50
도나성(刀那城)　188, 209
도사(道使)　30, 152, 194
도사[당주]-성주 체제　194
도척(道尺)　206
독산성주(禿山城主)　167

ㅁ

마도(麻都)　159
마두성　73
마두책(馬頭柵)　102, 108
마립간(麻立干)　139, 157
마숙(馬叔)　72, 81
마한왕(馬韓王)　39
말갈　175
망제(望祭)　113
매곡산성(昧谷山城)　187
모로성(芼老城)　185, 188, 209
모산성(母山城)　62, 188
목지국왕(目支國王)　52

문척(文尺) 204
물사벌성(勿思伐城) 216
물장고(物藏庫) 133
미질부(彌秩夫) 189
민(民) 43

ㅂ

박씨귀척 77
박제상(朴堤上) 122, 150
방군(傍郡) 183
벌휴대 58
변관(邊官) 70
변한연맹 71
복천동 고분군 126, 143, 176, 177
복천동유적 86
봉산성(烽山城) 76, 102, 108, 131
봉산성주(烽山城主) 78, 122
봉평비(鳳坪碑) 27, 195
부곡성(缶谷城) 62, 66
부사군(夫沙郡) 149
북정리고분군 176, 197
비간(非干) 외위 204, 207
비간(非干) 외위자 214
비라성(鄙羅城) 188
비지국(比只國) 40, 96, 116, 117, 140

ㅅ

사도(沙道) 109
사도성(沙道城) 108
사로국 31, 39, 46
사물현(史勿縣) 175
사방우역 209
사벌국(沙伐國) 65, 85, 93, 100, 131
사벌군 214
사벌주 호민 109
사시성(沙尸城) 185
사현성(沙峴城) 75

삼국사기(三國史記) 25
삼국지(三國志) 28
삼년산군(三年山郡) 186
삼년산성 185, 209
삽량성(歃良城) 184
상인라두(上人邏頭) 211
상층 호민 146, 148, 177
상층민 44
상하의복(上下衣服) 195
서사인(書寫人) 204
설부(薛夫) 78
성사원(城司員) 208, 214
성사조직(城司組織) 162, 165, 195, 204
성산동고분군 143
성산산성 214
성연(城烟) 217
세오녀(細烏女) 49
소문국(召文國) 58, 62
소사(所司) 195
소성(小城) 152
소성주(小城主) 193
수로왕 46, 47
수주촌 150
수획구 43
순지리토성 74
순행 112
시제(矢堤) 168, 182
신라(新羅) 101
신라성(新羅城) 153
신라토내(新羅土內) 193
신지(臣智) 54
신흥리고분군 176
실직곡국 46, 48
실직국(悉直國) 40, 140
실직성(悉直城) 184
실직주(悉直州) 173

ㅇ

아달라대(阿達羅代) 49
아척 204
안라인수병(安羅人戍兵) 153, 167
압독국(押督國) 40, 48, 114, 120
양주(梁州) 184
연맹왕국 139
연산동고분군 177
연암산성 66
연오랑(延烏郞) 49
연진 75
염노(鹽奴) 132
염사국(廉斯國) 47
영역 34
영역지배 34, 134
영정주(永定柱) 118
오작비 206
와산(蛙山) 62
와산성(蛙山城) 187
왕교(王敎) 147
외위(外位) 30
요거성(腰車城) 76, 108, 113
우로(于老) 102, 132
우산성(牛山城) 189
우시산국(于尸山國) 70~72, 92, 122
우차(牛車)의 법 182
원산향(圓山鄕) 65, 69
월성 66
유례대(儒禮代) 104
6부병 91
은화관(銀花冠) 157
음즙벌국(音汁伐國) 40, 46, 48
읍락 간층 45, 179
읍락성 66, 153, 189
이민(吏民) 175, 195
이서국(伊西國) 104
이서국인(伊西國人) 104
이이촌간 151

이하(泥河) 175
이하성(泥河城) 213
일금지(壹今智) 202, 206
일리촌 151
일모성(一牟城) 185
일반성(一般性) 34
일벌(一伐) 195, 202, 204, 215
일선계(一善界) 214
일선군(一善郡) 149, 183, 209
일척(一尺) 202, 204
임나가라(任那加羅) 153
임당유적 86, 130
임당토성 118

ㅈ

자치성(自治城) 69, 74, 76, 118, 152, 164, 190
자치성주 78, 154, 164
장빙고(藏氷庫) 133
장척(匠尺) 212
장척층(匠尺層) 29, 30
재(財) 163
적성전사법(赤城佃舍法) 217
절거리(節居利) 147, 217
제시(諸市) 80, 81, 87
조분대(助賁代) 100
조조(租調) 168
조탑동고분군 179
좌라성(坐羅城) 185
좌우군주(左右軍主) 61
주간(州干) 150
주군주(州郡主) 210
주군현(州郡縣) 25, 173
주수 86
주수 집단 50
주주(州主) 77, 85, 183
죽령 83
중간층 43
중심거점 152

중심성 190
중원고구려비 192
지속성(持續性) 34
직(職) 141, 154, 155, 160
직선(直宣) 122, 131
직접지배 134
진왕(辰王) 52, 53, 59
진이마촌(珍而麻村) 147, 163, 180, 216
진한 8국 52, 53, 54, 61
진한 소국연맹 39
진한(辰韓) 부족연맹 26
진한연맹 40
진한연맹체 39
진한왕(辰韓王) 39, 79

ㅊ

차한기(次旱岐) 155
천군(天君) 49
첨해대(沾解代) 100
초팔국(草八國) 41, 116, 117
촌(村) 163
촌간(村干) 151, 152, 165
촌사원(村司員) 206, 216, 217
촌사인(村使人) 206, 216
촌사조직 207, 216
촌주(村主) 164
충훤 75
침산성 66

ㅌ

탑리고분군 143

ㅍ

파로(波路) 211
파사대(婆娑代) 40, 41
패(稗) 215
피일(波日) 204
피촌(避村) 207

ㅎ

하간지(下干支) 195, 202
하슬라(何瑟羅) 168
하슬라인(何瑟羅人) 184
하층 호민 147, 177
하층 호민형 147, 179
하한기(下旱岐) 155
한군현(漢郡縣) 42
한기(旱岐) 155
한기부주 47
행정촌주 207
혁거세(赫居世) 거서간(居西干) 39
현리(縣吏) 175, 195
호명성(狐鳴城) 189
호민 44
호민층(豪民層) 43, 87, 104, 106, 145, 177
환영지말(桓靈之末) 42
황산(黃山) 113
황산진구(黃山津口) 70, 72
황성동 제철유적 89, 90
회석착인(回石捉人) 204

▓ 저자 약력
1965.8.1 출생
충북대학교 역사교육과 졸업
한국정신문화연구원부속대학원 역사학과 석사과정 졸업
서강대학교 사학과 박사과정 졸업
충북대학교 강사
현 중산고등학교 근무

▓ 번역서
『중국 고대의 방사(方士)와 유생(儒生)』, 온누리, 1991.
▓ 논문
『3-5세기 신라의 지방통치체제 연구』, 서강대학교 박사학위논문, 1999.
「신라초기 기년문제에 대한 재고찰」, 『선사와 고대』13, 1999.
「기원전후 사로국의 지배구조 변화」, 『역사교육』76, 2000.
「1세기초 염사국의 대외교섭」, 『한국고대사연구』22, 2001.
「3세기 후반-4세기 전반 금호강 하류의 소국과 사로국의 지배형태 변화」, 『청계사학』16·
          17, 2002.
「이사금대 초기 사로국 간위(干位)의 성립과 분화」, 『한국상고사학보』36, 2002.

신라 군·성〔촌〕제의 기원과 소국집단

초판인쇄   2003년 8월 25일
초판발행   2003년 8월 30일

지은이   이부오
펴내고만든이   김선경
펴낸곳   서 경 문 화 사

출판등록   1994년 3월 8일 제 1-1664호
주소   서울 종로구 동숭동 199-15(105호)
전자우편   sk8203@chollian.net
전화   02) 743-8203, 8205
팩스   02) 743-8210

ISBN 89-86931-57-5   93900
정가   12,000원
ⓒ 이부오, 2003